Peter Gathmann
Claudia Semrau-Lininger

Der verwundete Arzt

Peter Gathmann
Claudia Semrau-Lininger

Der *verwundete* Arzt

Ein Psychogramm
des Heilberufes

Kösel

ISBN 3-466-34360-7
© 1996 by Kösel-Verlag GmbH & Co., München
Printed in Germany. Alle Rechte vorbehalten
Druck und Bindung: Kösel, Kempten
Umschlag: Kaselow Design, München

1 2 3 4 5 · 00 99 98 97 96

Gedruckt auf umweltfreundlich hergestelltem Werkdruckpapier
(säurefrei und chlorfrei gebleicht)

»*Als ich erkrankte, wollte ich – wie meine Patienten –, die Ärzte wären Götter, und das waren sie natürlich nicht. Ich wünschte mir, daß sie meine Krankheit und meine Gefühle verständen und wüßten, was ich von ihnen brauchte. Dieser Wunsch wäre erfüllbar gewesen – aber er wurde oft nicht erfüllt.«*

Edward E. Rosenbaum, M.D.

Inhalt

Vorwort 11

Einführung 13

Teil I
Der medizinische Alltag 25

Arzt und Krankheit: Begegnung und Vermeidung 26
Hausarzt oder Fernsehheld 37
Der Ruf nach der Göttin? 41
Arzt und Aggressivität 49
Vom Übergang eines Handwerkes zum mündigen Dialog 53
Der Zusammenbruch des Arztes: Abschied vom Helden 61
Ist Medizin erlernbar? 78

Teil II
Das Werden des Arztes 83

Die Neurose als Alltag und die ärztliche Verwundung . 84
Der Mythos des »verwundeten Heilers« 93
Wer wird warum Arzt? 112
Die Familie des werdenden Arztes 117

Teil III
Arzt und Gesellschaft 131

Die kranke Medizin als luftdicht abgeschlossener
   Wohnwagen. 132
Verlust der Ganzheitlichkeit in den heilenden Berufen
   oder Warum die Psychosomatik noch nicht
   verwirklicht werden konnte 141
Wie wirklich ist die Wirklichkeit des Arztes? 148
Der Arzt: Ergebnis gesellschaftlicher
   Wunschvorstellungen? 153
Zur Persona des Arztes 159
Darf es einen kranken Arzt geben? 163
Medizin und die Angst vor Berührung 167
Arzt und »Feminität« 174
Enteignete Weiblichkeit 179
Der Arzt und seine Mutter 184
Die Frau als Patientin 192

Teil IV
Was heilt? Wer heilt wie? 197

Denn sie wissen nicht, was sie tun 198
Heilung als Weg 201
Therapie zwischen Deutung und Heilung 204
Der alternde Gott und der ewige Jüngling 214

Teil V
Charisma und Praxis 219

Die Wunde und ärztliches Charisma 220
Neue Ärzte braucht das Land 227

Arzt und Patient: Die heilende Beziehung 237
Vorschläge zu einer Gesundung der Medizin und
   der Mediziner 241
Die Sehnsucht nach Erlösung 249
Der heilende Arzt und der »erwachsene Patient« 257
Abschluß: Gedanken zum Nachlesen 267

Glossar 271

Literatur 275

Anmerkungen 283

Vorwort

Die Motivation für dieses Buch entstammt unserer eigenen Verwundung. Deshalb wollen wir eingangs betonen, daß die Betrachtung des verwundeten Arztes und eventueller Sackgassen, in denen sich die Medizin auch als Folge der ärztlichen und kollektiven Verdrängung dieser Verwundung befinden mag, eine liebevolle sein muß, da sie sonst lediglich eine larmoyante und visionslose Abrechnung mit einem Berufsstand wäre. Doch wer sollte mit wem abrechnen? Wer sollte wen anklagen, beklagen oder beschuldigen? Unsere Vision wäre die Solidarität der Verletzten und eine andere Medizin. Diese andere Medizin bedeutete den Abschied von der Beziehung zwischen idealisierter und omnipotenter Arzt-Figur auf der einen Seite und einer unmündigen, die Verantwortung gegenüber der eigenen Gesundheit abgebenden Patienten-Rolle auf der anderen Seite.

In diesem Zusammenhang sollten wir noch einige Bemerkungen zu den verwendeten Begriffen machen. Der Ausdruck *Heiler* hat im gängigen Sprachgebrauch häufig einen negativen Beigeschmack. Es klingt dann die Schattenseite eines medizinisch Tätigen an, der vorgibt, mehr zu können und zu bewirken, als ihm möglich ist, der also ein Scharlatan ist. Heiler im alten mythologischen Sinne meinte aber den Arzt, der Körper, Geist und Seele simultan erfaßte und zur Heilung aktivierte. Diese Simultanerfassung von Körper, Geist und Seele setzte eine Sensibilität voraus, die – sehr häufig – aus dem Erlebnis eigener Krankheit, Hinfälligkeit, Verletzbarkeit, ja Verletzung entsprang. Aus dem Bewußtsein dieser Verwundung verdichtete sich das Bild eines *verwundeten Heilers,* der durch die Überwindung seines eigenen Leidens und die Annahme seiner Verwundbarkeit den Weg zur Heilung nachvollziehbar machte. Er steht als Idealtypus hinter jedem Mann und jeder Frau, die in einem heilenden Beruf tätig sind. Die Leser und Leserinnen mögen die nicht differenzierte Verwendung der Begriffe Heiler, Arzt und Mediziner entschuldigen. Sowohl Sprache als auch Begrifflichkeit der antiken Mythologie erscheinen uns in ihrer Deutlichkeit geeignet, um bei den in der Medizin Tätigen verändernde Denk- und Fühlprozesse in Gang zu setzen.

Wien 1996
Peter Gathmann
Claudia Semrau-Lininger

Einführung

> »Warum ich? Gelegentlich scheine ich einen Schimmer von den Antworten auf solche Fragen zu erhaschen, aber es ist nur ein Schimmer. Auf der tiefsten, radikalsten Ebene sehe ich mich nach wie vor immer mit dem in seinem Wesen unergründlichen Rätsel der Berufung konfrontiert.«
>
> M. Scott Peck

Der durchschnittliche Patient denkt bei Wunde, Schmerz und Verletzung an etwas Eigenes, das er – nicht aber sein Arzt – hat. Im Falle der Erkrankung sucht nun dieser Patient einen Arzt auf. Welchen Arzt? Was erwartet er von diesem? »Der etwas abgebrühte Frauenheld, der erst vor kurzem sein Medizinstudium abgeschlossen hat, eine katastrophale Ehe führt, seine Kinder vernachlässigt und eine Unmenge sexueller, finanzieller und emotionaler Probleme hat« ist, wie Liz Greene sagt, nicht das Gegenüber im Sprechzimmer, »sondern jemand Glänzendes, Mächtiges, der Hoffnung einflößen kann, wo es keine Hoffnung mehr zu geben scheint, und der gelassen auch angesichts des bevorstehenden Todes bleibt.«[1] Denn der Patient sieht nicht den Arzt als Individuum, sondern ohne es zu wissen den »archetypischen Heiler«! Im alltäglichen medizinischen Betrieb wird diese Faszination oder Numinosität aber nicht bewußt. In der Folge entstehen aus dieser Verwechslung von Realität und übergeordnetem Prinzip falsche Erwartungen an die in heilenden Berufen Tätigen. Noch weniger bekannt ist das alte Bild vom Heiler, der verwundet war. Wir glauben, hier eine der Ursachen der Krise in der Medizin zu sehen. Daher meint auch der Arzt Larry Dossey: »Ehe wir nicht wirklichgrundlegend verstehen, wie wir selbst, wir Ärzte und Patienten, beschaffen sind, werden alle Heilungsversuche mißlingen, und augenscheinliche Heilungserfolge werden nichts als Talmi sein.«[2]

Ausgangspunkt dieses Buches ist zwar die psychische Befindlichkeit jener Menschen, die dem »Ruf der Medizin« folgen, doch interessiert uns die »Seele einer Berufsgruppe« nicht aus voyeuristischen Gründen. Vielmehr fühlen wir uns betroffen von den Problemen einer »Medizin«, die sich heute auf sehr schwankendem Boden befindet. Medizin und Mediziner sind einerseits konfrontiert mit kollektiven Projektionen und Heilserwartungen der Öffentlichkeit, die sie nicht erfüllen können, andererseits mit immer lauter werdender Kritik und Mißgefallen von seiten derselben Öffentlichkeit. Und die Spirale, die sich sowohl hinauf als auch hinunter bewegt, verunsichert Ärzte und Patienten gleichermaßen.

Nicht erst seit Wolfgang Schmidbauers Publikation »Die hilflosen Helfer« beginnt eine breitere Öffentlichkeit, den Gesundheitszustand der Ärzte mit größerer Aufmerksamkeit zu beobachten. Dieses Interesse manifestiert sich durch Veröffentlichungen zur Überforderung der niedergelassenen Mediziner mit den daraus resultierenden gesundheitlichen Schäden[3] und Krisen und deren zuweil tödlichem Ausgang.[4]

Es sind allerdings nicht in erster Linie die Ärzte, die auf die Kränklichkeit – auch zu umschreiben mit Krankheit, Gekränkt-Sein, Verwundung – ihres Standes hinweisen. Im öffentlichen Diskurs werden Schwäche, Krankheit und Sterben der »Götter in Weiß« zum Thema. Neben der Diskussion körperlicher und psychischer Beschwerden scheint aber die Demontage der »Götter« durch Hinweis auf die »Teufel in Weiß« weiter zu gehen. Die von den Medien unterstützte Desillusionierung hinsichtlich einer Berufsgruppe, die sich lange Zeit eines hohen gesellschaftlichen Ansehens erfreute, reicht von Verfehlungen des Ärztestandes während des nationalsozialistischen Regimes über die

Anprangerung ärztlicher Geld- und Machtgier bis hin zur Diskussion ärztlicher Kunstfehler. So mag es nützlich sein, sowohl auf das unter dem Gewicht der Aufgaben zusammenbrechende Kollektiv Medizin hinzuweisen, wie auch auf die damit im Wechselspiel stehenden individuellen Krisen der medizinisch Tätigen.

Die Situation des krebskranken Mädchens Olivia, dessen Eltern kein Vertrauen in die Schulmedizin haben, ist nicht zufällig im Sommer 1995 in den Medien hochgespielt worden. Das Ereignis fiel in eine Zeit, in welcher der Boden für eine Konfrontation zwischen herkömmlicher »Schulmedizin« und »Alternativmedizin« schon längst vorbereitet war. Kurz darauf machte der Fall des unheilbar an Krebs erkrankten Studenten, der sich aus Verzweiflung das Leben nahm, Schlagzeilen. Vor seinem Suizid hatte er sich in einem Interview über seine behandelnden Ärzte beklagt: »Ich bin voll im Regen stehengelassen worden.«[5] So ergibt auch eine neue Studie der Deutschen Angestellten-Krankenkasse[6], daß Patienten im allgemeinen mit dem Fachwissen und handwerklichen Können ihrer Ärzte zufrieden sind, nicht jedoch mit der psychologischen Betreuung durch ebendiese Helfer. Warum, so läßt sich fragen, sind die, die sich einen Heilberuf gewählt haben, so unfähig zu geben, wonach immer lauter gefordert wird: Anteilnahme, Trost, Kommunikation und Verständnis?

Diese Blitzlichter sind mehr als bloße Ausrutscher oder einmalige Schlagzeilen. In zunehmendem Maße fühlen sich Patienten in der Welt medizinischen Fortschritts nicht mehr wohl. Nicht nur Krebskranke beklagen die fehlende mitmenschliche Qualität, sondern auch der nicht lebensbedrohlich erkrankte Patient fühlt sich oft unverstanden oder mit einer Standardtherapie abgefertigt. Sprechzimmer und Ambulanz als Wartesaal, Durchgangsstation und Rezeptausgabestelle? Daneben wird vom »Krieg der Pharmafirmen« das Geschäft mit der Unsicherheit der Ärzte und den Ängsten der Patienten betrieben. Die »verlorene Menschlichkeit« in der Medizin wird vielerorts beklagt; konkrete Veränderungsschritte sind kaum zu beobachten. Warum?

Spezialisierten Helfern, mündigen Patienten und Beobachtern des ganzen Geschehens fällt das Mißverhältnis auf, das zwischen hoher Spezialisierung einzelner medizinischer Fachrichtungen und deren technischem Höhenflug mit unvorstellbaren Leistungen einerseits und dem Offenbleiben nationaler und globaler medizinischer Versorgungsfragen andererseits herrscht. Warum ist das so? Wieso stehen der brillanten Spitzenmedizin so viele ungelöste Basisfragen gegenüber?

Es heißt immer, daß man »den Wald vor lauter Bäumen« nicht sähe: Und in der Tat mag es zwar Antworten zu Fragen in Problembereichen geben, aber meistens von Spezialisten dieser Bereiche selber. Bei übergreifenden Fragestellungen bleibt der Spezialist blind, er »sieht den Wald« nicht. Ist dies, ähnlich wie bei einer Medizin ohne Antworten auf generelle Probleme des Alterns, des Hungers, der Sucht etc., auch beim einzelnen Mediziner so? Erkrankt er an der Unlösbarkeit der Aufgaben, vor die er gestellt wird?

In den Medien floriert neben der Demontage mit Hinweisen auf ärztliche Impotenz, Krankheit und Sterben in üppigster Weise die Märchen- und Bilderbuch-Fabrikation: Wir werden geradezu überschwemmt mit süßlich-verkitschten TV-Produktionen über Ärzte und deren Wirken. »Was sollen diese idiotischen Ärzteserien?«[7] fragt eine Leserin des »Kurier« und bekommt die folgende Antwort: »Idiotisch oder nicht: Mit einem hat sie auf alle Fälle recht. Wenn nicht Frauenarzt Dr. Markus Merthin im weißen Kittel umherläuft, mißt Landarzt Teschner den Puls. Und wenn beide ihre Ordination geschlossen haben, vertrauen die Frauen Dr. Stefan Frank. Gar nicht zu reden von der ›Notaufnahme‹, den rasenden Doktoren in ›Notruf California‹ oder ›Chefarzt Trapper John‹. Auf einem TV-Kanal ruft man auch fröhlich ›Hallo, Onkel Doc!‹. Vergessen wir nicht die nette Atmosphäre in der ›Praxis Bülowbogen‹. Eine wahre Inflation an Fernsehheilern.«[8]

Ist diese mediale »Inflation« an »Ärzteserien« ein Zeichen für irgend etwas? Ein Zeichen vielleicht für Bedürfnisse nach »Traumbildern«, konsumentengerechten Ärzte-Klischees?

Gleichzeitig ist eine Abkehr vieler Patienten von der sogenannten Schulmedizin zu beobachten. Immer häufiger nehmen sie para-medizinische, alternative, spekulative oder offensichtlich unseriöse Hilfe-Angebote in Anspruch. Und zwischen diesen einseitigen Polen einer süßlichen Verkitschung und einer unkritischen Verteufelung herrscht der medizinische Alltag: häufig Routine, oft auslaugend, nicht selten Unzufriedenheit oder gar berufsbedingtes Krankwerden der tätigen Ärzte.

Die Frage, um die es in diesem Buch geht, läßt sich in ihrer kürzesten Formulierung auf folgende Weise stellen: Wer wird aus welchem Grund Arzt? Diese auf den ersten Blick einfach anmutende Fragestellung wird uns zu den Wurzeln des Heilens und zur menschlichen Ursehnsucht führen. Die Frage nach dem Arzt ist die Frage nach dem »Heiler« – und damit ist sie nur auf dem Boden religiöser, philosophischer und psychoanalytischer Gedanken zu diskutieren und zu beantworten.

Wir fragen also: Sind diejenigen, die Ärzte werden, eine Auslese? Sind sie eine positive Auslese? Mit anderen Worten: Bilden Ärzte eine Elite? Lassen sie sich überhaupt als Gruppe beschreiben? Sind sie als Typus faßbar? Darüber hinaus fragen wir: Stimmt die Behauptung, daß Ärzte statistisch im Vergleich zu einer Gruppe von Menschen gleichen Alters, gleicher Schicht und Ausbildung eine statistisch höhere Kränklichkeit und eine höhere Mortalitätsrate aufweisen? Macht also die ständige Beschäftigung mit der Krankheit krank? Dieser Gedankenschluß wäre zumindest naheliegend. Wie aber läßt sich dann die Behauptung erklären, daß diese Anfälligkeit für physische und/oder psychische Kränklichkeit nicht ausschließlich ein Ergebnis von langem beruflichen Streß ist, wie viele Publikationen uns glauben lassen, sondern daß sie schon vor dem Ende des Medizinstudiums feststellbar ist? Wir gehen sogar noch einen Schritt weiter und behaupten – dies mag für viele ketzerisch klingen -, daß die »Verwundung« schon lange vor der Wahl des Medizinstudiums gegeben ist und daß sie denjenigen, der sich für den Beruf des Heilers im weitesten Sinn entscheidet, eher unbewußt als bewußt steuert. Dieser Gedanke entspricht dem Bild des »verwundeten Heilers« in der Mythologie. Von diesem Mythologem ausgehend können wir sagen: Kränklichkeit (auch umschreibbar mit Verwundung, Krankheit oder Gekränkt-Sein) ist die Motivation und Energie, die hinter der Wahl des Arztberufes steht.

Wir werden zwar auf das mythologische Bild des verwundeten Heilers später eingehen, wollen es aber zunächst bei der hypothetischen Idee, daß ein Beruf nicht zufällig gewählt wird, sondern als Berufung mit der Dynamik der eigenen Psyche zusammenhängt, belassen. So gehen auch manche Autoren der modernen Managementliteratur davon aus, daß unser Beruf nicht a priori jenes Gebiet ist, in welchem wir schon die größten Fähigkeiten entfaltet haben, sondern uns eher in den Bereich führt, in dem in bezug auf unsere Entwicklung noch etwas »offen« ist. So schreibt der Unternehmensberater Rudolf Mann:

»Wenn die Lebensaufgabe einen Sinn hat, dann geht es nicht darum, das im Leben zu tun, was wir schon können. Dann wäre nämlich das Leben sinnlos. Die Lebensaufgabe ist vielmehr das, was wir noch lernen sollen. Das Gegenteil von dem, was wir schon können. Das, was wir am wenigsten beherrschen. Sonst gäbe es keine Unternehmer, keine Ärzte, keine Pfarrer, keine Lehrer, keine Handwerker, keine Hilfsarbeiter und keine Hausfrauen. Wenn wir einen Beruf anfangen, sind wir Nieten. Nieten, die sich entfalten. Aber das darf natürlich niemand wissen. Deshalb tragen wir Masken. Die Maske des Unternehmers, der immer mutig ist; die Maske des Arztes, der die Gesundheit managt...«[9]

Mit dieser Maske des Arztes, der unsere Gesundheit managen soll, aber seine eigene Kränklichkeit – vielleicht – nicht in den Griff bekommt, werden wir uns in diesem Buch auseinandersetzen. Steht diese Beobachtung aber nicht im Widerspruch zu der von der Öffentlichkeit erwarteten gottähnlichen Unantastbarkeit des Arztes? Woher kommt überhaupt der Wunsch, sich in die Ideologie einer Profession zu verlieben? Der Arzt als Mythos? Der Arzt als Patient?

Damit wir uns den Themen nicht nur abstrakt nähern, werden wir – vor allem im ersten Teil – Ärztetypen zu beschreiben versuchen, ihre berufliche Werdung und Prägung verfolgen, die Art und Entstehung ihrer eigenen Krankheit aufspüren und überprüfen, ob es so etwas wie eine »arzteigene Verwundung« gibt. In diesem Zusammenhang werden wir uns auf die auch in der Mythologie sehr anschaulich behandelte Thematik des »verwundeten Heilers« berufen.

In diesem Buch werden die Leserin und der Leser häufig mit Bildern aus der Mythologie und Fachausdrücken aus Psychologie, Tiefenpsychologie und Psychotherapie konfrontiert. (Die wichtigsten Begriffe sind im Glossar übersichtlich zusammengefaßt.) Viele der Fachausdrücke stammen aus der komplexen Psychologie des Schweizer Arztes, Psychologen und Psychotherapeuten C.G. Jung (1875–1961). Die Begrifflichkeiten und Vorstellungen hinter diesen Ausdrücken erscheinen uns besonders nützlich zur Veranschaulichung geglückter und mißglückter individueller und kollektiver Entwicklungen. Sie bieten außerdem eine Verständnishilfe zur Erklärung, warum es zu bestimmten, die Qualität des Arztes beeinträchtigenden Defiziten kommt. Was die Mythologie betrifft, so sind es ebenfalls verdichtete Inhalte, die die Vorstellungskraft gefangennehmen und das Verständnis komplexer Zusammenhänge erleichtern.

Wir werden daher auf die unserem westlichen Kulturkreis nahestehende Mythologie der griechischen und römischen Antike eingehen, dürfen dabei aber nicht übersehen, daß es sich bei dem Archetypus des »Verwundeten Heilers« um ein über Epochen und Kulturen hinausgehendes Strukturelement handelt, das zum Beispiel ebenso auch im afrikanischen Raum oder im Schamanismus zu finden ist. Die erste Frage, die sich aufdrängt, wenn man vom Archetypus des Heilers spricht, lautet: Wo ist der Archetypus der *Heilerin* geblieben? Auffällig ist also schon einmal die patriarchal-maskuline Formulierung des Heilerarchetyps, die natürlich ihre historischen Ursachen und soziologischen Wurzeln hat. Heilungskräfte können doch wohl kaum an ein mann- oder frauspezifisches Element gebunden sein, zumal uns neben den Heilern auch die weisen und heilenden Frauen aus der Geschichte bekannt sind.

Wenn wir bei der Beleuchtung von Archetypen vor allem im abendländischen Kulturkreis verweilen, auf dem ja unser Mythologieverständnis basiert, werden wir uns mit den Heilheroen der griechisch-römischen Antike bis hin zur christlichen Metaphorik beschäftigen. Die uns überlieferten Darstellungen der antiken Helden- und Göttergestalten setzen ein zu einer Zeit, als das Matriarchat schon vom Patriarchat abgelöst worden war: Die große Urmutter war verschwunden. Von daher ist es zunächst nicht verwunderlich, daß man eher vom Archetyp des Heilers als der Heilerin spricht, da eben unsere mythologische Begriffswelt nur patriarchal geprägt sein kann. Wir müssen davon ausgehen, daß unser Heilerbild verbunden ist mit Gestalten wie Asklepios (Äskulap) und Chiron und eben nicht mit Hygieia, und daß wir zwar von den sogenannten »Göttern in Weiß«, niemals aber von den »Göttinnen in Weiß« sprechen. Die »Frau als Heilerin« mußte zugunsten der Herausbildung einer patriarchal bestimmten Ära zurücktreten. Den Auswirkungen dieser historischen Verkürzung werden wir noch auf mehreren Ebenen begegnen.

Wie steht es um den Anteil des Patienten an der Verdrängungsproblematik, die mit der Deformation des Mediziners Hand in Hand geht? Die Arzt-Patient-Beziehung ist eine Widerspiegelung von Situationen und Szenen aus beider Kindheiten, allerdings mit wechselnden Rollen. So kann es zum Beispiel vorkommen, daß die mütterliche Patientin in ihrem Arzt einen Jungen sieht, dem sie Mängel und Fehler bereitwillig und mit irrationalen Begründungen (»Er ist so ehrgeizig, überarbeitet...«) durchgehen läßt. Eine Patientin andererseits, die aufgrund ihrer familiären Situation nie Selbstbewußtsein und Kritikfähigkeit gelernt hat, wird sich gegen bevormundende und autoritäre Behandlung in der ärztlichen Praxis nicht wehren können.

Die Arzt-Patient-Beziehung hat insofern den Charakter einer Komplizenschaft, als beide einander in Nachsicht bei der Verdrängung helfen. Sie üben sich im Wegschauen und kooperieren beim Verschweigen. Unser Buch soll dabei helfen, diesen Prozeß zum Nutzen aller zum Stoppen zu bringen.

Welchen Arzt braucht der mündige Patient, und welcher Arzt wird vom unmündigen Patienten gewünscht? Hier wird sofort deutlich, daß der mündige Patient keinen autoritären Befehlsgeber oder inkompetenten Rezeptaushändiger braucht. Was er sich hingegen wünscht, ist fachliche Beratung und Partnerschaft. Anders steht es um den in einer infantilen Nehmer-Position sich einrichtenden unmündigen Patienten. Er ist gewohnt zu fordern, er braucht einen Geber-Arzt, einen Nährvater oder eine Nährmutter. Der unmündige Patient wird immer einen Arzt aufsuchen, der ihm die Verantwortung für seine Gesundheit abnimmt. Er ist egozentrisch und verlangt mit Selbstverständlichkeit ständige, sofortige und volle Zuwendung – es wird deutlich, wie sich in diese zwei konträren Beziehungsstile verschiedene Formen kindlicher Sehnsüchte mengen.

In der mündigen Begegnung treffen zwei Erwachsene aufeinander, der eine leidend, der Arzt den Menschen mit Schwächen nicht ausblendend. In der anderen Beziehung ist der freie Dialog, der die Grenzen einer Hilfestellung erkennen läßt, verwischt. Verwischt dadurch, daß beide, *Arzt und Patient*, projizieren und Bilder in den anderen, auf den anderen werfen. Es funktioniert wie bei der Projektion im Kino! Und so heißen sie auch, diese alltäglichen Mechanismen, bei denen der Wunsch Vater des Gedankens ist und die Sehnsucht eine Scheinrealität ist. Und welche »Projektionsleinwand« wäre geeigneter zur Aufnahme von emotionsgeladenen Patientenbildern als der *weiße Mantel* des Arztes. Der Mediziner wird zum Leinwandhelden (gemacht): Ritter im Kampf gegen das Böse, die Krankheit, den Tod.

Brauchen wir wirklich Leinwandmediziner? Von welchen (Wunsch-)Bildern wird die Berufswahl »Mediziner« gelenkt? Diese Bilder sind letztlich kollektive Bilder, die auch von Nicht-Medizinern geteilt werden, denn die Sehnsüchte, die sie widerspiegeln, sind allgemein menschliche. Es soll aber klar werden, daß sich diese Bilder in Märchen, Mythen und Legenden niederschlagen, und daß die Themen Wunde, Tod, Krankheit und Heilung erwartungsgemäß die am häufigsten verwendeten Motive sind. Es ist interessant, daß es kaum psychologisch-soziologische Untersuchungen zum Thema der »Medizinerwelt« gibt.[10]

Was aber hat der Patient heute mit dem Mythos des »verwundeten Heilers« zu tun? Kann er sich von diesem Bild angesprochen fühlen? Der Mythos, daß der Heiler selbst eine Wunde hat, was ja die Analyse an Ärzten bestätigt, mag dem einen oder anderen Kenner der antiken Mythologie bekannt sein. Das Faktum dieser Verwundung wird aber sowohl in der medizinischen Psychologie als auch in der Öffentlichkeit totgeschwiegen. Verschwiegen zum Nachteil der Heilkraft des Arztes, bei dem die Erinnerung an die eigene Wunde Sensibilität, Anteilnahme und Intuition erhöhen würde. Verschwiegen aber auch zum Nachteil des Patienten, der, solange er nicht grundsätzliche Ähnlichkeit zwischen sich selbst und dem Mediziner sehen darf, unrealistische Heilsforderungen an andere stellt, keine Mitverantwortung für die Gesundung übernimmt und Medizin als wechselseitigen Prozeß unmöglich werden läßt. Denn die Forderungen eines Kollektivs werden ja auch weitergegeben: Patienten delegieren an die Krankenversicherungsträger, diese wieder an die Politiker...

Unsere Vision entwirft ein *Bild vom Abschied* von diesem allgemeinen *Reklamationsstandpunkt*, ein Bild von der Ablösung von kindlichen Abhängigkeiten und Forderungen. Wir halten die »Solidarität der Verletzten«, bei denen die Grenze zwischen Verwundeten und Heilenden verwischt, die Hilfe aber immer konkreter wird, für lebensnotwendig. Unsere Vision ist die Allianz einer Gemeinschaft, die nur im Kollektiv Antworten aus schmerzhaften Fragen finden wird.

In unserer Arbeit verwenden wir keine durchgängig realen Ärztebiographien. Wir versuchen statt dessen eine Darstellung in »Typen«, oder noch besser, »collagierten« Biographien. Durch diese Kombination von realem und fiktivem Material wird die Anonymität der sich uns anvertrauenden Mediziner gewahrt, gleichzeitig verdichten sich Einzelbeobachtungen zum beispielhaften Typus.

Bei der Veranschaulichung der Verwundung der Ärzte nehmen wir Mythologie, Psychologie und Dramaturgie zur Hilfe.

Die dramaturgische Idee, einen fiktiven Beobachtungsstandpunkt zu wählen, so, als sei das Leben eine Bühne, auf der sich, dargestellt von Menschen und ihren Masken, unzählige Stücke abspielen, ist in der Weltliteratur so bekannt, wie sie gleichzeitig für unser Vorhaben zweckmäßig ist. Geht es uns doch darum, diese Masken zu benennen, vielleicht gar zu lüften. Es geht darum, den Gang des Spieles zu verfolgen, um vielleicht das Skript zu ändern und schließlich vielleicht die eine oder andere Programmänderung anzumelden.

Teil I
Der medizinische Alltag

Arzt und Krankheit: Begegnung und Vermeidung

»Wenn ein Taschendieb einem Heiligen begegnet,
so sieht er nur dessen Taschen.«

Karoli Baba

Das Spiel von Krankheit und Gesundheit kennen wir alle, denn wir alle spielen es mit – wenn auch in verschiedenen Rollen.

Lassen wir nun unseren Mediziner nach abgeschlossenem Medizinstudium die Bühne betreten. Mit einer während langer Ausbildungsjahre geformten oder auch verformten Wahrnehmungsfähigkeit begibt er sich mit zunächst unsicheren Schritten ins Vorfeld des Heilungsgeschehens. Vieles vom Gelernten ist nützlich und brauchbar, wenn da nur nicht so viele offene Fragen wären. Doch für Zweifel ist keine Zeit. Und überhaupt: Wer sollte dem angehenden Arzt die Fragen beantworten? Am Bühnenausgang stehen sie zwar noch, die routinierten und ehrwürdigen Heiler im Ruhestand, und sie müßten es doch eigentlich wissen. Aber die Alten sind eben auch nicht mehr die Weisen von damals (als Hippokrates noch lebte, oder war es Paracelsus, der...?). Der Heilende muß also in Aktion treten. Und zwar schnell. Die Kulissenschieber haben das adäquate Ambiente geschaffen. Das Heil-Machen kann beginnen. Verkrüppelte, Kranke und Leidende sind die Mitspieler und kommen ebenfalls auf die Bühne. Vielleicht sind auch einige Hypochonder darunter (die gehören dann aber in die Kategorie der getarnten psychisch Kranken). Das alles mag zynisch und makaber klingen, ist aber in der Eigendynamik, die sich leider im Gesundheitssystem entwickelt, eine häufig zu beobachtende Erscheinung. Und oft machen wir es auch so makaber, weil wir alle uns hilflos fühlen und letztlich keine befriedigende Antwort auf die Frage haben: Warum überhaupt? Warum haben wir Körper und Geist, die störungsanfällig sind? Warum müssen wir dieses Spiel, in dem wir so oft die Verlierer sind, spielen? Warum?

Als menschliche Lebewesen sind wir in ein bestimmtes Zeit- und Raumgeschehen hineingestellt und damit Bedingungen und Grenzen unterworfen. Dazu gehört bis heute die Erfahrung, in einen Körper hineingeboren zu sein, dessen Zellen entwicklungsbedingten Vorgängen unterliegen. Das heißt, unsere Körper altern zum Tode hin, womit unserer Existenz auf diesem Planeten von vornherein zeitliche Grenzen gesetzt sind. Durch unseren Körper sind wir Teil der Materie und in ein Gewebe vorgegebener Strukturen und Kristallisationsprozesse eingebunden. Dies ist mit einem Bild der antiken Mythologie das »saturnische Prinzip« unserer Realität.

In der römischen Mythologie ist Saturn ein Agrargott und entspricht dem griechischen Chronos, Sohn des Uranos (Himmel) und der Gaia (Erde). Gaia war sehr fruchtbar, doch Uranos haßte die Nachkommenschaft, worauf Chronos-Saturn auf Gaias Drängen seinen Vater Uranos kastrierte. Damit setzte er der Fülle ein Ende und führte die Trennung von Uranos und Gaia, also der Vereinigung von Himmel und Erde herbei. Die Mythologie liefert hier ein sehr symbolträchtiges Bild für den Beginn des Evolutionsprozesses: Mit Saturn kommt das »Maß« in die Existenz, aber auch die Begrenzung von Raum und Zeit, die Einschränkung jedweder Art. Alles das macht angst. Und konsequenterweise gehört zu Saturn die Vergänglichkeit und das Sterben.

Der Mythos des Saturn fand Eingang in die Alchemie des Mittelalters und in die Astrologie, ebenso wie in die Astronomie und die Psychologie eines C.G. Jung. Saturn inspirierte Künstler und Schriftsteller und erhielt auch den dunklen Namen »Hüter der Schwelle«. Um Saturn kommen wir also nicht herum. Metaphorisch bedeutet Saturn Verdichtung in der Materie und Kristallisation. Materie ist aber für uns noch a priori Grenzsetzung. Das saturnische Prinzip weist uns auf die Auseinandersetzung mit der Materie und den Grenzen alles Materiellen hin.

Es geht also um »knallharte Realität«, nicht um das Abheben in Phantasien und um Grenzüberschreitungen. Saturnisch ist erdige Arbeit, das Umpflügen des Ackers, die Erfahrung der Gesetzmäßigkeiten des Lebens. Saturn entspricht das Bild des Pfluges und nicht des Fluges. Er steht auch für unsere letzte Realität, den Tod – symbolisiert im Bild des »Mannes mit der Sense«.

Der Mythos des Saturn ist in uns allen wach, gleichgültig, ob uns dies bewußt ist oder nicht. Er lebt in uns als Furcht vor Krankheit, Alter und Tod. Saturn des-illusioniert und bringt uns dadurch zur Annahme der Realität, denn über Strukturen und Gesetze der Natur können wir uns nicht ohne weiteres hinwegsetzen. Dem integrierten – das heißt positiv bewältigten – »Saturnprinzip« begegnen wir auch im »verwundeten Heiler«, denn Saturn hat mit der »Realität« des Lebens und des Sterbens zu tun.

Wenn wir unsere Hypothese der unbewußten Berufswahl weiter verfolgen, können wir sagen: Mediziner tragen die Bürde einer ständigen Konfrontation mit existentiellen Bedingtheiten, die auch Krankheit und Tod miteinschließen. Die Notwendigkeit, sich mit den realen Bedingungen der Existenz auseinanderzusetzen, ist natürlich nicht auf die in therapeutischen Berufen arbeitenden Menschen beschränkt, sie haben sich nur in spezieller Weise verpflichtet, ihr Leben und Arbeiten in den Dienst dieser Auseinandersetzung zu stellen. Und was ihnen im Leben begegnet, ist dieser bestimmte Ausschnitt der Wirklichkeit: Krankheit, die Schattenseite menschlicher Existenz. Es ist nicht gerade eine leichte Angelegenheit, sich damit tagtäglich auseinanderzusetzen. Das kann es zunächst auch nicht sein, denn, um das Bild des Saturn zu verwenden: Saturnisches hat immer mit Schwere zu tun (das dem Saturn zugeordnete Metall ist Blei). Und so ist unser auf die Bühne gerufener Heiler bald nicht mehr leichtfüßig unterwegs, sondern sein Schritt wird bleiern. Zu Recht. Ist Heilung in unserer Existenzform überhaupt möglich? Sind die Erfolge der Medizin wirkliche Siege? Und was, wenn sie versagen muß? Saturn – Chronos, Herr über die Zeit, hat noch einen anderen Aspekt, denn Begriffe wie »chronisch« stehen mit ihm in Zusammenhang. Darauf geht auch Florian Langegger in seinem Buch »Doktor, Tod und Teufel« ein, wenn er den mythologischen Saturn in Verbindung mit »chronischer Krankheit« – hier bezogen auf die Psychiatrie – bringt und bezeichnenderweise auch zu dem Schluß kommt:

»Bei unseren Patienten sind wir aber nicht nur mit dem Chronischen konfrontiert, sondern, was viel schlimmer ist, mit dem chronisch Kranken! Es ist dies nicht bloß ein statischer, unveränderlicher Zustand, sondern unheilbares Leiden, etwas, das beständig weh tut und stört, das sich nicht verändert und niemals aufhört. Solcherart erinnert uns der chronisch Kranke an unsere eigene chronisch kranke Seele, an dasjenige in uns, was von klein auf unheil war, woran wir seit der Kindheit immer wieder leiden…«[11]

Ärzte sind Menschen, die sich mehr als andere der Frage nach Krankheit und Sterben verpflichtet haben. Durch ihre eigene Wunde und das intuitive Spüren ihrer eigenen Verwundbarkeit und Angst werden sie angetrieben, der Frage nachzugehen und sie auszutragen – und zwar auf einer materiell-körperlichen Ebene und nicht im Bereich des abstrakten Philosophierens. Und das ist eben das Zur-Reife-Gelangen. Wenigen Ärzten ist das innere Motiv bewußt, wenn sie auf die Bühne treten – und auch, wenn sie wieder abtreten. Unsere Kultur bildet Mediziner aus, aber keine »Heiler« im umfassenden mythologischen Sinn.

Wie sieht nun der Alltag der Berufsheiler, die auf die Bühne berufen wurden, aus? Dies hängt zunächst natürlich von der Bühne und den vorhandenen oder anzuschaffenden Kulissen ab. Doch bevor wir in solche Details gehen, können wir allgemein behaupten, daß Heiler auf ihrer Bühne ein Abbild der Realität vorfinden, das jenen Aspekt des Lebens repräsentiert, der aus der sogenannten Norm, also des normal Funktionierenden herausfällt. Es geht also um die Wahrnehmung eines bestimmten Segmentes, und zwar eines pathologischen Teils der Wirklichkeit. Dieser Ausschnitt wird nicht nur unter bestimmten gelernten Wahrnehmungskategorien, die während des Studiums der Medizin ausgebildet wurden, aufgenommen, sondern er wird noch weiter pathologisiert (so zum Beispiel in der Pathologisierung von Schwangerschaft und Geburt). Integrales oder ganzheitliches Sehen und Verstehen von Krankheit ist für unseren Mediziner schwierig, weil solche Sichtweisen keine Tradition in einem naturwissenschaftlich ausgerichteten Weltbild haben. Wahrgenommen werden Kausalzusammenhänge, da sie für den Arzt leichter formulierbar und für den Patienten besser nachvollziehbar sind. Demnach sind Bakterien und Viren an bestimmten Erkrankungen beteiligt, also »schuld«. Warum aber bestimmte Menschen unter denselben Bedingungen erkranken und andere hingegen nicht, ist kausal nicht erklärbar. Oder doch? Natürlich, es geht um das Immunsystem. So einfach ist das. (Wieder ein Kausalschluß).

Die Beschäftigung mit körperlichen Vorgängen läuft auf erprobten und sicherlich auch nachweislich erfolgreichen Schienen, die da heißen Objektivität, Verdinglichung, Selektion und Kausalität. Der Haken an der Sache ist nur, daß entsprechend einer angelernten Art der Wahrnehmung von Symptomen ganz bestimmte Handlungsweisen eingeleitet werden und daß diese wiederum Rückwirkungen auf die Wahrnehmung der mit der Krankheit operierenden Heiler haben. Dadurch entsteht ein geschlossener Kreislauf, aus dem auszusteigen schwierig, jedoch notwendig ist, um zu einer ganzheitlicheren Anschauung körperlicher Phänomene zu gelangen. Doch in einer Medizin der Kunstgriffe ist zeitweiliges Heraustreten aus dem herkömmlichen Bezugsrahmen oft auch nicht möglich. Dazu bedarf es vielleicht besonderer Wahrnehmungsqualitäten, die unsere Kultur bisher noch nicht ausgebildet oder integriert hat. Es sind dies psychische Qualitäten, die in unserem Zeitgeist nur ganz vereinzelt auftauchen und »Glühwürmchencharakter« haben.

Und so wie der Taschendieb nur die Taschen sieht, ist unser Mediziner vor allem darin ausgebildet, Pathologisches zu diagnostizieren und nicht etwa Individuen in ihrer Ganzheitlichkeit wahrzunehmen. Dadurch kommt es sowohl für den Arzt als auch für den Patienten zu einer um einige Dimensionen verkürzten Wirklichkeit, da eine Realität geschaffen wird, in der viele Fragen gar nicht erst aufkeimen. Und es versteht sich von selbst, daß diese ganz bestimmte und festgelegte Wahrnehmung und Schaffung von Wirklichkeiten auch die Kommunikation zwischen Arzt und Patient a priori limitiert. Es mögen dabei einige Bedürfnisse auf beiden Seiten auf der Strecke bleiben, sicher ist jedoch, daß diese restriktive Weise der Kommunikation auch eine Schutzbarriere bildet, hinter der Ängste und Fragen hintangehalten werden können. Damit werden aber auch viele Chancen vertan.

Nun, wie geht es der Seele unseres Heilers? Seinem inneren Ruf folgend, muß er sich nach einer langen sowie wissens- und technikintensiven Ausbildung täglich dem Wirklichkeitsausschnitt, der ihm Leid, Krankheit, Schmerz, Krise und Tod vor Augen führt, stellen? Ist er darauf vorbereitet worden? Mitnichten. Was wird er also tun, um selbst mit »heiler« Haut davonzukommen?

Ob es sich um körperliche oder geistige Krankheit handelt, ist von sekundärer Bedeutung, da es sich lediglich um verschiedene Manifestationen von Krankheit handelt. Es geht uns zunächst darum, festzuhalten, daß jede Art von Störung oder Ungleichgewicht im menschlichen Organismus darauf hindeutet, wie wir als Lebewesen wund-anfällig sind. Wir tragen eine Ur-Wunde in uns, und alle Krankheiten sind nur Ausdruck eines ursprüglichen Dilemmas. Stellvertretend für uns alle versucht der »Heiler«, das Gleichgewicht wieder herzustellen, was ihm oft auch gelingt oder scheinbar gelingt, vielleicht auch nur auf einer bestimmten Ebene gelingt. Sehr oft aber ist Krankheit verbunden mit Hoffnungslosigkeit, was zunächst als persönliches bzw. medizinisches Versagen (»Die Medizin ist noch nicht so weit«) gedeutet wird. Das Akzeptieren von Grenzen ist immer schwierig, und das zu Recht, denn menschlicher Fortschritt heißt eben auch, Grenzen auszuweiten. Ohne das Bedürfnis, vorgesetzte Grenzen in Frage zu stellen und zu umgehen, gäbe es keinen wissenschaftlichen Fortschritt.

Der chronisch beziehungsweise der unheilbar Kranke bedeuten die wohl schlimmste Realität für therapeutisch Arbeitende, doch auch ohne diese äußerste Bedrohung ist die ständige Konfrontation mit dem Leid des Kranken eine allgegenwärtige Erinnerung an die eigene Nähe zu Krankheit und das Nicht-Heilen im eigenen Körper, in der eigenen Seele. Die Akzeptanz des Schattenbereiches, der Unterwelt, gehört zu den größten Herausforderungen des Menschen. Doch ohne die Annahme des dunklen Bereiches gibt es keine Saturnreife. Es ist also zunächst verständlich, daß sich unser vom Heilen ohnehin schon ermüdeter »Heiler« dieser Aufgabe vorerst nicht stellen will. Er möchte von dem Ruf seiner Seele nichts wissen, er möchte auch nicht daran erinnert werden, daß er selbst letztlich krankheitsanfällig und sterblich ist. Wenn er schon in diesen Kreislauf zwischen den Polen Gesundheit und Krankheit eingebunden ist, dann auf der Seite der Gesundheit. Und wie der Priester glaubt er an seine eigene besondere Stellung im Spiel. Doch die Zeit der Heiler-Priester ist längst vergangen.

Die Psychologie kennt verschiedene seelische Kniffe, um einer erinnerungsträchtigen Wirklichkeit, die man nicht wahrnehmen will, zu entkommen. Man schafft sich mit einem Repertoire an Umgehungsmechanismen eine andere und vorerst leichter zu akzeptierende Realität. Die zu verwendenden Mechanismen werden von uns allen benützt und sind weitläufig bekannt: Projektion, Verdrängung, Abwehr, Flucht, Kompensation und Rationalisierung gehören dazu. Auch Ärzte verwenden sie. Es sind aber genau diese Mechanismen zur Realitätsbewältigung, die sie daran hindern oder es ihnen zumindest erschweren, »wirkliche Heiler« zu werden.

Die einfachste und offensichtlichste Umformung der Realität findet sich in der Beziehungsdefinition nach dem Motto »Ich Arzt – Du krank«. Oben steht der Arzt als gesunder Macher, ein Gesundungsmanager, und unten steht der Patient, der Kranke, der Heilung zu erfahren hat.

Zum einen lassen diese Sichtweisen aber außer acht, daß Heilung ein sensibles und prozeßhaftes Geschehen ist, und zum andern bilden sie den Tummelplatz für eine Fülle von Projektionen. Mit anderen Worten: Unser Heiler oder Therapeut hat den eigenen kranken Anteil zuerst einmal nach außen verlagert und glaubt sich frei davon. Nicht er bedarf also der Heilung, sondern der andere, sein Gegenüber. Selbstverständlich geschieht dies nicht in böser Absicht, sondern in großer Naivität. Außerdem ist es immer einfacher, sich mit der Störung der anderen zu befassen als mit der eigenen Kränklichkeit, mit dem Ungesunden der eigenen Seele.

Daß, wie allgemein üblich, keine Verbindung zwischen der Krankheit des Patienten und der psychischen Konstitution des »Heilers« hergestellt wird, liegt auch an unserem kulturell bedingten Auseinanderhalten von Psyche und Soma. Die Trennung in körperliche und psychische Störungen macht nicht nur eine ganzheitliche Betrachtungsweise von Heilung unmöglich, sondern öffnet auch Tür und Tor für Verdrängungen und Projektionen. Denn was sollte auch das Gebärmutterhalskarzinom der Patientin mit der unbewältigten Mutterbeziehung des behandelnden Gynäkologen zu tun haben? Zu weit hergeholt? In seinem Buch »Verborgene Wirklichkeit« schreibt der Therapeut Peter Orban:

»Jeder von uns hat etwas auf den Schultern, jeder hat etwas zu tragen, zu dessen Heilung er beitragen muß. Jeder von uns kann Er-lösung nur finden, indem er sieht, daß er an der Verzauberung eines anderen beteiligt war. Er muß zu dessen Erlösung beitragen, um selbst Erlösung zu finden.«[12]

Der Arzt ist immer durch die Krankheit seines Patienten ein Mitbetroffener, denn so wie wir alle unsere eigene und uns nur zum Teil bewußte Innenwelt erst durch die Spiegelung im Außen erkennen können, so zeigt der Patient seinem Arzt einen Schattenbereich auf, der ihm sonst im Außen nicht begegnen würde. Wir werden auf den Symbolcharakter von Krankheiten noch eingehen, aber zunächst genügt es festzuhalten, daß dem Mediziner in seiner Arbeit mit dem kranken Patienten häufig der eigene heilungsbedürftige Anteil aufgezeigt werden kann. Um dies aber nicht wahrhaben zu müssen, wird weiterhin am anderen gedeutet, operiert und »geheilt«. Es handelt sich schlichtweg um »Kompensation«. Schon die Wahl zum Beruf des Mediziners oder Therapeuten hat kompensatorischen Charakter, denn indem ich die kranke Seite den anderen zuschiebe und mich selbst herausnehme, lenke ich von eigener Bedürftigkeit ab. Die eigene Verwundung trägt so der andere mit!

Wir sehen also, daß diese Unterteilung in Gesunde und Kranke, in Patienten und »Heiler« eine sehr fragwürdige ist, denn wir alle haben beide Personen oder Anteile ihrer in uns. Wir haben alle einen kranken, abgespaltenen Teil in uns, der sich in physischen Krankheiten zeitweilig äußern mag, der sichtbar werden kann oder auch nicht, und wir haben ebenso den »inneren Heiler« in uns, zu dem wir manchmal genauso wenig Zugang finden können wie zu unseren Schattenteilen. Und deswegen gibt es Mitspieler: Mitmenschen, die uns eigene innere und teilweise verborgene Gestalten aufzeigen, die jene Rollen übernehmen, die wir abgeben. So braucht der Patient »seinen« Heiler ebenso, wie der Heiler »seinen« Patienten benötigt. Ihr Unbewußtes weiß um diese Zusammenhänge, doch die daran beteiligten Personen wollen keine Kenntnis von derartigen Seelen-Verträgen haben. Und daher haben wir die heutige Wirklichkeit: hier Arzt – da Patient.

Doch die Polarisierung der Wirklichkeit genügt den in heilenden Berufen Tätigen bei weitem nicht, um die eigenen Ängste auf Dauer erfolgreich verschieben zu können. Dazu bedarf es noch anderer Strategien. Welche Spiele spielen Mediziner also noch? Neben einer massiven Verdrängungspolitik kommt es auch zu den unterschiedlichsten Formen von Fluchtverhalten. Zunächst wird der gesamte Arbeitsbereich steril gehalten, was heißt, daß scheinbar eine unsichtbare geistige Grenzlinie um Orte, Menschen und Zustände gezogen wird. Dies ist noch mehr als Projektion und Verdrängung, es ist ein Sich-aus-der-Welt-Begeben. Manche Mediziner scheinen einen Teil von sich tatsächlich aus dem Geschehen heraushalten zu können, so daß man sich hie und da in einem Krankenhaus umsieht und sich dabei die Frage stellt: Gehen hier Ärzte oder bloß weiße Mäntel herum?

Zu leben beginnen die Ärzte erst nachher. Und manchmal auch nachher nicht. Dieser Umgang mit Realitäten, die schmerzlich bis eben unerträglich sind, ist verständlich. Wer will schon die Seite des Lebens, die Krankheit und Tod beinhaltet, täglich und freiwillig leben? Keiner von uns will es, aber wir alle erwarten es von unseren ausgebildeten Ärzten und Therapeuten und sind dann sehr enttäuscht, wenn auch sie hier versagen. Ihr Nikotin- und Medikamentenverbrauch ist höher, ihr Lebenshunger größer als bei vergleichbaren Bevölkerungsgruppen und ihr Konsumverhalten allgemein bekannt. In seiner Hilflosigkeit zieht sich der Helfer auf mechanistisches Arzten zurück.

Unsere medizinische Realität ist nicht den Ärzten anzulasten, denn unsere Gesellschaft hat kaum gangbare Wege aufgezeigt, wie wir ein reifes und erwachsenes Verhältnis zu Saturn finden könnten. Letztlich können wir mit Krankheit und Tod nicht umgehen. Sie werden zu Grenzsituationen stilisiert und von der realen Wirklichkeit abgehoben, nicht aber als integraler Bestandteil des Lebens verstanden. Der Kranke in seiner Ausnahmesituation wird oft stigmatisiert, damit der Heiler sich heilend, fast missionarisch erheben kann. Gefangen in seinem Ich-Wahn glaubt er dann tatsächlich, etwas am Patienten zu machen, zu bewerkstelligen, und zwar Heilung. Heilung aber ist nicht machbar. Heilung geschieht.

Hausarzt oder Fernsehheld

*»Die Maske wird zum Gesicht selbst –
wenn man ihr Zeit läßt.«*

Marguerite Yourcenar

Nachdem wir nun jenen Teil des Lebens, in dem es um Gesundheit und Krankheit, um Arzt und Patient geht, kurz skizziert haben, wollen wir uns eingehender mit der Frage beschäftigen: Um welchen Arzttypus handelt es sich hier eigentlich? Und welchen Patiententypus behandelt dieser Arzt?

Obwohl die Ärzte keine homogene Berufsgruppe darstellen, unternehmen wir den Versuch, eine Typologie zu verwenden, um das Thema des »verwundeten Heilers« in seinen verschiedenen Facetten darzustellen. Dabei gehen wir zunächst vom Bild des »handwerklichen Arztes« aus, da er jenen Mediziner repräsentiert, der allgemein akzeptiert ist und der vielen Bereichen der »Medizin von heute« entgegenkommt, sie stützt oder überhaupt erst ermöglicht. Dem Typus des handwerklich orientierten Mediziners gehören funktionierende, den Wünschen ihrer Patienten weitgehend entsprechende Ärzte an. Im allgemeinen handeln sie so, wie es von ihnen erwartet wird. Sie haben ihr Handwerk in der Mechanik ausreichend gelernt, und sie üben es aus, indem sie hauptsächlich darum bemüht sind, Fehler zu vermeiden, sind also »Absicherungsmediziner«. Auf diese Weise vermeiden sie Auseinandersetzungen, Konfrontationen, Reklamationen und Rechtfertigungen. Sie haben keine Rosinen im Kopf, aber auch keine idealistischen Illusionen. Ihren Patienten, die eine medizinische Dienstleistung in Anspruch nehmen, treten sie mit vorauseilendem Gehorsam entgegen. Die handwerklich orientierten Mediziner sind zumeist Ärzte ohne charismatische Ausstrahlung. Sind sie Allgemeinmediziner, so delegieren sie ihre Patienten gerne an Spezialisten, Ambulanzen oder übergeben sie in stationäre Krankenhausbehandlung. Aber auch unter den Spezialisten oder Fachärzten sind die braven Handwerker überrepräsentiert. In ihrer Desillusioniertheit haben sie keine Erwartungen mehr. Sie sind skeptisch, ohne verbittert zu sein, unzufrieden, aber nicht militant in ihrer Unzufriedenheit, müde, aber nicht ausgepowert. Ihr Tun ist für die Patienten überschaubar und für die Sozialversicherungsträger gerechtfertigt. Das ist das handwerkliche Heilen auf einer normierten Ebene, die den Alltag von Medizinern und Patienten ausmacht. Daneben gibt es natürlich auch Alternativszenarien, auf die jetzt nicht weiter eingegangen wird.

Dieser handwerklich orientierte Mediziner erfüllt also scheinbar die Anforderungen, die an den durchschnittlichen Arzt in unserer heutigen Gesellschaft gestellt werden. Aber stimmt dieses Arzt-Bild tatsächlich? Genügt es wirklich den kollektiven Erwartungen der Patienten? Wir glauben vielmehr, daß dieses starre Bild eines Durchschnittsarztes noch verschiedene Facetten enthält, überzeichnet und mit den unterschiedlichsten Masken versehen werden kann. Arzt, wer bist du wirklich?

Wie bereits festgestellt, sind Ärzte keine homogene Gruppe. Es gibt arme Ärzte und reiche Ärzte, es gibt unter ihnen die Idealisten und die Geschäftemacher. Es gibt einerseits den sich verausgabenden Hausarzt und andererseits den gut verdienenden Facharzt auf dem Golfplatz. Es gibt dienende Ärzte, und es gibt die puren Karrieristen. Es gibt erfolgreiche und weniger erfolgreiche Ärzte. Und es gibt Ärzte mit und ohne Eid des Hippokrates.

Eines ist jedoch unübersehbar: Kein anderer Berufsstand ruft so viele Erwartungen und ambivalente Emotionen in der Öffentlichkeit hervor wie der der Mediziner. Nicht einmal Politiker können die Bevölkerung in dem Ausmaß emotionell bewegen, wie es Ärzte – ohne dies zu wollen – vermögen. Illustrierte wie NEWS, STERN oder SPIEGEL bringen regelmäßige Beiträge zum Thema des »Arztens« in unserer Zeit.

Trägt man alle Puzzleteile zusammen, so drängt sich die Frage auf: Was spielt sich hier eigentlich ab? Zuerst einmal erfährt das Bild des Arztes eine Überhöhung in der Öffentlichkeit. Der Mediziner wird somit zur Projektionsfläche für irreale Hoffnungen und Heilserwartungen nach dem Motto »Lieber Doktor(gott), mach mich wieder gesund!«. Gleichzeitig wird dieser Arzt-Gott aber auch zur Zielscheibe von Kritik, Mißgunst und Neid. Die Götter verdienen zuviel. Die Patienten gönnen es ihnen nicht. Ein Berufsstand wird konfrontiert mit Anbetung und Mißkredit, mit Macht und Demontage.

Die immer zahlreicher werdenden Fernsehserien übernehmen die Überhöhung des Arztberufes und fügen ihren stereotypen Arztbildern weitere willkommene Accessoires bei. Die ärztlichen TV-Helden sind schön, erfolgreich, eloquent, beziehungsfähig, wohlhabend und geliebt. Damit erreichen die Fernsehanstalten die angestrebten Quoten und liefern uns eine weitere Heils-Wirklichkeit. Es handelt sich dabei nur um die Widerspiegelung der Bedürfnisse einer Gesellschaft.

Der Erfolg dieser Serien zeigt ein kollektives Verlangen nach Märchen, Helden und Maskierungen. So erfüllt Dr. Brinkmann aus der Schwarzwaldklinik ebenso wie sein Kollege Dr. Kulani auf Hawaii das Märchen- und Maskenbedürfnis einer sich aufgeklärt gebenden Gesellschaft in einer hochtechnisierten Lebenswelt. Wenn auch die Ärzte in der »wahren Wirklichkeit« ihre Skandale und Prozesse haben mögen, der Glaube an die Nachfahren des Hippokrates muß aufrechterhalten werden.

Neben der medialen Vermarktung der »Götter in Weiß« gibt es aber auch zusätzliche Verzerrungen der ärztlichen Realität durch die von Emotionen genährten Projektionen des Patienten auf den Arzt. Die Welt der Medizin hat viele Gesichter! Wenn wir davon ausgehen, daß unser handwerklich arbeitender Arzt wenig Charisma hat und seinen Beruf innerhalb eines patriarchalen und von Regeln durchzogenen Gesundheitssystems ausübt, dazu auch noch die Erwartungen seiner Patienten zu erfüllen hat, so wird er vielleicht einige der gängigen Masken vor sein Gesicht setzen. Und er tut gut daran, denn er lebt und heilt in einer Gesellschaft, die Maskierungen liebt und sie auch braucht.

Der Ruf nach der Göttin?

*»Um gegen patriarchale Wertblindheit anzugehen,
müssen wir die Beziehungen zwischen Männern und Frauen
noch genauer untersuchen.«*

Wilfried Wieck

Wenn wir in die Mythologie oder in die Geschichte der Medizin zurückgehen, so war Heilkunst nie eine ausschließlich männlich definierte Berufung. Im Gegenteil: Die Fähigkeit des Heilens wurde immer schon mit den weiblichen Qualitäten des Fühlens und Gebens verbunden, also mit mütterlichen Eigenschaften. Wenn wir aber davon ausgehen, daß Heilung immer auch etwas mit Ganzheitlichkeit und einer Verbindung von weiblichen und männlichen Parametern zu tun hat, kann die matriarchale Welt der »Heilerin« ebensowenig wie eine auf den »Göttern« beruhende Geschichte der Heilkunst die Antwort auf die Frage nach dem Ursprung der Medizin sein. Im Hippokratischen Eid findet sich noch die männlich-weibliche Ausgewogenheit der heilenden Gottheiten:

»Ich schwöre, Apollon den Arzt und Asklepios und Hygieia und Panakeia und alle Götter und Göttinnen zu Zeugen anrufend, daß ich nach bestem Vermögen und Urteil diesen Eid und diese Verpflichtung erfüllen werde.«

Mit dem Ende des Hellenismus und dem Beginn des vitalen patriarchalen Christentums setzt eine lange und für die Frau schmerzvolle Ära weiblicher Nachrangigkeit ein. Jeanne Achterberg hat in ihrem Buch »Die Frau als Heilerin« die Geschichte der Frau in der westlichen Medizin in hervorragender Weise aufgearbeitet. Sie spannt den Bogen von der Medizinfrau über die Heilerin in griechischer und römischer Antike und im mittelalterlichen Europa bis zum Verschwinden einer weiblichen Heilkunst mit Anbruch des wissenschaftlichen Zeitalters, in dem die weisen Frauen als Hexen und Ketzerinnen abgeurteilt wurden. Das war der geistige Tod der Deuterinnen.

Das Zeitalter der Renaissance sah also die »Geburt der modernen Medizin – ohne Heilerinnen«[13], die einen Wendepunkt in der Medizingeschichte darstellt. Von diesem Wendepunkt zehren wir, was unsere medizinisch-wissenschaftlichen Erfolge angeht, aber wir haben auch dessen negative Auswirkungen, wie Rationalisierung, Einseitigkeit, Übertechnisierung und Verlust an dienenden Qualitäten zu tragen. Die wissenschaftlichen Erfolge der Medizin, auf die wir heute zu Recht mit Stolz und Befriedigung blicken, weil sie eben auch lebensrettend und lebensverlängernd sind, sind verbunden mit der Ausgliederung des Weiblichen aus der Heilkunst und der auf Descartes zurückgehenden Trennung von Körper und Geist.

Es scheint so, als ob in der Geschichte der menschlichen Evolution großartige Erfolge in einem bestimmten Bereich immer mit einem ebenso großen Verlust in einem anderen Bereich verbunden wären. Für die Fortschritte einer männlich ausgerichteten und rationalen Spitzenmedizin zahlten die Frauen den Preis! Sie wurden bis in die zweite Hälfte des 19. Jahrhunderts ausschließlich in den Bereich des Hebammendienstes und der dienenden Krankenpflege abgedrängt. Achterberg kommt in ihrer historischen Aufarbeitung zu zwei wichtigen Schlüssen: Es gibt zum einen »die äußerst enge Verbindung zwischen den Heilerinnen und der herrschenden Kosmologie«. Zum anderen gibt es eine durchgehende und nicht unterdrückbare feminine Präsenz im Heilungsprozeß, einen bestimmten »Bewußtseinsstrang, der die mit dem Heilen verbundenen weiblichen Aspekte miteinander verknüpft«.[14]

Wir müssen in diesem Zusammenhang zwei Grundgedanken festhalten: Die Entstehung des Patriarchats, wie es auch unsere Medizin prägte, ist ein historisches Faktum. Gleichzeitig aber durchzogen Aspekte einer »matriarchalen Opposition« die Denkmuster in Wissenschaft, Kunst und Medizin. Diese Strukturen aus dem Untergrund zu heben wird Aufgabe der Zukunft sein.

Die im Anwachsen begriffene Literatur zur Matriarchatsforschung trägt viel dazu bei, Licht ins Dunkel der Geschichtsschreibung zu bringen und ein neues weibliches Selbstverständnis zu generieren.

Die derzeitige Position der Ärztin kann also nur als Erbteil einer patriarchalen Kosmologie verstanden werden. Noch sind die Hauptrollen im Gesundheitssystem von Männern besetzt: Sie sind die Entscheidungsträger, sie schaffen Strukturen, und sie sind in den Ärzte-Fernsehserien demnach auch überrepräsentiert. Dies ist auch der Grund, warum sich dieses Buch weitgehend mit der Problematik der Mediziner und nicht der Medizinerinnen auseinandersetzt. Welche Chance hat die Frau, die sich bei ihrer Berufsentscheidung der Medizin zuwendet, in der männlich orientierten Medizin ihre Identität und Ganzheit zu leben? Muß sie sich nicht auf männliche Qualitäten beschränken, um als Medizinerin überhaupt angenommen zu werden und dann auch noch überleben zu können? »Meine Mutter durfte nicht Medizin studieren, dies war ihren Brüdern vorbehalten« ist zwar ein Satz, der der letzten Generation angehören mag; trotzdem ist es für Frauen noch immer schwieriger als für Männer, sich in der heutigen Spitzenmedizin zu etablieren.

Auch Frauen in Heilberufen leben wie ihre männlichen Kollegen den Mythos des »verwundeten Heilers«: Sie sind verwundete oder verletzte Göttinnen. Ihre Verwundung läßt sich ebenfalls bis in die Kindheitsgeschichte zurückverfolgen. Frauen sind aber auch durch die Geschichte verwundet worden. Mit anderen Worten: Zu der individuellen Wunde kommt noch eine gesellschaftliche Struktur, die die Verwundung der (Medizin-) Frau immer wieder aufbrechen läßt.

Erfolg in der derzeitigen medizinischen Kultur unserer Zivilisation haben Frauen mit stark ausgeprägtem Animus. Nach C.G. Jung hat jede Frau einen männlichen Anteil in sich, auf den sie zurückgreifen kann und der als Gegenpart in ihrer Psyche existiert und auf dem Weg der Individuation auch angenommen und integriert werden muß. Fühlt sich ein heranwachsendes Mädchen von ihren Eltern in ihrer Weiblichkeit nicht angenommen, so wird es für sie schwerer, sowohl den weiblichen als auch den männlichen Anteil adäquat zu entwickeln. Einseitigkeit in der Psyche führt aber schnell zur Kompensation: Die Minderwertigkeit sucht sich immer ein kompensatorisches Gebiet. Ein in Kindheit und Jugend abgedrängter männlicher Anteil kann unter bestimmten Voraussetzungen zum Monster werden. Animus-Besessenheit meint die Verselbständigung eines schlecht integrierten männlichen Parts in der psychischen Struktur von Frauen, die als Erwachsene versuchen, alles nachzuholen, was ihnen aufgrund der eigenen Lebensgeschichte und von der Gesellschaft scheinbar oder tatsächlich verweigert wurde. Frauenkarrieren sind somit leider oft die Geschichte einer individuellen und gesellschaftlichen Wunde: Sie bringen verzerrte Animusanteile hervor, schaffen aber keinen ganzheitlich ausgerichteten Berufsweg. Wir erkennen dies deutlich am Bild jener Ärztin, die mit männlichen Mitteln und Methoden in einer Männermedizin eine »männliche Medizin« macht.

Da es aber schon genügend Ärzte – also Männer, die einer männlich-technischen und rationalen Art des Heilens huldigen – gibt, ist zu fragen: Wo ist der Gewinn für das gesamte Gesundheitssystem, wenn Frauen in den Spuren einer Männerdomäne weiterwandern? Sie tragen ja nur den alten weißen Mantel ihrer männlichen Kollegen auf! Damit geben sie aber ab, was sie in die Medizin einbringen könnten, nämlich Intuition, Kommunikation und Empathie. Dies sind die Gebiete, auf denen Frauen bekannterweise den Männern in jeder beruflichen Laufbahn überlegen sind. Aber sie sind ja verwundete Göttinnen. Als solche machen sie dieselben Fehler wie ihre Kollegen und verraten dazu ein weibliches Erbgut an heilenden Qualitäten.

Kompensation führt schnell zur Dekompensation. Durch die Übernahme der Fehler ihrer Kollegen erfährt die Ärztin oft ein ähnliches ärztliches Schicksal wie der Arzt. Auch Ärztinnen leiden an Alkoholsucht und Medikamentenabusus, neurotisieren ihre Kinder, bezahlen den Preis eines nicht gelebten Privatlebens, werden frühpensioniert oder suizidieren. Diese Tatsachen werden aber von der Öffentlichkeit noch stärker negiert oder verdrängt als die »Wunde der Götter« und die sich daraus ergebenden »Sünden der Götter«. Mit dem »Patient Arzt« mag man noch zurechtkommen, doch von der »Patientin Ärztin« will niemand etwas wissen. Daß Frauen an den oft brutalen Strukturen der Medizin leiden müssen, ist naheliegend, doch oft gestehen die Betroffenen diese Tatsache sich selbst und anderen nicht ein.

Die Frau als Ärztin scheint in unserer Gesellschaft auch an einer Zivilisationskrankheit zu leiden. Denn wie Afrikaner, die, wenn sie aus ihrem Lebensumfeld herausgerissen werden und im Brooklyn des modernen Amerika Wurzeln schlagen sollen, plötzlich auch die Krankheiten dieser städtischen Zivilisation übernehmen, so werden auch Frauen, die den männlichen Wahnsinn im Gesundheitssystem nachleben, erkranken. Der »männliche Protest« (Alfred Adler)[15] führt über die ödipale Traumatisierung und die verschiedenen negativen Emanzipierungskarrieren nur in die Pathologie und treibt schließlich eine ohnehin schon kranke Medizin ebenfalls in die Pathologie! Auf diesem Weg kann die Frau im Gesundheitsbereich nichts Wesentliches beitragen. In ihrer Gesundung und Rückbesinnung auf weibliche Attribute des Heilens kann sie aber sehr wohl einen Weg aus dem Kreislauf der Verwundung – ihrer eigenen und der der Medizin – weisen. Was die gesunde Ärztin in die Medizin einbringen könnte, würde anknüpfen an altes Wissen um den Wert des weiblichen Bewußtseinsstroms heilender Qualitäten:

»Ein Bewußtseinsstrang zieht sich durch die Jahrhunderte hindurch und verbindet eine Ära von Heilerinnen mit der nächsten. Er steht in Beziehung zum Weiblichkeitsmythos – Verhaltensweisen, Fähigkeiten und Glaubensmuster, die traditionellerweise mit der Frau assoziiert werden. Ob dieser Mythos kulturell oder biologisch bestimmt ist, ist strittig und ziemlich irrelevant – er existiert nun einmal. Was das Heilen angeht, so bezieht sich dieser Mythos auf Eigenschaften wie Intuition, Fürsorglichkeit und Mitgefühl. Findet er seinen Ausdruck in der beruflichen Praxis, dann werden hier die Vorzüge der Natur als Quelle von Heilung und Heilmitteln und die heilsamen Aspekte des Pflegens und der Zuwendung unterstrichen.«[16]

Die Notwendigkeit, auch sogenannte weibliche Attribute wieder in die Heilkunst einzuführen, ist angesichts des Status quo und der in der Öffentlichkeit diskutierten Situation des Gesundheitswesens offensichtlich. Das Gesundheitsmagazin ANIMA veröffentlichte 1992 eine Studie der John Hopkins Universität in Baltimore, nach der »kranke Kinder bei Ärztinnen besser aufgehoben sind als bei ihren männlichen Berufskollegen«, denn: »Die Ärztinnen bleiben demnach länger bei den Kindern und sprechen häufiger mit ihnen. Sie informieren ausführlicher über die Krankheit, wenden öfter alternative Heilmethoden an und ermutigen die Mütter mehr.«[17] Immer deutlicher wird der Ruf nach Zuwendung, nach Kommunikation und Beziehung, nach Austausch zwischen Patient und professionellem Heilertum. Vielen Patienten scheint eine ausschließlich medikamentöse oder apparative medizinische Leistung nicht mehr zu genügen. Der Zustrom zum Heer der Heilpraktiker, zu Vertretern der alternativen Medizin oder leider auch medizinischen Scharlatanen ist die Suche nach einer verlorenen (weiblichen) Qualität in der Medizin. Hier könnten Ärztinnen – und sie tun es auch bereits – Großartiges für die Rehabilitierung der Medizin leisten, indem sie ihren Bewußtseinsstrang des Heilens mit dem männlichen Bewußtsein verbinden. Wir denken hier an alle jene Ärztinnen, denen es gelingt, die Brücke zwischen moderner Leistung und altem intuitiven Wissen zu schlagen, die ohne Aufhebens mit großem Einsatz und Mut, aber mit Bescheidenheit ihre Praxis öffnen und ihren Dienst tun, die noch Hausbesuche machen, wenn es erforderlich ist, die die Medizin nicht spalten in eine »Mond-Medizin ohne Antibiotikum« einerseits und in eine »Schulmedizin« andererseits. Diese Ärztinnen haben es geschafft, die »Entweder-oder«-Haltung, die sich als Kernkrankheit unserer derzeitigen Medizin entpuppt, aufzugeben. Sie sind zum rettenden »und« gelangt, haben also durch Reflexion und Intuition den Weg der Mitte gefunden. Es gibt selbstverständlich auch Ärzte, denen es gelingt, mit einer neuen, integrierenden Haltung ihrem Beruf zu begegnen; wir wollten an dieser Stelle nur auf den Beitrag, den die Frau auf kollektiver Ebene in die Medizin einbringen kann, hinweisen.

Gemäß den unterschiedlichen psychologischen Bedingungen von Mann und Frau haben wir auch die entsprechenden medizinischen Strukturen und eine Aufteilung in solche Fächer, in denen vor allem Männer reüssieren können, wie zum Beispiel Chirurgie, Orthopädie, Kardiologie, und in Fächer, die eher für Frauen geöffnet scheinen, wie Dermatologie oder Kinderheilkunde. Paradox ist die Situation der Gynäkologie, denn als Frauenheilkunde wird sie hauptsächlich von Männern betrieben. Der Ruf nach der Gynäkologin wird zwar immer deutlicher vernehmbar, und die derzeitige Struktur in Ausbildung und Praxis im gynäkologischen Fach angeprangert, doch steckt ein Umdenken hier erst in den Anfängen. Die besondere Situation der Gynäkologie wiederum ist nur vor dem Hintergrund einer psychologischen Realität, wie sie Grundtenor dieses Buches ist, zu deuten. Die Tatsache, daß vor allem Männer in der Frauenheilkunde »ihr« Fachgebiet sehen, hat einerseits mit einer persönlichen Schwachstelle in der Beziehung zum Weiblichen zu tun (siehe Kapitel III), andererseits mit einer kulturellen Struktur, die mittels der Frauenheilkunde, wie sie sich nun einmal etabliert hat, auch die Möglichkeiten zu einer – wenn auch pathologisch/neurotischen – Kompensation geschaffen hat. Frauen, die sich für die Gynäkologie entscheiden, haben überdies oft einen starken Animustrieb, der sich auf diesem Weg eine Möglichkeit des Auslebens verschafft. Wenn aber Frauen ihren Animus als männlichen Ratgeber annehmen und sich von ihm nicht beherrschen lassen, wenn sie lernen, ihrer persönlichen und kollektiven Verwundung mit Respekt und Verständnis zu begegnen, um sie ausheilen zu lassen, dann können sie als Heilerinnen Wesentliches zur Heilung der Medizin beitragen. Sie können »die Macht der Schlange», die nicht nur einem Asklepius vorbehalten war, sondern in den Anfängen auch mit den Göttinnen in Beziehung stand, zurückfordern, wie die Psychologin Jean Shinoda Bolen es in ihrer Psychologie einer neuen Weiblichkeit fordert:

»Ich sehe die Frauen, die ein Gefühl ihrer eigenen Macht und Autorität entwickeln, als Frauen, die ›die Macht der Schlange zurückfordern‹, welche den weiblichen Gottheiten und sterblichen Frauen verlorenging, als die patriarchalischen Religionen die Göttinnen ihrer Macht und ihres Einflusses beraubten und die Frauen zum schwächeren Geschlecht degradierten. Dann sehe ich vor meinem inneren Auge eine Terrakotta, die für mich die Möglichkeit repräsentiert, daß die Frauen, mit Macht, Schönheit und nährenden Fähigkeiten ausgestattet, wiederauftauchen. Dabei handelt es sich um eine schöne Frau oder Göttin, die von der Erde emporsteigt und in jeder Hand eine Weizengarbe, Blumen und eine Schlange hält...«[18]

Arzt und Aggressivität

»Kein Mann gesteht gerne ein, daß er in der Wahl seines Berufes einen Fehler gemacht hat, und jeder Mann, der diese Bezeichnung verdient, wird lange gegen Wind und Flut anrudern, ehe er sich den Aufschrei gestattet: ›Ich kann nicht mehr weiter!‹ und sich kraftlos zurück an Land treiben läßt.«

Charlotte Brontë

Das »Herangehen«, wie es aus dem Lateinischen »aggredior« zu übersetzen wäre, ist ein zentraler und angeborener Trieb im Menschen. Aggression an sich ist lebenserhaltende Energie, und in diesem Sinn weder positiv noch negativ, wie die Psychologin Clara Thompson bemerkt:

»Aggression ist ganz und gar nicht grundsätzlich destruktiv. Sie entspringt einer angeborenen Tendenz zu wachsen und das Leben zu meistern, die aller lebenden Materie gemein zu sein scheint. Nur wenn diese Lebenskraft in ihrer Entfaltung behindert wird, verbinden sich mit ihr Aspekte wie Wut, Zorn oder Haß.«[19]

Aggression ist die Energie, die uns »zur Welt bringt«, sie ist in der Sexualität ebenso zu finden wie beim Geburtsvorgang, sie ist die Kraft, die uns befähigt, uns der Welt der Materie zu stellen, Ziele zu setzen, uns zu verteidigen und unserem Potential zum Wachstum zu verhelfen. Wenn diese Umsetzung von angeborener Energie in Entwicklung, dieses Heran- und Voranschreiten gestört wird, entstehen die negativen Ausdrucksformen der aggressiven Lebenskomponente. Diese destruktiven Formen kennen wir nur zu gut, und deswegen ist das Thema Aggression verständlicherweise stark von Angst besetzt. Freilich gibt es in einer Gesellschaft, die in ihrer kollektiven Entwicklung vielen Blockaden ausgesetzt ist, ein hohes Maß an Aggressionspotentialen, die fehlgeleitet werden können. Zwar haben wir sozial akzeptierte Formen der Aggression zum Beispiel im Kampfsport, doch scheint nichtsdestoweniger sehr viel an Energie ungenützt oder unausgelebt zu bleiben, denn sonst wären viele aggressive Akte bzw. Aktionen nicht erklärbar. Aggression als Lebensimpulsivität ist immer vorhanden, sie ist auch Teil der Verletzung und Teil der Heilung.

Wie steht es nun um die Aggression unserer vorverwundeten Ärzte? Gibt es eine arztspezifische Aggressivität? Wenn es diese gibt, aus welchen Quellen nährt sie sich, und wie drückt sie sich aus? Wir sind uns dessen bewußt, daß es hier um sehr unangenehme Fragestellungen in der Medizin (und Medizingeschichte) geht. Von Sigmund Freud lernen wir etwas über die »soziale Akzeptanz« des umgewandelten Aggressionstriebes: Aggression, in andere Kanäle gelenkt, würde zu höheren Zwecken »sublimiert«. Dies ist zum Beispiel der Fall im chirurgischen Tun. Der Akt des Stechens und Schneidens, des Operierens ist zweifelsohne ein Akt der Aggression. Trotzdem kommt er dem Patienten zugute und trägt zu dessen Gesundung bei.

Gleiches kann man sich zum Beispiel bei einem Beinbruch, einer Appendizitis, einer Augenuntersuchung mit darauffolgender Brillenverschreibung, bei einer Lungenentzündung oder einem Abszeß wünschen. Hier bedarf es einer medizinischen Reaktion, eines »Herangehens«, in welcher das vorliegende Problem in ruhiger Kompetenz angegangen und rasch gelöst wird. In weiten Bereichen der Medizin – in der Unfallchirurgie etwa, im Röntgenbereich und sonstiger apparativer Diagnostik, um nur diese Fächer exemplarisch zu nennen – hat dieser Arzttypus seinen Platz und füllt ihn zur Befriedigung aller auch aus. Aller? Nun, der handwerklich orientierte Arzt kann sich über dieses tagaus und tagein endlos wiederholte Einerlei alterieren oder nicht, kann unter der Routine leiden oder sie gelassen als sein »Feld« bestellen, kann ausgeglichen bleiben oder unzufrieden werden. Dies ist weitgehend von seiner Vorgeschichte abhängig.

Das Thema Aggression in der Medizin stellt einen Bereich mit »zwei Gesichtern« dar. Ohne diese Thematik blieben wesentliche Überlegungen in bezug auf das Arzt-Sein in Vergangenheit und Gegenwart ausgespart, da ein solches Herangehen bei nicht vorhandener voller medizinischer Indikation häufig problematisiert ist. Nicht notwendige Manipulationen am Patienten mögen nicht selten der aggressiven Triebbefriedigung des Operateurs helfen. Von daher ist in der Öffentlichkeit sehr viel berechtigte Kritik an der Medizin und an den Medizinern entstanden. So stellt zum Beispiel Ester Vilar in »Der betörende Glanz der Dummheit« die Frage: »Können Chirurgen mehr als schneiden?«[20] Sie verbindet die Frage nach der medizinischen Berufswahl, die eine sehr auf das Pathologische ausgerichtete Ausbildung erforderlich macht, mit der zugrundeliegenden Aggressivität des Mediziners, die sich in scheinbar stählernen Charakterzügen zeigt. Sie schreibt:

»Wer garantiert uns, daß die, in deren Hände wir die Sorgen um unsere Gesundheit delegieren, immer auch die sind, die wir an solcher Stelle bräuchten? Bedenken wir doch, wie einer zum Mediziner wird: Indem er Kadaver seziert, Auswürfe begutachtet, Eiterbeulen aufschneidet, Darmausgänge betastet, blutverschmierte kleine Menschen aus schmerzverkrampften Leibern zerrt, sich darin übt, herzzerreißend weinende Kinder mit Nadeln, Schläuchen und Messerchen zu traktieren. Und natürlich werden die vielen, die den Beruf wählen, um anderen dann irgendwann einmal bestmöglichst zu helfen, sich gerade im Interesse ihres großen Zieles überwinden lernen. Doch wie soll man verhindern, daß sich ausgerechnet hier immer wieder auch jene melden, die eine so nerverschütternde Ausbildung schon deshalb glänzend absolvieren, weil ihnen das alles gar nichts ausmacht?«[21]

Esther Vilar unterscheidet hier sehr gut zwischen Ärzten, die, wie wir es nennen, mit ihrer Wunde in Kontakt geblieben und demnach Mitfühlende sind, und jenen coolen Medizinertypen, die sich gegen ihre eigenen Verwundungen abschotten. Es handelt sich also einerseits um jene angehenden Mediziner, die sich ihre Sensibilität bewahren und die demnach auch begreifen, daß Heilung an sich oft ein Akt der Aggression ist. Dies sind jene Ärzte, die mit ihren Patienten ein Stück weit mit-leiden und deren Seele sich doch dem »Wehtun« um des Heilens willen verschrieben hat. Auf der anderen Seite befindet sich immer auch eine Gruppe von Medizinern in der Ausbildung, »denen am hohen gesellschaftlichen Status dieses Berufes gelegen ist«.[22] Bei diesen wird das Aggressionspotential oft nicht zum Wohle des Patienten genutzt.

Wenn wir von Ärzten als Vorverwundete ausgehen, die ihr Gefühl der Unzulänglichkeit überkompensieren, haben wir es in der Beziehung zwischen Arzt und Patient grundsätzlich mit einer Situation von Macht und Ohnmacht zu tun. Das Verhalten des Arztes – wie auch sein Instrumentarium – ist implizit und potentiell »herangehend«, also auch aggressiv und penetrierend, sowohl in Diagnostik als auch in Therapie.

Nun gibt es bei diesem Herangehen des Arztes an seinen Patienten verschiedene Beziehungs- und Arbeitsstile, verschiedene Ebenen der Mündigkeit in der Arzt-Patient-Beziehung. Der Arzt wiederum verfügt über verschiedene Bewältigungsstrategien, was die ihm gestellten Aufgaben betrifft. Manchmal ist es aber nur eine Scheinbewältigung. Von der Zufriedenheit beider, also der des Arztes und der seiner Patienten, bis zur Frustration beider lassen sich alle Varianten beschreiben.

Vom Übergang eines Handwerkes zum mündigen Dialog

»Um ein guter Medicus zu sein, muß man imstande sein, die Lösung eines unlösbaren Rätsels zu finden.«

Noah Gordon

Im Reigen mehr oder minder funktionierender, weniger oder mehr mit ihrem Tun zufriedener Mediziner soll der eine Typus nicht fehlen. Es ist der Arzt, der in das Studium mit dem nüchternen Anspruch eintritt, solide Handwerklichkeit zu erlernen. Ein Arzt, der sich methodisch um den Erwerb dieser Handwerklichkeit bemüht, schon bald seine eigenen Fertigkeiten und Fähigkeiten kennt und danach seinen speziellen Weg in der Medizin einschlägt. Er führt während des Studiums, während der Famulaturen, Prüfungen und bei der Facharztausbildung ein ruhiges, arbeitsames und undramatisches Leben, ist freundlich, ausgeglichen und kollegial. Seine Ambition ist es, in Ruhe zu arbeiten, und nach braver, getaner Arbeit ein ruhiges Leben zu führen. So führt sein Weg bald ab von universitären Profilierungen in die Praxis, wo er in der Tat, ganz in seiner Handwerklichkeit eingebettet, seiner Routine nachgeht. Die Grundlagen der ärztlichen Tätigkeit sind ihm geläufig, die konservative Medizin ist sein Alltag, bekannte und bewährte therapeutische Wege sind seine Vorgangsweise. Es ist der Arzt, für den der Spruch »Schuster, bleib bei deinen Leisten« zutrifft; einer, dem Spekulationen, ungewohnte oder intuitive Heilhandlungen fremd sind. Sein bei seinen Patienten erworbener Ruf gründet auf Voraussehbarkeit und Verläßlichkeit. Er redet nicht viel und nur dann, wenn es unbedingt notwendig ist. Seine Patienten können die Ideologie, die hinter seinem ärztlichen Tun steht, nachvollziehen: solide Handwerklichkeit, keine Wunder, keine großen Heilungen, kein besonderes Charisma, Alltag. Die Patienten, die zu ihm gelangen, wissen, was sie bekommen werden, und kommen, um das erwartete Rezept oder die bekannte Therapie zu erhalten: Sie sind zufrieden. Die Begrenztheit einer solchen, ausdrücklich auf die Handwerklichkeit bezogenen Medizin ist im Verhältnis zwischen Arzt und – nun muß es wohl genannt werden – Klient, ja, nicht Patient, akzeptiert. Der Klient kommt nüchtern in Erwartung einer medizinischen Dienstleistung, nimmt diese in Anspruch und geht.

Das hier entworfene Bild ist keine Täuschung, denn eine Unzahl von Ärzten führt tagein, tagaus ihre medizinische Praxis nach diesem theoretischen Konstrukt einer mechanistischen Medizin. Die Täuschung besteht vielmehr in der ständig sich wiederholenden Absage des Arztes auf Fragen des Woher – Wohin – Wozu. Freilich werden diese energisch als nicht zur Sache abgewiesen, gehören sie doch, so die Meinung des handwerklich orientierten Mediziners, zur Philosophie, Psychologie, was immer. Die ewige Täuschung besteht darin, nicht weiter denken zu wollen und nichts außer Bewährtem oder Bekanntem zuzulassen. Das ist eine Täuschung, der sich Arzt und Patient gemeinsam hingeben. Denn diese Interaktion Mediziner – Klient ist ein hochselektiver Prozeß und die Klientel nach wenigen Jahren eine so zufriedene wie spezifische: Auch die Patienten sind froh, die oben erwähnten Fragen nicht berühren zu müssen. Die in unserer Medizin hochentwickelte Mechanik ermöglicht in der Tat kurative Einzelaktionen, die am Ganzen der Person nicht rühren, und vielfach auch nicht zu rühren brauchen. Voraussetzung ist freilich, daß die gestellte Frage sich nur auf diesem schmalen Pfad des handwerklich zu lösenden Problems befindet, kein bißchen links, kein bißchen rechts.

»Gesunde handwerkliche Ärzte und ihre zufriedenen Patienten« sind häufig in jenen Bereichen zu finden, wo die »Techne«, also die zur Anwendung kommende ärztliche Technik, für den Patienten unmittelbar einsichtig und nachvollziehbar ist. Der Arzt findet Befriedigung und Lust an der Fertigstellung seiner Aktion(en) durch Abschluß seiner Aufgabe innerhalb eines oder einiger weniger Kontakte mit dem Patienten.

Beispiel 1: Der Zahnarzt

Dr. S. ist ein tüchtiger Zahnarzt. Seine Praxis ist zwar nicht bevölkert, da Termine rigoros eingehalten und durch die Sprechstundenhilfe effizient verwaltet werden, wird aber durch viele zufriedene Patienten frequentiert. Diese Patienten sind so zahlreich, daß der Arzt sich gezwungen sah, eine vorläufige Patienten-Sperre auszusprechen. Er ist ein disziplinierter und zäher Arbeiter, der täglich außer am Wochenende ordiniert. Außerdem ist er aktives Mitglied eines Tennisklubs, den er mindestens zweimal pro Woche in einer zehnminütigen Fahrt von seiner Praxis aus besucht. Er ist verheiratet mit einer Medizinerin, die in einem Ministerium als beamtete Ärztin arbeitet. Dr. S., nunmehr 56, ist Besitzer einer abbezahlten, geräumigen und schön ausgestatteten Eigentumswohnung am Rande der Stadt. Nicht nur seine Patienten sind zufrieden, er ist es auch. Er schläft gut, ist ausgeglichen, hält sein Gewicht und hat einen Kreis von Bekannten, der seine Geselligkeitsbedürfnisse befriedigt. Sein Leben ist minutiös durchgeplant, denn nichts haßt er mehr als Überraschungen. Seine Lebenspläne reichen bis an das Ende seiner beruflichen Tätigkeit, denn er gedenkt, mit 65 Jahren in eine geruhsame Pension überzugehen.

Beispiel 2: Die Routinepraxis des Allgemeinmediziners

Die Praxis dieses nicht unbeliebten Allgemeinmediziners ist bestimmt von seinem Allroundertum; dies ist die funktionelle Antwort auf die anfallenden Probleme seines medizinischen Alltages. Von der Platzwunde am Kopf des Kindes, die er nähen muß, bis zur verwirrten Alten, die er medikamentös versorgt, darf dieser – wie übrigens jeder – Praktiker alles tun, was er sich zutraut. Wenn er sich überfordert fühlt, delegiert er eben. Unter dem doppelten Druck der Forderungen seiner Patienten (»Wenn Sie mir das nicht aufschreiben, Herr Doktor, hole ich es mir von woanders«) und der Notwendigkeit, es zu einer bestimmten Anzahl an Krankenscheinen zu bringen, erstarrt die Handwerklichkeit dieses Arztes zur notgedrungen flinken Mechanik. Der Krankenschein seines Patienten wird gegen das gewünschte Rezept ausgetauscht. Und so weiß jeder in dieser Praxis, daß er bekommt, was er will. Aber ist es auch, was beide brauchen? Die Handwerklichkeit ist korrekt, Fehler werden tunlichst vermieden, eine Absicherungsmedizin verdrängt den ohnedies nicht erwünschten zeitraubenden mündigen Dialog.

Obwohl diese Praxis in unserem medizinischen Alltag überwiegt, gibt es andere und zweckmäßigere – obzwar anstrengendere – Möglichkeiten der Arbeit zwischen Arzt und Patient, wie die folgenden Typen es veranschaulichen sollen.

Beispiel 3: Ein praktischer Arzt mit Handwerklichkeit und Charisma

Der rundliche, ruhige Praktiker, Mitte fünfzig, freundlich, mit sympathischer Stimme (obwohl Raucher) ist scheinbar ein angenehmer und unauffälliger Mediziner. Doch dann sieht man plötzlich seine graublauen und hinter Brillengläsern kaum verborgenen Augen. Es sind Augen, die einem Universitätsprofessor der Chirurgie in der Klinik direkt ins Gesicht schauten, als er sagte: »Ich bin nicht das Manegepferd, das im Zirkus Ihrer Eitelkeiten trottet.« Mit diesem Satz beendete der heute so gemütlich wirkende Arzt eine vielversprechende universitäre Laufbahn.

Es sind Augen, die die Bitte der höheren Beamtin auf Krankschreibung in Richtung Frühinvalidität abschlugen. Mit dieser unbequemen Entscheidung verlor der Arzt immerhin 27 (siebenundzwanzig) Patienten. Es sind Augen, die das schüchtern vorgeschobene Kuvert einer unvermögenden Patientin, die mit dieser finanziellen Aufwendung meint, besser behandelt zu werden, einfach übersehen. Kommentar des Arztes: »Weil ich das von meinem Vater so gelernt habe.« Es sind Augen, die bei einer von einer unfallchirurgischen Ambulanz versorgten Fraktur einen Behandlungsfehler kühl, nüchtern und trocken wahrnehmen und die zusammen mit sehr verläßlich aussehenden Händen diesen Fehler ohne großes Aufheben und Häme den Vorbehandlern gegenüber korrigieren. Er weiß, daß »die in der Klinik auch nur mit Wasser kochen«.

Unser netter Praktiker ist ein Extremarbeiter: Tage mit zwölf bis vierzehn Stunden Arbeit sind keine Ausnahme, sondern zwei- bis dreimal wöchentliche Routine. Er macht Hausbesuche, auch am Sonntag, was in der Großstadt nicht mehr selbstverständlicher Teil der medizinischen Versorgung ist. Er ist ein etablierter Praktiker mit einer Praxis, die hohen Umsatz macht. Doch der Nettogewinn des Arztes beträgt weniger als der Lohn eines durchschnittlichen Beamten. Trotzdem ist unser Arzt kein sich selbst bemitleidender Jammerer. Er lügt auch nicht, auch dann nicht, wenn die 36jährige Mutter zweier Kinder nach der Bestätigung einer Krebsdiagnose fragt. Er weicht nicht aus. Er steht Rede und Antwort, so gut er es eben kann. Dieser Praktiker ist ein psychisch ausgeglichener Mediziner, aber kein zufriedener. Er beklagt die Abhängigkeit der Krankenversicherungsträger von politischen Parteien und die Abhängigkeit der Ärztekammer von ängstlichen und kurzsichtigen Standesinteressen.

Beispiel 4: Der Landarzt

Geht man von der Vorstellung aus, Ärzte seien entweder ausgebrannte Pragmatiker oder kühle Karrieristen, so mag man überrascht sein, wenn man unerwartet einem »Landarzt« begegnet, der offenbar mit viel Beobachtungsgabe und Feingefühl sein berufliches Handwerk ausübt.

Ein ganz gewöhnlicher Arzt in einer Dorfgemeinde. Unprätentiös. Nichts an ihm oder seiner Arztpraxis ist laut. Auffallend ist sein Interesse an fachlicher Information. Er weiß, daß er trotz abgeschlossener Ausbildung immer ein Lernender ist, denn in der Medizin gibt es – entgegen allgemeiner Meinung – kein gesichertes und endgültiges Wissen. Er stellt sich und anderen Fragen. Er besucht gerne Fortbildungsveranstaltungen (wegen der Fortbildung und nicht wegen des Buffets). Er ist kein Arzt, der eine Medizin der Fertigprodukte macht, wie sie in der Allgemeinmedizin üblich geworden ist: Patient X mit Symptom Y bekommt Medikament Z nach der Instruktion im Lehrbuch und der Empfehlung der Pharmafirma. Dieser Arzt geht eigene Therapiewege. Er sieht den Patienten an, er spricht mit ihm, er hört zu. Und deswegen kann er organische Symptome deuten. Er erkennt in der Müdigkeit seiner Patientin oder in den Magenschmerzen seines Patienten den Aufschrei der Seele und diagnostiziert eine larvierte Depression. Er hört den Frauen, die in seine Ordination kommen und die wegen familiärer Probleme oder Überlastung an Schlaflosigkeit leiden, zu. Er setzt sich mit ihrem Lebensumfeld auseinander und gibt jenen, deren Lebensfreude versiegt ist, sowohl Mitgefühl als auch – wenn notwendig – ein passendes Medikament. Er ist Gesprächspartner und Arzt. Er hat sich genau mit dem heiklen Thema der Psychopharmaka auseinandergesetzt, obwohl er kein Psychiater oder Neurologe ist, sondern nur ein gewöhnlicher praktischer Arzt. Er bietet diese Hilfe an, weil er weiß, wie schwierig es für viele seiner ländlichen Patienten wäre, an einen Facharzt für Neurologie und Psychiatrie delegiert zu werden. Er schiebt seine Patienten nicht ab, und er beschneidet seinen Verantwortungsbereich auch nicht, wie es viele seiner Kollegen aus Angst, Bequemlichkeit und persönlicher wie beruflicher Unsicherheit heraus tun.

Dieser Arzt fällt wegen seiner differenzierten Therapievorschläge auf. Er behandelt ohne Pathos. Er übersetzt medizinisches Wissen für den Patienten in eine einfache Sprache. So sagt er zum Beispiel der Patientin, deren Mann seinen Job verloren hat und die an Depressionen und Ängsten leidet, daß sie sich wegen ihrer Befindlichkeit nicht schämen müßte. Er erklärt ihr, daß ihr Körper durch die derzeitigen Belastungen mehr Botenstoffe im zentralen System braucht und daß diese zugeführt werden können. Er gibt Medikamente, und er setzt sie zum richtigen Zeitpunkt wieder ab. Über die Frage »Was kommt zuerst? Henne oder Ei?« ist er längst hinaus. Er denkt nicht mehr in einer Körper-Geist-Dualität. Dieser Arzt ist ein ganzheitlich arbeitender Arzt. Und er ist ein mutiger Arzt. Er weiß, daß er »geheilte« Patienten verliert, denn sie bedürfen seiner nicht mehr. Er hilft ihnen trotzdem und läßt sie gehen. Denn dies ist die Art und Weise, die seinem Selbstverständnis als Arzt entspricht. Er sieht sich nicht als Arzt, der die Krankenkassenscheine zählt und Patienten in ihrer chronischen Jammerei unterstützt. Jene Patienten, die »mündig« oder »erwachsen« sind, werden dankbar sein, die Hilfe ihres Arztes nicht mehr nötig zu haben.

Dieser Arzt ist aber auch betroffen, weil Mütter bereit sind, »ihre Kinder zu vergiften«, wenn sie sofortige pharmazeutische Lösungen für banalste Probleme einfordern. Er gibt nicht gleich das Antibiotikum. Er macht sich sogar die Mühe, das von der

Mutter angegebene Fieber der Kinder nachzumessen und, wenn möglich, alternative Therapievorschläge zu machen. Gedankt wird ihm dafür aber nicht.

Über diesen Arzt gibt es keine Artikel in medizinischen Fachzeitschriften, denn er ist eben nur ein gewöhnlicher Landarzt. Sein Mut aber ist außergewöhnlich. Wie und warum hat er es geschafft, ein »anderer« Arzt zu werden? Welche Strukturen müßten wir schaffen, um Ärzte dieser Art zu fördern und zu fordern? Das ist mehr als ein medizinisches Problem, es ist ein gesellschaftspolitisches Anliegen.

Der Typ des »handwerklichen« Arztes – mit und ohne Karriere – scheint heute in der Welt der Medizin zu dominieren. Daneben gibt es einige Idealisten, die an den Forderungen, die mit diesem Berufsbild verbunden sind, zerbrechen. Ärzte mit Charisma, die ihre wunde Stelle und menschliche Verletzbarkeit als Stärke anerkennen und daher zum Dialog mit dem Patienten fähig sind, sind in der Minderheit.

Der Zusammenbruch des Arztes: Abschied vom Helden

> »Na, du kennst doch den Punkt, an den du plötzlich eines Tages gelangst – an dem Tag, an dem du plötzlich eine Bruchlandung machst und feststellst, daß du ganz allein auf der Welt bist und in den Abgrund stürzt?«
>
> Douglas Coupland

Die derzeitige Arbeitssituation von Ärzten, die häufig genug zum Ausbrennen (Burnout) führt, kann am Beispiel der Intensivmedizin und Anästhesie besonders gut illustriert werden. Dabei geht es um den nicht abbaubaren Streß, den unbedachte und eingefrorene »Rollen« in der Kommunikation zwischen Anästhesist, Chirurg und Operationshilfen erzeugen können.

Beispiel 1: Intensiv-Anästhesist

Oberarztbesprechung und Dienstübergabe am Morgen des 24. Dezembers. In der Nacht vom 23. auf den 24. Dezember hat sich ein besonders beliebter und kompetenter Kollege zu Hause mit einer narkotischen Infusion suizidiert.

Die Nachricht hat natürlich blitzartig die Runde gemacht, alle anwesenden Assistenten wissen vom Selbstmord ihres Kollegen. Der Abteilungschef erkundigt sich nach nächtlichen Vorkommnissen auf den verschiedenen Stationen, wünscht dem am Heiligen Abend diensthabenden Kollegenteam eine möglichst ruhige Nacht, den anderen ein fröhliches Fest. Die Besprechung geht zu Ende und auseinander. Zum Suizid des Kollegen fällt kein Wort.

Zusammenbruch des handwerklichen Mediziners: Abschied vom Helden, kein Thema unter Ärzten selber? Must the show go on? Ist das Nicht-Sprechen eine zweckmäßigere Bewältigung des Zusammenbruches eines stillen, stets freundlichen und kooperativen Kollegen als das Aussprechen der eigenen Erschütterung? Verhalten sich Ärzte zum Suizid von Kollegen anders als zum Selbstmord ihrer Patienten? Ist die Verdrängung der eigenen, unausgesprochenen Selbstzerstörungstendenz die bestmögliche Art des Umganges mit dem, was Freud mit Todestrieb, Todessehnsucht umschrieb?

Eindrucksvolle Einsichten zur Krankheit des Partners als zusätzlicher Belastung und zum Thema »Ein Arzt darf keine Schwächen zeigen« gewähren uns auch die *Eintragungen aus dem Tagebuch einer Anästhesistin:*

»Ein Anästhesist mit depressiver Frau war selbst ständig am Rande der Dekompensation, ein Wrack, dem mit fast 60 Jahren die Hände bei einer leichten Maskennarkose zitterten. Mangelnde positive Resonanz oder gar katastrophale Familienverhältnisse höhlen einen Menschen, der sich eben auch im Beruf absolut nicht fallen lassen darf, aus. Wie ein Western-Held muß er alles mit sich alleine ausmachen und darf sich den Streß nicht einmal anmerken lassen. Überforderung darf weder averbal noch verbal gezeigt werden (›ein Anästhesist, der die Nerven schmeißt! Unmöglich!‹). Im OP darf alles passieren, nur der Anästhesist darf sich keine Blöße geben.

Ein zusammenbrechender Anästhesist ist offenbar etwas so Bedrohliches, Unvorstellbares, sowohl für ihn selbst wie für die anderen – daß ich es tatsächlich nie erlebt habe. Er ist für die Atmosphäre, das ›Raumklima‹ fast ebenso zuständig wie die Mutter für das Familienklima. Und das Gelingen der Operation hängt natürlich unter anderem auch von der emotionalen Verfassung des ›Vaters‹ (Chirurgen) als Macher ab. Diesem ist also durch möglichst wenig widerspenstiges, angepaßtes, pflegeleichtes Verhalten zu begegnen. Und aufgebaut werden muß der Krieger mit Messer und Nadel auch, durch Akklamation und Betonung seiner überlegenen Fähigkeiten. Sobald ein »Alpha-Männchen« (und Chirurg sollte nur ein solches werden) die Arena betritt, um die Krankheit zu besiegen, werden diese Tugenden auch von allen Schwestern und OP-Gehilfen selbstverständlich geübt.

Im Interesse des operativen Erfolges sollte eine souveräne, entspannte Stimmung herrschen. Das untergeordnete Personal (Schwestern, Anästhesisten, Beleuchter, Assistenten) hat weder durch ›Inkompetenz‹, Murren oder sonstige Störungen der Selbstentfaltung von Zeus Grenzen zu setzen noch gar seinen Zorn herauszufordern. Sie alle haben jedoch selbstverständlich als Blitzableiter zur Verfügung zu stehen, wenn der Patient oder das Karzinom nicht kooperativ sind und Zeus durch die Schwierigkeiten, die sie ihm machen, ärgern. Sich am Patienten abzureagieren wäre mit einem Messer in der Hand tödlich – für beide. Aggressionsstau beim Chirurgen ist seiner Arbeit abträglich, sowohl cerebral als auch manuell. Er wird also – nichts ist persönlich gemeint – schreien, stampfen, sein ›Team‹ auf perfideste Art beschimpfen. Gemäß der Hackordnung werden entweder die Schwester, die Assistenz oder der Anästhesist beschuldigt. Das einzige, was er nicht kann, ist Flüchten. Auch im Interesse des Anästhesisten ist die gelungene Operation das alles dominierende Nahziel – dem ist für die Dauer dieser Operation alles andere unterzuordnen. Überleben muß hier der Patient.

Wenn der Anästhesist es wagt, nicht zu schlucken, sondern zurückzuspucken, schneidet er sich mit größter Wahrscheinlichkeit selbst ins Fleisch, denn weder weitere Zornausbrüche (jetzt nur noch gezielter) noch, wenn erfolgreich, Einschüchterung (diese Sado-Maso-Konstellation habe ich für mich nie erlebt) heben die fachliche Leistungsfähigkeit der ›Goldenen Hände‹ und beschleunigen daher auch nicht den Fortgang des Unternehmens. Und das ist es, was der Anästhesist sehnlichst will – das Ende einer gut ausgeführten, ›gut überstandenen‹ Operation ohne nachfolgende Komplikationen, an denen man dann ja auch wieder hängt. Außerdem kann einen ein gereizter Chirurg durch emotional getrübte Fehlleistungen – die man dann mit ausgleichen muß – selbst ganz ordentlich ins Schleudern bringen – und der ›ritterliche Kampf‹ hat aus diesem Grund ein jähes, klägliches Ende. Dann hörst du: ›Tu was, der verblutet!‹ Plötzlich bist du nicht mehr der ›Gastrottel, Vergaser, die Gaskatze‹, sondern der für die Lebensrettung einzig und allein Zuständige. Ein kurzer Höhenflug für einen großen Preis – nämlich deine Substanz, falls deine Arbeit über die Maßen von Krisenmanagement beherrscht wird. Also trage deinen Teil dazu bei – und kusche, schalte vorsorglich den Mind-Reader ein, versuche alle aufkommenden Wogen zu glätten, tröste, sei emphatisch, baue das Selbstbewußtsein des Chirurgen auf, schäkere mit ihm, wenn er gütigst flirten will, tändle mit ihm, wenn er spielerisch balgen will, lache das 100ste Mal über denselben Witz und schweige, wenn er sich konzentrieren muß. Eine Haltung, die generell akzeptiert wird, ist die des ›mulier taceat in ecclesia‹ – ›Es schweige das Weib in der Kirche‹. Du bist dann zwar kein besonderer Hit in der Charmeparade, aber es ist – wenn du das Stadium des ›ich will geliebt, anerkannt, gelobt werden‹ überwunden hast, eine relativ schonende Variante. Kriegst du einen Jung-Chirurgen in die Hände, darfst du ihn quälen...«

Von der Anpassung an die operative Konstellation her lassen sich zwei Kategorien von Anästhesisten unterscheiden:
Typ 1, der Verlierer. Wie für andere Ärzte dieses Verlierer-Typs ist die Wahl des Faches Anästhesie für ihn nicht Berufung, sondern einzige und letzte Möglichkeit, »im Bauche« einer Alma mater (Krankenhaus, Uni-Klinik) zu bleiben und nicht hinaus in die rauhe Praxis zu müssen.

Es ist dies ein Typ, der aus Selbstverachtung und Minderwertigkeitsgefühlen heraus mit unbewußten Selbstbestrafungstendenzen reagiert, seiner eigenen Ohrfeige nachrennt und irgendwie damit einverstanden ist, weit mehr als das ohnehin schon genügend frustrierende allgemein übliche Maß an Demütigung in der Medizinerausbildung (oder besser Medizinerdisziplinierung) über sich ergehen zu lassen!

Typ 2, der Weggehende, weiß, daß er in einem anderen Fach in diesem Krankenhaus keine Chancen hat. Dieser Typ ist Mitwirker in dem, was gespielt wird, solange er bleibt. Er hat aber die Kraft und das Zutrauen in die eigenen Fähigkeiten, um wegzugehen und sich etwas anderes zu suchen.

Was wird nun in diesen absolut unheldischen Bemerkungen unter Burnout verstanden? Wir entnehmen dem Tagebuch der Anästhesistin, daß neben dem chronischen körperlichen Distreß die gefühlsmäßige Erschöpfung im Ausbrennen eine ganz erhebliche Rolle spielt. Das »Burnout«-Syndrom oder »Ausgebrannt-Sein« ist eine Berufserkrankung, die zuerst bei Menschen in psychosozialen und therapeutischen Berufen entdeckt wurde. Sie läßt sich an einer Reihe von Symptomen erkennen, die in drei Bereichen festgestellt werden:

1. Körperlich-emotionale Erschöpfung
Die Arbeit wird nicht mehr als etwas souverän zu Leistendes und freudig Durchgeführtes erlebt. Sie erschöpft über die Maßen, am Abend herrscht nicht eine »gesunde, zufriedenstellende« Müdigkeit, sondern Gefühle der Frustration, Ermattung und Überforderung vor. Die Regeneration über Nacht, über das Wochenende oder während des Urlaubes gelingt schlecht oder gar nicht. Der Morgen findet einen, vom Schlaf wenig erquickt, schon von vornherein ermüdet und mißlaunig. Ab Sonntagmittag trüben Gedanken an die Arbeit die Wochenend-Laune. Und nach vollzogenem Urlaub ist, manchmal nach wenigen Tagen, »die ganze Erholung beim Teufel«.

2. Rückgang der persönlichen Leistungsfähigkeit

Früher »leicht« durchgeführte Arbeitsschritte werden langsamer, das gewohnte Arbeitspensum kann nicht mehr durchgeführt werden. Bedauerlicherweise sitzt der Arzt dabei häufig in einer inneren und äußeren Falle: Die innere Falle ist sein Anspruchsniveau, die eigenen Leistungsnormen und beruflichen Ziele. Wir können davon ausgehen, daß sie meist zu hoch gestellt sind. Diese Selbstüberforderung wird durch die »äußere Falle« verstärkt, die da heißt: finanziell bedingte Arbeitszwänge (z.B. Kreditrückzahlungen bei Praxisgründung), oder auch der verstärkte Anspruch der Patienten. Das Zurückschrauben auf ein vertretbares Niveau scheint nicht mehr möglich. (Meist zwingt dann der Körper den Unbelehrbaren in einen leib-seelischen Zusammenbruch.)

3. Entfremdung

Eines der probatesten »Schutzmittel« bei drohender Erschöpfung ist es, auf Distanz zu gehen. So heilsam Distanz manchmal ist, kann sie zum Hindernis in der ärztlichen Tätigkeit werden, wenn der Kontakt zu der eigenen Person (»Fühle mich so fremd«, »Fühle mich selbst nicht«, »Fühle mich nicht mehr als Person«) und/oder zum Patienten verlorengeht. Die Depersonalisation bewirkt, daß der Patient für den Arzt zum »Fall« wird (Diagnose statt Person; Nummer statt Mensch: »Der nächste, bitte«), bald machen sich Desinteresse oder Verhärtung bemerkbar.

Beim Burnout-Syndrom führt die emotionale Erschöpfung zur Distanzierung vom Patienten, die zum Teil einen Schutz vor weiterer Erschöpfung darstellt, und zum Vertrauensverlust in die eigene persönliche Leistungsfähigkeit.
  Der nächste Schritt ist der leib-seelische Zusammenbruch, der bis zum Selbstmord gehen kann. Eine Reihe von Warnsignalen, zusätzlich zu den bisher genannten, sind faßbar:

1. Die Zunahme der verwendeten »Krücken«
Die beliebtesten Krücken sind Alkohol und Medikamente. Anfangs schmeckt der Drink nach einem anstrengenden Tag. Dann wird täglich getrunken. Dann vor und nach der Mahlzeit. Und dann ohne Gesellschaft. Die Mengen werden größer, bald leidet der Schlaf. Da »der Arzt fit sein muß«, beginnen die Tranquilizer, die Beruhigungsmedikamente, die ja tagsüber in ungezählten Fällen verschrieben werden. Medikamente dieser Art potenzieren die Wirkung von Alkohol.

2. Die sozialen Kontakte schränken sich ein
Sowohl die Zeit, die in die Hauptbezugsperson (falls vorhanden!) investiert wird, wie auch die geselligen Kontakte werden weniger.

3. Der Lebensstil verschlechtert sich
Unregelmäßige, teilweise diätetisch unvernünftige Ernährung, mangelnde Bewegung, Zunahme an Genußgiften (Kaffee etc.) und Zigaretten.

Diese Warnsignale werden meist nicht berücksichtigt. Ein entscheidender Faktor des Burnouts ist das Gefühl der eigenen »Austauschbarkeit«. Nicht nur im apparativen High-Tech-setting eines Krankenhauses, auch in der Praxis wird die »Landschaft apparativer«, der Mediziner bedient zunehmend mehr seine Geräte, als daß er dem Patienten diente.

In einer Fabrik- und Apparate-Medizin muß die Handwerklichkeit des Mediziners bald einer Handlanger-Tätigkeit weichen. Die Rolle und die Tätigkeit des Arztes werden austauschbar, seine Persönlichkeit eher nebensächlich. Die Handwerklichkeit des Mediziners dient in der »Fabrik-Medizin« nicht mehr der Arzt-Patient-Beziehung. Welches sind die Ursachen, die dann zu einem Zusammenbruch des handwerklichen Mediziners führen, ja führen müssen?

Zunächst einmal ist der »nur-handwerkliche-Mediziner« durch die Selbstbeschränkung seines Tuns, durch sein spezielles Vorgehen, das immer nur Teile berücksichtigt, alleine schon in Gefahr, einseitig zu werden, zu veröden. Zum anderen ist es gerade der auf seine Handwerklichkeit reduzierte und verarmte Arzt, der den Einsatz in einer solchen institutionellen Fabrik überhaupt zuläßt. Damit meinen wir sicher nicht ausschließlich Kranken-Häuser, Anstalten, Ambulanzen etc., sondern vor allem auch mittlere und größere Praxen mit einer hohen Anzahl und Frequenz von Patienten, die wie »Medizin-Fabriken« organisiert sind. Hier nimmt bei einer nahezu automatisierten Versorgung des Patienten die »Hand-Anlegung« (in welcher speziellen Form auch immer) des Arztes zeitlich – falls überhaupt – nur einen verschwindend kleinen Teil der Gesamtdienstleistung in Anspruch. Hier und in den Fabrik-Krankenhäusern ist die hohe Patientenfrequenz durch den Ausschluß aller nicht zielgerichteten Kommunikation erklärlich: Die Interaktion des Dreiecks Patient, medizinischer Helfer und Arzt reduziert sich auf behende und reflexhaft ausgeführte, hochspezialisierte Handlungssequenzen. Daß die Ausübung dieser Art Medizin bald zu einer extremen Entfremdung aller Beteiligten führen muß, ist leicht nachzuvollziehen, der Patient erlebt sich als Objekt, sein persönliches Leid wird mechanisiert und partiell erfaßt und angegangen. Nirgendwo haben Biographie, Schicksal, Krankheitserleben- und -verarbeitung dabei noch einen Platz. Beim medizinischen Helfer und dem Arzt führen diese Automatisierung und Fließband-Arbeit zu einer spezifischen Korrumpierung ihrer Tätigkeit. Da es schon längst nicht mehr um eine ganzheitliche, persönliche und dialogische Arzt-Patient-Begegnung geht, werden andere Ziele wichtig. Vielfach sind diese Ziele und das Erreichen dieser Ziele gänzlich unabhängig vom Patienten, seinem Wohl und Wehe; bisweilen sogar gegen den Patienten gerichtet. Zur Apparate-Medizin scheint es dazuzugehören, daß der technische Aufwand immer größer wird.

Immer neue Apparate, die ständig verbessert werden, müssen gekauft werden, der Kauf muß sich durch eine gewisse Verwendungsfrequenz amortisieren. So mag also der Patient, ohne es zu wissen, zum Amortisationsobjekt einer diagnostisch-therapeutischen Apparatur werden, unabhängig davon, ob er dieses technischen Einsatzes bedarf oder nicht. Der die Maschine bedienende Arzt ist in der Eigendynamik dieser Mechanik fix eingebunden: Er ist ihr und nicht des Patienten Diener.

Auch das Einkommen als wünschenswertes Ziel der Automatisierung kann zu einer Entfremdung vom Patienten und dessen Leid führen. Welche Ziele es aber auch sind, sobald der Endzweck ärztlichen Tuns nicht darauf gerichtet ist, im Einklang mit der Natur und unter Mittun des Leidenden zu einer wie auch immer gearteten Heilung zu führen, stellen sich Entleerung und Sinn-Verarmung ein. Es besteht bald keine Identität des Mediziners mehr mit seiner ärztlichen Tätigkeit. Diese wird mechanisch, repetitiv und dann erschöpfend. Der Arzt ist nicht mehr im Kreislauf einer auch ihn (wie dies bei gelungenen Heilprozessen der Fall ist) miteinschließenden Regeneration und brennt langsam aus. Der Zusammenbruch des solchermaßen in seiner Handwerklichkeit verödenden Mediziners ist schließlich nicht zu stoppen.

Als weitere Faktoren einer größeren Burnout-Gefahr sind zu nennen:

Das Nicht-Wahrnehmen eigener Wünsche und das verfrühte, nicht durch ausreichendes handwerkliches Training vorbereitete Übernehmen von Verantwortung. Dazu im wörtlichen Zitat ein Arzt:

»Die, die nicht die Kraft haben, sich genügend abzugrenzen, und die daher auch nicht ›wahr-nehmen‹ können, was objektiv vor sich geht, denen fällt auch mit größter Wahrscheinlichkeit nicht auf, wie sie ausgebeutet werden und daß man ihnen auf einmal soviel zutraut! Diffuses Unbehagen ja, aber sie müssen eben noch schneller und härter werden.

Die Bandbreite der Charakterstrukturen von zwanghaften, ›Überfürsorglichen‹, die sich daran verbluten, weil sie damit alleine gelassen werden und daher nicht loslassen können in ihrem Verantwortungsgefühl und Perfektionismus, bis zu faszinierenden Kaltblütlern, die nur ihren Dienst runterbiegen und denen – wie es ja gesund ist! – ihr Wohlbefinden zumindest genauso wichtig ist wie das des Patienten. Zitat des wahren Gottvertrauens: ›Wenn er will leben, er wird atmen!‹ Jedenfalls lassen sich diese nicht so vital in den Kern hinein stressen wie die obige Gruppe. Und auch den Alkohol, den sie brauchen, lassen sie sich nicht dadurch vermiesen, daß sie im Dienst sind. Es gibt schwere Fälle von ›Unterfürsorglichkeit‹, wobei ich schon Hemmungen habe, das aufzuschreiben!

Als Soldaten im Krieg mußten die jungen Männer das teilweise sicher auch. Aber nicht freiwillig und nicht als Lebensberuf über 35 Jahre. Und leider dürfte sich der Alltag der Anästhesistenzunft wie das Leben an der Front abspielen – mit dem großen Manko, daß es im Vergleich zur Front keine Solidarität in den eigenen Reihen gibt. Da werden, aus Konkurrenzkampf heraus, Informationen zurückgehalten z.B., egal, ob das ›dem Patienten frommt‹. Man kämpft nicht nur gegen den ›Feind‹ (Lieblingsausdruck eines Oberarztes für Chirurgen), sondern jeder will auch noch ›General‹ werden. Klingt alles reichlich paranoid, nicht wahr. Aber es ist doch wirklich grotesk: Daß gerade Schwächlinge – (nicht nur, daß sie bei der Reanimation freiwillig im Größenwahn gegen den Tod ›live‹ kämpfen) – in der Arena gegen kraftstrotzende Heroen antreten müssen. Um einander dann auch noch gegenseitig bekriegen und vernichten zu wollen – (eigener Truppenübungsplatz: Intensivstation: Heureka!) – wieder freiwillig. Kampfeslüsterne Masochisten! Intrigante Feiglinge!

Ob es ein Vorteil ist, daß die Menschen heute mehr Sensibilität zulassen dürfen, sollen, müssen?; ihnen das so anerzogen wurde, wie früher die Härte gegen sich selbst – und sie daher noch früher zusammenkrachen, weil sie sich vielleicht mehr und früher wahrzunehmen erlauben?

Man müßte aber noch dazu Chirurgen und ›Vergaser‹ gemeinsam an einen Tisch bringen und zur Einsicht, daß der OP nicht primär als Schauplatz für Territorial- und Dominanzrituale gedacht ist. Das würde vielleicht auch weniger Patienten zu Opfern von Profilierungsneurosen machen. Der Ehrgeiz der Spitäler und Abteilungen sollte dahin gehen, nicht alles, als erster, und als einziger machen zu können. Sondern das, was man kann, gut zu machen und Neues schrittweise und profund und allen transparent dazuzulernen. Zukunftsmusik! Ich komme mir vor wie ein Prediger!«

Nicht nur aus den Bemerkungen dieses Mediziners wird klar, daß zum Verständnis des Ausbrennens von Medizinern in Krankenhäusern Faktoren wie Konkurrenz, Rivalität, und Hierarchie genauer zu analysieren sind.

Beispiel 2: »Der überforderte Anästhesist«

Für das Fach, das der eigenen Neigung entsprochen hätte, ist kein Ausbildungsplatz vorhanden gewesen. Der Mediziner wählt sich ein anderes, ein Fach zweiter Wahl: Er ist im Rennen um die First-class-Fächer geschlagen. Die nicht volle Identifizierung mit der von ihm als Fach zweiter Wahl empfundenen Spezialität macht ihn in seiner Unzufriedenheit streßanfälliger. Ein Kollege dazu: »Diese ›b-Männer‹ sind auch keine guten Autoritätspersönlichkeiten für die eigene Crew und auch den Machern (nächsthöhere Hierarchie-Ebene) gegenüber Nummer zwei!«

Die Dekompensation und der Zusammenbruch des überforderten Mediziners zeigt sich auf verschiedenen Stufen.

Alkoholiker sind als Dekompensierende oder Dekompensierte offensichtlich. Hingegen sind »Drogis« naturgemäß nicht so leicht zu identifizieren.

Die Zahl der Kollegen, die streßbedingt Krankheitsbilder aufweisen, ist Legion: Es finden sich Hochdruckerkrankungen, Magen- und Zwölffingerdarmgeschwüre, Schulter- und Nacken-Spannungssyndrome, Wirbelsäulenschäden und Discus-Vorfall. All diese körperlichen Warnsignale werden freilich regelmäßig von den zusammenbrechenden Helden nicht zur Kenntnis genommen. Auch bei stärksten Schmerzen wie bei Nierensteinen, auch bei existentiell belastenden Erkrankungen wie Brustkrebs, Gebärmutterhalsschwäche, ja Frühgeburten: Dienst ist Dienst.

Beispiel 3: »Der unzufriedene Unfallchirurg«

Im Gespräch klagte der Arzt oft über das gleichbleibende Muster seiner Aufgabenstellung. Als Unfallchirurg in einem Krankenhaus angestellt, war er ein »verläßlicher Handwerker«. Das ganze Dilemma fing unauffällig mit dem Trinken in Gesellschaft an, und der massig gebaute Mediziner, der auch mehr als ein oder zwei Glas Wein vertrug, wurde nie wirklich betrunken gesehen. Problematisch wurde die Situation, als er nach besonders anstrengenden Dienstschichten begann, sich zu Hause ein Schlückchen zu genehmigen. Dies war kein Trinken in Geselligkeit, sondern das bekannte Trinken zur Entspannung. Zeitgleich zu dieser Entspannungssuche durch zunächst noch unbedeutende Alkoholmengen nahm seine berufliche Unzufriedenheit im Krankenhaus zu. Die von ihm geleistete Routine bot keinerlei Abwechslung.

Morgens mürrisch, während der Arbeit wortkarg, isolierte er sich bald von seinen Kollegen, wurde immer mißlauniger und verdrießlicher, immer mehr in sich eingeschlossen, und die Menge Alkohol, die er nunmehr schon täglich zu sich nahm, wuchs an. Sechsundvierzigjährig befand er sich mitten in einer Midlife-crisis: nicht mehr jung, noch nicht alt. Er war zu alt, um etwas ganz Neues zu beginnen, und zu jung, um »in den besten Jahren« schlappzumachen und sich zurückzuziehen. Aussteigen kam gar nicht in Frage, denn er hatte Familie. Er spielte seine Trinkgewohnheiten herunter. Aus kleinen Verhältnissen kommend, hatte er sich durch das Medizinstudium gearbeitet. Dabei hatte er aber einen Teil seiner selbst nicht kultiviert. Gemeint ist jener musische Teil, der ihm – über das Handwerkliche hinausgehend – gute Dienste dabei geleistet hätte, ein wirklicher »Arzt« zu werden. Seine Freizeit war denn auch relativ eintönig. Es gab nur den Beruf, und dieser erfüllte ihn nicht. Die Vorstellung, bis zu seiner Pensionierung weiterhin als unfallchirurgischer Oberarzt zu arbeiten, wurde ihm zunehmend unerträglich. Er wurde immer reizbarer, und zwar auch während der Dienststunden. Operationsassistenzen bei ihm wurden immer unbeliebter, da er, früher so gleichmäßig arbeitend, jetzt im Operationssaal launisch und unbeherrscht wurde. Der Alkoholkonsum stieg. Während er früher nur Wein getrunken hatte, griff er jetzt zunehmend auch zu hochprozentigen alkoholischen Getränken. Nach dem Dienst kaum nach Hause gekommen, begann er zu trinken. Als Mediziner bemerkte er den Teufelskreis: Es war der Beginn einer Sucht, wie er es im Studium ja gelernt hatte. Routinierter Trinkender, der er war, erzeugte sein abendlicher Alkoholkonsum, der keine nennenswerten Ausfälle nach sich zog, lange Zeit keine wesentlichen Irritationen. Freilich beschwerte sich seine Frau darüber, daß er allabendlich nicht mehr ansprechbar war. Außerdem verstärkte sein Trinken – wie von der Alkoholwirkung pharmakologisch bekannt ist – die Ausgangsstimmung; und die war im Wesen eine depressive.

Depressiv, ohne Erwartung künftiger neuer Zielsetzungen, unzufrieden über die gegenwärtige Routine und ohne »job-satisfaction« – so läßt sich die Grundsituation dieses Arztes beschreiben. Es ist zwar bekannt, daß Alkohol ein weit verbreitetes Problem ist, zumal Alkohol als Suchtmittel allgegenwärtig und von hoher sozialer Akzeptanz ist. Im Zusammenhang mit medizinischen Tätigkeiten, die von komplexer Handwerklichkeit geprägt sind, stellt übermäßiger Alkoholkonsum aber ein zusätzliches spezielles Problem dar.

Die operativen Fächer haben einen eigenen und hohen Streßpegel. So steht etwa der Chirurg, wie hier in unserem Fallbeispiel, unter einer besonderen Art von Spannung. Sein Arbeitsfeld fordert von ihm eine ganz bestimmte, koordinierte Präzision und ausgeglichenes Austragen-Können von Risikosituationen. So geschah bei unserem Unfallchirurgen, als ihm nach einem Abend, an dem er noch bei Freunden eingeladen worden war und deshalb mehr als das übliche Quantum an Alkohol getrunken hatte, ein operativer Fehler. Nun ist die unfallchirurgische Routine immer mit einem – bei aller Sorgfalt – gewissen Restrisiko verbunden, das nicht notwendigerweise mit dem Können des Operateurs zusammenhängt. Dieser Fehler wird aber sehr unterschiedlich verarbeitet. Im Falle unseres Unfallchirurgen wurde es eine schuldhafte Verarbeitung. Das heißt, der Arzt verband ursächlich sein Trinken mit dem operativen Fehler. Die Negativ-Spirale von Selbstmitleid, Trinken, verringerter Kompetenz, größerer Fehleranfälligkeit war zu erwarten. Der Kollege war zu diesem Zeitpunkt klinisch gesehen eindeutig alkoholkrank. Zwei Jahre nach diesem kleinen Vorfall suizidierte er mittels einer überhöhten Menge an Tranquilizern und Alkohol.

Beispiel 4: »Scheinpraxis« und Realzusammenbruch

Eine gutgehende Praxis im geschäftigeren Teil der Stadt. Die Krankenscheinanzahl reicht aus, um die zu glänzender Ausstattung und gleißendem Instrumentarium gemachten Kreditschulden zu decken. Der Arzt, Anfang 30, ist verheiratet und hat zwei Kinder. Damit seine Familie einen entsprechenden Lebensstandard genießt, sind auch die privaten Wohnräume großzügig ausgestattet. Außerdem bietet die Dachterrassenwohnung mit Blick über die Stadt die Möglichkeit luxuriöser Repräsentation nach außen. Daneben gibt es zwei Autos, Ferien in Übersee. Aus ursprünglich *idealistischen* Ambitionen wählte auch dieser Arzt den Weg des Allgemeinmediziners, um seine Beziehungen zum Patienten selbständig und frei von Fremdvorstellungen zu gestalten. Bei der Wahl dieser »Hausarzttätigkeit« war die Vorstellung einer spannenden, vielfältigen und verantwortungsvollen Arbeit für ihn als Motivation gegenüber »sozialem Ansehen« oder »Einkommen« vorrangig gewesen. Doch der »Zwang zur Wirtschaftlichkeit«, der »Verwaltungsaufwand« in der Ordination, die »ständigen Anrufe« der Patienten und die regelmäßige »Überziehung der Ordinationszeiten« erwiesen sich als immer unerträglicher werdende Streßsituationen. Die Erwartung einer »erfüllenden Patientenbeziehung« erwies sich wegen des Zeit- und Finanzdrucks als unmöglich. Als einzige Realität blieb der (Kranken-)Schein ... Ein Gefühl »fehlender Anerkennung« drückte ihn fast mehr als die Enttäuschung finanzieller Erwartungen. Was blieb, war ein Stück bittere Realität: Die großstädtischen Personalkosten und Immobilienaufwendungen, die Investitionen in teure Apparate konnten nur durch zermürbende und hektische (Kranken-)Schein-Jagd ausgeglichen werden.

Die Lebensqualität des Arztes und seiner Familie begann durch diesen chronischen Distreß zu sinken. Die täglichen kleinen Ärgernisse vom »Mißbrauch des Telefons« durch den Patienten bis zu dessen »unkritischem Verlangen nach Leistungen« sowie »unberechtigten Wünschen nach Krankschreibung, Kurempfehlung, Pensionierung« ließen auf der Seite des Arztes Irritation und Aggression wachsen. Ein Teil dieser negativen emotionalen Aufladung machte sich in der Familie spürbar. Die Freiräume endeten immer seltener in echter Regeneration. Und immer häufiger fühlte sich der Arzt müde, verspannt, reizbar, erschöpft und nervös. Er, der früher keine Kopfschmerzen kannte, sondern sie nur behandelte, bekam sie nun selbst. Er bekämpfte diese sowie seine immer ausgeprägter werdende traurige Verstimmung in zunehmendem Maße mit seinem »Abendtrank«. Die regelmäßigen sportlichen Aktivitäten und Kontakte mit Freunden fielen immer öfter aus. Er litt an Schlafstörungen, die bald der »medikamentösen Unterstützung« bedurften. Die Arbeit am und mit dem Patienten war schon lange nicht mehr »bereichernd«, sondern nur »verausgabend«. Der Arzt fühlte sich die meiste Zeit »erschöpft, leer, ausgebrannt«. Es fehlte ihm »etwas«...

Ideen zum Ausstieg aus dieser »Mühle« kamen ihm zwar manchmal, aber zu unausweichlich ketteten ihn die Kreditschulden an die Routine. Sein »Versagen« erlebte er als persönliche Schuld, derer er sich schämte, hatten sich ja an seine Person die größten Erwartungen seiner Eltern, Kollegen und Freunde geknüpft. Seine zunehmende Tendenz zur Isolierung war eine Folge seiner Überzeugung, daß er diese Krise allein zu tragen hätte. Auch die Gespräche mit seiner Frau wurden seltener. Der *Patient Arzt* geriet langsam durch seine negative Lebensbilanz in einen Zustand erdrückender Einengung und Aussichtslosigkeit. Während eines verlängerten Wochenendes, an dem es die Frau vorgezogen hatte, mit den Kindern wegzufahren, setzte er seinem Leben ein Ende. Die Wellen der Zeitungsmeldung über den Selbstmord des Arztes verebbten schnell. Inzwischen hat ein junger, ambitionierter Arzt die Praxis übernommen. Ohne finanziellen Rückhalt mußte auch er einen Kredit aufnehmen, um die Ordination zu erwerben. Er weiß, daß er weder Zeit noch Energie zur Familiengründung hat. Er lebt in platonischer Beziehung zu einer Frau, die die Mutterstelle vertritt. Alle anderen Frauen verlassen ihn nach einer kurzen erotischen Phase enttäuscht, da er nicht geben kann, was sie bräuchten: Anwesenheit, Anteilnahme und Zeit. Wird er diese für seine Patienten haben?[23]

Wenn beim Lesen dieser Lebensskizzen der Eindruck entsteht, Ärzte seien Opfer des Zeitgeistes und des gesellschaftlichen Drucks, so ist das nicht ganz richtig.

Enttäuschte Ärzte können nicht beschuldigend den Finger erheben und behaupten, die politischen und gesellschaftlichen Strukturen ließen sie den Idealismus ihrer beruflichen Motivation nicht ausleben und stünden ihnen im Wege. Es scheint vielmehr so zu sein, daß sich der Mediziner wegen seiner Verwundung, die so oft mit einem tiefen inneren Gefühl der Unzulänglichkeit verbunden ist, unter gesellschaftlichem Druck zu dieser Art von *Todeskarriere* verführen läßt.

Ist Medizin erlernbar?

> »*Nun muß die ›anatomei‹ dieses äußeren Menschen dem Arzt ganz ein-gebildet sein, und zwar so vollständig, daß er nicht ein Haar auf dem Haupt, nicht eine Pore dabei ausläßt, sondern alles überblickt und versteht.*«
>
> Paracelsus

Es ist zwar unüblich, von der ärztlichen Heilkunst – wie sie viel öfter und lieber, wenn auch euphemistisch genannt werden will – als einem Handwerk zu sprechen, aber der Versuch lohnt. Auch gibt es in diesem Sinne nicht nur abschätzige, sondern auch anerkennende Redewendungen zum Tun und Lassen von Medizinern. So sagt man zum Beispiel auch über Ärzte: »Der versteht sein Handwerk« oder »Er ist ein guter Handwerker« und so fort. Manchmal betreffen diese Äußerungen – als Teil für das Ganze – die Instrumente des Handwerks und beziehen sich auf die Hände des Arztes, wie etwa in der allgemein üblichen Formulierung: »Er hat goldene Hände«. Jedenfalls beginnt in dem heute noch üblichen Vermittlungsstil medizinischer Ausbildung der Medizinstudent mit »Hand-Habungen«.

Dazu gehören auch die ersten Sezierversuche am isolierten Präparat: Arm, Bein oder Kopf sind mittels des noch ungeschickt geführten Skalpells in Einzelteile zu zergliedern. Daneben gibt es chemische Übungen, Messungen und Schulungen in der Palpation. Hier wird dem angehenden Mediziner Handwerk vermittelt, und zwar ausgehend vom grob Faßlichen und Anfaßbaren zum Komplexeren. Der Ausgangspunkt dabei ist also immer das Mitteilbare und das Mechanistische! Die Mechanik ist auch, noch lange vor dem ersten Kontakt mit der in einzelne Teile zerstückelten Leiche, das Primäre, das der Anfänger in den Vorlesungen zur Physik vorgesetzt bekommt. (Und warum, so kann man in diesem Zusammenhang übrigens fragen, gelangt der Mediziner nie während seiner Ausbildung, immer aber nach langem Leidensweg, zur Meta-Physik? Warum sind Unterweisung in Philosophie und Ethik aus dem Medizinstudium verschwunden?)

Der prägende Eindruck der ersten Jahre medizinischer Didaktik auf den die Medizin Erlernenden sollte nicht unterschätzt werden, beginnt der Student doch relativ häufig mit einem hoffnungsvollen Potential an Idealismus, Humanismus und ganzheitlichen Modellen, das am Ende seines Studiums fast durchweg verlorengegangen sein wird. Warum? Das Training und das Lernen am Modell verfehlen kaum ihre Wirkung. Bis zu seinen ersten klinischen Semestern ist der Medizinstudent wegen der durch Spezialisierung notwendig gewordenen Fächeraufteilung mit einzelnen Schubladen konfrontiert, nie aber mit der ganzen Kommode. Die Teile werden im einzelnen zer-gliedert, aber kaum zusammengeführt; die Subsysteme werden in ihrer Subfunktionsweise erklärt, nicht aber der Ablauf des Gesamtsystems und seine Funktion.

Nicht ungestraft im Hinblick auf seine spätere Sozialisierung als Arzt, sein Selbstbild und Selbstverständnis beginnt der Jungmediziner im Erwerb seiner Handwerklichkeit bei den einzelnen Handgriffen, bei den isolierten Bildern (sei es in der Inneren Medizin oder in der Histologie), bei der Mechanik und Mechanistik. Es ist hier nicht der Ort, auf diese Didaktik als historisches Phänomen einzugehen; auch nicht der Ort, von der in der Moderne herrschenden und durchaus allgegenwärtigen Entfremdung in der Arbeitswelt zu sprechen. Und doch werden repetitiv ausgeführte medizinische Tätigkeiten so oft mit Fließbandarbeit und der damit verbundenen Frustration verglichen, daß dieser Sachverhalt hier sehr wohl angeführt werden muß – auch als Ausgangspunkt und Vertiefung der ärztlichen Verwundung. Als Gegenbeweise, falls der arbeitsteilige und hyperspezialisierte Mediziner sich überhaupt bemüßigt fühlt, diese anzutreten, werden die Erfolge der Medizin des 19. und 20. Jahrhunderts angeführt. Und es werden die Früchte einer scheinbar unumgänglichen Spezialisierung genannt, mit denen die westliche Medizin ihren Siegeszug angetreten hat. Aber von immer spezielleren und kleineren sowie isolierteren Beobachtungsfeldern der Gesamtheit Mensch oder Patient auszugehen ist eines, dort auch zu verbleiben etwas anderes! Mit der Analyse beginnen und die Synthese auslassen? Der Triumph der Spezialisierung ist also die weithin akzeptierte Grundlage und Ausgangsbasis für die derzeit noch gültige Didaktik im Medizinstudium. Der durchschnittliche Absolvent dieser Schulung ist das zu erwartende Produkt und der spätere Exekutor dieser Lektionen.

Es sei hier nicht verschwiegen, daß (übrigens unter starkem Druck und unter Mitarbeit von Studierenden) zu diesem Stil der mechanistischen, analytischen, arbeitsteiligen teilsystemischen und nicht ganzheitlichen Medizinerausbildung bereits Korrekturen gesetzt wurden und noch weiter gesetzt werden müssen. So wird zum Beispiel auch ein obligatorisches Pflegejahr vor Beginn des Studiums gefordert, in dem der zukünftige Mediziner zwar mit Handwerklichem und Pflegerischem konfrontiert wird, aber immer im Hinblick auf den ganzen Patienten. Das heißt, er soll sich mit der Person des Patienten, seinem familiären Hintergrund und Alltag auseinandersetzen können. Er wird nicht nur mit einer »Krankheit« konfrontiert, sondern mit einem kranken Menschen und dessen spezifischem biographischen Umfeld, ebenso wie mit dessen Ängsten, Erwartungen und Hoffnungen, mit dessen Angehörigen und Kindern, also dem »Rest von Leben«, der außerhalb des Krankenhauses zurückgeblieben ist.

Darüber hinaus hat mit der Medizinischen Psychologie als Lehrfach die »Psychologie des Arztens« Eingang in die Medizin gefunden. In diesem Zusammenhang wird von Medizinern auch gefordert, eine andere Einstellung ihren Patienten gegenüber einzunehmen. Diese neue und leider noch nicht übliche Haltung der Ärzte impliziert neue Begegnungsformen: Der Patient soll als Ganzes und als Person wahrgenommen werden (nicht nach katalogisierten Bezeichnungen erkrankter Körperteile), er soll angesprochen werden, statt daß über seinen Kopf hinweg geredet wird, er soll als Partner und nicht als ein Objekt behandelt werden. All das würde bedeuten, die Beziehung zwischen Arzt und Patient zum Thema zunächst handwerklicher Unterweisung und späterer ärztlicher Praxis zu machen. Wie aber, wenn die spezielle Verwundung des zukünftigen Mediziners gerade diese Nähe, diesen Kontakt vermeiden möchte? Wie aber, wenn der werdende Arzt nicht Opfer dieses beziehungslosen Trainingssystems, sondern durchaus (unbewußter) Mittäter und Förderer einer Medizin ist, die sich vom Patienten als Person distanziert? Wie aber, wenn gerade jene jungen Menschen, die aus der Unerträglichkeit ihrer biographischen Verwundung heraus den (unbewußten) Plan des Nicht-mehr-an-der-Schmerzquelle-Ankommens gefaßt haben? Was also, wenn all diesen Medizinern die Distanzierung, die Gefühlsabwehr, das fehlende Mitleid, die Panzerung und Unerreichbarkeit hinter der weichen Rüstung des weißen Mantels zur zweiten Natur geworden ist? Und wenn ihnen allen das heutige Medizinsystem mit all den hier kritisierten Schwachpunkten gerade als die geeignete Schlupfhöhle erscheint, um dem eigenen Problem weiterhin auszuweichen, statt die persönliche Verwundung als Ausgangspunkt wirklichen Könnens, echten Mitleids, fühlbarer Anteilnahme und persönlicher Begegnung mit dem Leidenden zu machen? Ja, was dann?

In dem Erwerb solcher Fähigkeiten, die hauptsächlich körperliche Beschwerden erleichtern helfen sollen, befindet sich der Lernende zunächst in einem scheinbaren Durcheinander von schier endlosen Rezepturen, Mixturen und Instrumentarien. Dabei und bei der Vermittlung dieser Kompetenzen weiß sich der angehende Mediziner zunächst verfangen in einer Mechanik, von der ihm gesagt wird, sie diene dem Fliegen. Nirgendwo aber in den kolossalen und musealen Grüften ist die Bewegung jener Luft, jenes Pneuma zu spüren, das ja tragendes Element dieses Fliegens werden soll.

Teil II
Das Werden des Arztes

Die Neurose als Alltag und die ärztliche Verwundung

»Diese Nacht habe ich in meine Brust gesehen.
Darin war eine große Wunde.«

Samuel Beckett

Die psychische und physische Verwundbarkeit ist eine conditio sine qua non für die menschliche Entwicklung. Die meisten von uns tragen ihr Leben lang schwer an ihren psychischen Störungen und physischen Krankheitsanfälligkeiten – und manche tragen mehr als schwer. Unsere mehr oder weniger offensichtlichen Neurosen begleiten uns lebenslänglich, sind uns Freund und Feind zugleich, Auftrag und Schicksal. Aus unserer Neurosenstruktur heraus treffen wir Entscheidungen, verlieben uns, gehen bestimmte zwischenmenschliche Beziehungen ein und wählen unsere Berufe.

Im Laufe der letzten Jahrzehnte hat sich aber auch die medizinisch-psychiatrische Sichtweise der seelisch-geistigen Störungen geändert. War man am Beginn unseres Jahrhunderts noch bestrebt, Definitionen und Klassifizierungen von sogenannten neurotischen Störungen anzugeben, so trat mit der Analytischen Psychologie C.G. Jungs eine bedeutende Wende ein. Im Gegensatz zu Freud sprach sich Jung gegen eine einseitige pathologische Interpretation der »Neurose« aus und hob ihren für die Entwicklung des Individuums so wesentlichen antriebsfördernden Charakter zur Lebensbewältigung hervor. Die Leistung des Schweizer Psychoanalytikers in bezug auf die Neurosenlehre kann nicht genug betont werden. Jung sagte explizit, daß die Neurose nicht nur Negatives, sondern auch Positives beinhaltet, daß sie eben zu unserem Menschsein gehört. Damit aber wird der neurotischen Störung der Stachel genommen, was weiterführend überhaupt Konsequenzen für unseren Begriff von Krankheit hat. Jung schreibt:

»Man sollte nicht versuchen, wie man die Neurose erledigen kann, sondern man sollte in Erfahrung bringen, was sie meint, was sie lehrt und was ihr Sinn und Zweck ist. Ja, man sollte lernen, ihr dankbar zu werden, sonst hat man sie verpaßt und damit die Möglichkeit verloren, mit dem, was man wirklich ist, bekannt zu werden. Eine Neurose ist dann wirklich ›erledigt‹, wenn sie das falsch eingestellte Ich erledigt hat. Nicht sie wird geheilt, sondern sie heilt uns. Der Mensch ist krank, die Krankheit aber ist der Versuch der Natur, ihn zu heilen. Wir können also aus der Krankheit selber sehr viel für unsere Gesundheit lernen, und was dem Neurotiker als absolut verwerflich erscheint, darin liegt das wahre Gold, das wir sonst nirgends gefunden haben.«[24]

Diese Darstellung von Krankheit und Neurose sollte uns ermutigen, unsere seelischen wie auch unsere körperlichen Störanfälligkeiten nicht wegzuleugnen oder zu tabuisieren. Die Neurose ist nicht das Besondere, nicht das Außergewöhnliche, sondern unser aller Alltag. Demzufolge wäre also die verleugnende Haltung, die wir unseren kränklichen, psychisch labilen bis destruktiven Anteilen gegenüber an den Tag legen, absolut unverständlich. So läßt sich auch im »American Handbook of Psychiatry« nachlesen:

»Die Medizin ist dabei, mehr und mehr den Mythos hinter sich zu lassen, daß es sogenannte normale Menschen gibt, auch wenn wir weiterhin davon ausgehen, daß eine Person gesund – ›normal‹ – ist, wenn sie nicht krank ist. Der statistische Maßstab ist nach wie vor das Maß für alles. Aus analytischer Perspektive aber gibt es kein wie auch immer geartetes menschliches Wesen, das in einem anderen als einem idealen Sinne eine ›normale‹ Person zu nennen wäre – vielmehr sind wir alle mehr oder minder neurotisch. Die grundlegenden Einsichten der Psychoanalyse bestätigen, daß Konflikte zum Wesen des Lebendigen gehören... Neurotisch zu sein heißt menschlich zu sein.«[25]

Derartige Erkenntnisse scheinen leider im kollektiven Bewußtsein noch nicht allgemein Fuß gefaßt zu haben. Noch immer erliegen wir fast alle regelmäßig der Versuchung, uns in Gesunde und Kranke, Normale und Behandlungsbedürftige auseinanderzudividieren. Diese an sich schon pathologische Aufspaltung durchzieht unser gesamtes Gesundheitssystem und zieht die Arroganz jener nach sich, die sich selbst als heil oder normal betrachten. Es gehört sehr viel gereifte Selbsterkenntnis dazu, die eigene Bedürftigkeit, die sich nicht nur, aber vor allem in der Krankheit zeigt, anzunehmen und das positive Potential, das sie beinhaltet, auch zu sehen. Letztlich liegt allen großen menschlichen Leistungen und Entwicklungen ein Impuls zur Wiedergutmachung oder Gesundung zugrunde. Es ist daher auch nie zufällig, welchen Lebensweg wir einschlagen oder welchen Beruf wir ergreifen. Aus den Tiefen unseres Unbewußten heraus findet immer irgendeine Steuerung statt, auch wenn wir uns dieser nur teilweise bewußt sind. Gleichgültig, ob wir nun einmal Hilfe-Empfänger oder Helfer sind, um unsere Wunde kommen wir nicht herum.

Wir, die Autoren, gehen davon aus, daß der überwiegende Teil der Ärzte aus Verwundeten besteht. Diese Vorstellung des »kranken« Arztes ist weder neu noch unbekannt. Sie ist sogar so verbreitet, daß sie in Redewendungen wie »Arzt, heile dich selbst« und transkulturellen Mythologemen wie »der verwundete Heiler« vorkommt. Patienten fühlen sich verunsichert, wenn sie Anweisungen des Arztes nachkommen sollen und dabei wissen, daß der Mediziner, der selbst an ähnlichen Beschwerden leidet oder den nämlichen Gesundheitsrisiken nicht ausweicht, derartige Ratschläge selber nicht befolgt. Die Angst der Patienten wird schließlich auf die Spitze getrieben, wenn sie einem offensichtlich krank werdenden und behandlungsbedürftigen Arzt gegenüberstehen. Denn wer sollte sie schließlich heilen, wenn nicht der Gesunde?

Doch auch die Götter in Weiß sind bislang kränklich. Hier wird die für unsere Thematik relevante Unterscheidung zwischen dem Kranksein noch vor Antritt des Berufes und dem Krankwerden aus der Folge ärztlicher Tätigkeit getroffen. So geht zum Beispiel aus einer Studie über den Vergleich des Gesundheitszustandes einer Gruppe von Medizinstudenten (also »Noch-nicht-Ärzten«) mit dem einer Gruppe von Studierenden anderer Fächer hervor, daß die zukünftigen Mediziner schon bei Wahl und Beginn des Studiums eine schlechtere physische und psychische Ausgangssituation beklagen müssen. Es scheint, so sagt uns auch der Mythos des verwundeten Heilers, daß sogar die Ärzte-Götter keinen göttlichen Pakt mit der Gesundheit haben schließen können.

Menschliches Leben ist verwundetes Leben. Als Menschen sind wir gleichzeitig Höhepunkt der Schöpfung auf dieser Erde wie auch Verwunschene: Wir sind göttliche Wesen, behaftet mit dem Stigma der Verletzung. Je nach Kulturkreis und epochenspezifischem Entwicklungsstand haben wir verschiedene Bilder und Mythen als Erklärungsmodelle für unseren letztlich paradoxen Zustand zur Verfügung. Sie alle dienen als Krücken, um unseren Verstand zu stützen, der immer wieder zu verzweifeln droht bei dem Versuch, Unfaßbares erfassen zu wollen. Das menschliche Bedürfnis nach Auslegung der eigenen Situation hat eine Vielfalt an religionsphilosophischen Systemen hervorgebracht, die einerseits dem menschlichen Weg Sinnhaftigkeit zusprechen und andererseits auch ein je nach systemischem Hintergrund unterschiedlich ausdifferenziertes Instrumentarium bereitstellen, damit wir uns zur Ganzheit im Sinne der »religio« zurückführen lassen.

Auf dem Gedanken der Absonderung von unserer Urform baut sowohl die christliche Idee der Erbsünde wie auch die Karmatheorie östlicher religionsphilosophischer Systeme auf.

Es kommt aber nicht darauf an, welchen Namen oder welche Genealogie wir existenzphilosophisch unserer Urwunde geben, da uns letztlich nichts anderes übrigbleibt, als zu akzeptieren, daß wir verletzte Helden in einem Kampf sind, dessen Regeln wir noch nicht verstanden haben. Das Paradoxon unserer Situation ist aber die Tatsache, daß wir die Reise bereits als Verwundete antreten, ja sogar antreten müssen, da uns sonst keine Energie zur Weiterentwicklung gegeben wäre. In der menschlichen Evolution ist die Verwundung vom Schöpfer offensichtlich mitprogrammiert worden. Wenn das Ziel der Reise die Ganzheit ist, also die Wiedergewinnung und die Einswerdung aller abgespaltenen Teile, so steht am Beginn der Reise die Gespaltenheit, die Un-Vollkommenheit.

So wie es eine wechselseitige Bedingtheit zwischen Ausgangspunkt und Endpunkt oder »Telos« der Entwicklungsreise gibt, gibt es einen vorgegebenen Zusammenhang zwischen den beiden Polen Krankheit und Gesundheit. Gleichzeitig ist diese Sichtweise aber ein Konstrukt, das impliziert, der Weg zwischen den beiden Polen sei ein linearer Entwicklungspfad. Wenn wir uns jedoch schon eines Gedankenmodells bedienen, so müssen wir uns Entwicklung eher spiralenförmig als linear denken. Auf die Prozeßhaftigkeit des Heilungsweges werden wir noch später zurückkommen. »Wenn man glaubt, Kranksein verbannen zu können, versteht man den Sinn des Lebens nicht«, schrieb Friedrich Weinreb, der Wesentliches auch zur Dichotomie von Krankheit und Gesundheit gesagt hat:

»Es scheint also, daß Kranksein zum Leben gehört, daß es ein Phänomen des Weges ist. Angst vor Kranksein könnte also auch Angst vor dem Leben bedeuten. Versuche, Kranksein überhaupt aufzuheben, bedeuten Verneinung einer Wirklichkeit. Dennoch heile man, denn der Weg aus der Krankheit ist doch der Weg der Heilung, es ist das Licht, das nach der Finsternis kommt.«[26]

Der Weg der Heilung geht über die Wunde. Immer. Und trotzdem wenden wir viel Energie darauf an, mit der Wunde –

unserer Wunde – nicht in Berührung zu kommen. In unseren Köpfen wissen wir zwar irgendwo, daß wir spätestens seit der Vertreibung aus den paradiesischen Gärten verwunschene Prinzen und Prinzessinnen sind, die sich auf der Wanderschaft nach dem inneren Königreich befinden, wie so viele Märchen und Mythen uns erzählen, doch können wir mit diesen Bildern nicht allzu viel anfangen. Als Verkrüppelte hinken wir sozusagen unserer Heilung hinterher. Warum fällt es uns aber so schwer, mythologische Geschichten in unser Leben zu integrieren? Die Metapher des Kampfes oder das Bild der Pilgerreise, wie sie in mythologischen und literarischen Vorlagen zur Darstellung des menschlichen Entwicklungsweges verwendet werden, sind weitgehend bekannt. Helden begeben sich auf Wanderschaft, ziehen in den Kampf, werden verwundet und geheilt, haben Gefahren zu bewältigen und sich auf die Suche zu begeben, um den Gral zu finden oder die Königstochter – oder sich selbst. Wie immer auch die Ausformung des Motivs erzählt wird, im Grunde geht es immer um das Risiko von Verlust oder Gewinn. Die Frage nach dem Sieg in diesem Kampf ist letztlich nur in einem spirituellen Rahmen zu beantworten; ebenso ist das Ziel der Reise ein transzendentes. Der amerikanische Religionsphilosoph Sam Keen bezieht sich in diesem Sinne auch auf die Metapher des Weges:

»Die Vorstellung vom Lebensweg als einer Stufenfolge beruht auf einer der ältesten religiös-psychologischen Metaphern – das Leben als Reise. Eine Stufe ist Bestandteil eines Entwicklungsprozesses, der ein Ende, ein Ziel, ein Telos hat. Gibt es auf dem Lebensweg Stufen, dann muß es auch eine Reise geben, die man zurücklegt – einen Punkt, einen Zweck, einen Bestimmungsort, auf den sich der Prozeß zubewegt.« Und Keen folgert weiter: »Wenn wir die Idee von Stufen und Reise verwenden, müssen wir der Logik unserer Metaphern folgen und fragen, wohin und warum wir reisen. Ist das Leben eine Reise, dann kann der Tod zwar das Ende des Lebens, aber nicht sein Telos sein.«[27]

Sind das alles nur Bilder, die wir in unserer Hilflosigkeit aufzeichnen? Aus der Geschichte der menschlichen Spezies, wie auch aus unserer persönlichen Lebenserfahrung heraus, wissen wir um die Beschwerlichkeit der Reise, um die Gefahren und Verwundungen, die mit unserem Weg und unserem Kampf auf diesem Weg verbunden sind. Begriffe wie »Wachstum« oder »Entwicklung« tragen die Tönung von etwas Schmerzhaftem in sich. Es ist verständlich, daß wir des Pilgerns oft müde sind – oder daß wir zumindest vergessen, daß wir überhaupt pilgern. Der Schweizer Arzt und Psychoanalytiker C.G. Jung kommt am Ende seines langen Fragens zu der bescheidenen und relativierenden Antwort in bezug auf die menschliche Existenz:

»Die Welt, in die wir hineingeboren werden, ist roh und grausam und zugleich von göttlicher Schönheit. Es ist Temperamentssache zu glauben, was überwiegt: die Sinnlosigkeit oder der Sinn. Wenn die Sinnlosigkeit absolut überwöge, würde mit höherer Entwicklung die Sinnerfülltheit des Lebens in zunehmendem Maße verschwinden. Aber das ist nicht – oder scheint mir – nicht der Fall. Wahrscheinlich ist, wie bei allen metaphysischen Fragen, beides wahr: das Leben ist Sinn und Unsinn, oder es hat Sinn und Unsinn. Ich habe die ängstliche Hoffnung, der Sinn werde überwiegen und die Schlacht gewinnen.«[28]

Unsere technisch hoch entwickelte Zivilisation hat uns ein vielfältiges Angebot an narzißtischen Kosmetikmethoden, das heißt, eine Palette an differenzierten Verdrängungsmöglichkeiten geschaffen, um die Erinnerung an unsere wunden Stellen möglichst gering zu halten. Die Nähe zu unseren existentiellen Bedingtheiten, wie Geburt und Tod, Krankheit und Heilung, Kindheit und Alterungsprozeß, wie sie bei Naturvölkern oder industriell weniger hochstehenden Kulturen noch gegeben ist, ist uns verlorengegangen und wurde durch unseren artifiziellen, rationalistisch-wissenschaftlichen Umgang mit diesen Bereichen des Lebens ersetzt. Ebenso ist das Bewußtsein von dem Verlust einer kosmischen Einheit auf eine rein theoretische Diskursebene verlagert worden, da wir unser Gespaltensein, unser Kranksein nicht wahrhaben wollen oder können. Den Blick in den Abgrund wollen wir nicht tun. Doch das Universum kümmert sich nicht um unsere Sichtweise der Dinge, und wenn wir den Finger nicht auf unsere Wunde legen und der Wunde nicht ansichtig werden wollen, werden wir genau an unserer Achillesstelle getroffen werden – immer und immer wieder.

Die Wunde steht aber nicht nur am Anfang der menschlichen Evolution, wir holen uns während unserer gesamten Entwicklungsreise weitere Verletzungen und Verwundungen. Und jeder Kampf, der geführt wird, um eine weitere Heilungsebene zu erreichen, beinhaltet wiederum das Risiko der Verletzung. Bezeichnenderweise stehen auch diese Verwundungen wieder in einer Beziehung zur Ur-Wunde. Die Schwierigkeit unseres Weges, der nicht nur ein Weg der Entwicklung, sondern auch der Heilung sein soll, ergibt sich aber aus folgendem: Die Ur-Wunde oder Neurose behindert und schmerzt. Doch die Heilung schmerzt auch und manchmal noch mehr als die Wunde. Und so wie wir als Kinder, nachdem wir uns beim Spielen verletzt haben, Jod und Verband fürchteten, neigen wir als Erwachsene auch dazu, uns von der Wunde abzuwenden und lieber nichts zu unternehmen, nur um uns dem Schmerz der Heilung nicht auszusetzen. Wir treffen hier auf ein weiteres Paradoxon, denn einerseits bedingt Leben auf unserer derzeitigen Entwicklungsstufe immer eine Form des Krankseins oder der Neurotisierung, gleichzeitig ist uns aber der Auftrag des Heilens mit auf den Weg gegeben worden. Vielleicht könnte man den Satz von Camus abwandeln und sagen: Wir müssen uns Sisyphus heil denken.

Wir haben bisher die Urwunde als existentielle Bedingtheit umschrieben, für die uns von der jüdisch-christlichen Symbolik das Bild der Vertreibung aus dem Paradies oder die Metapher des Sündenfalls gegeben werden. »Der Garten Eden steht vor mir. Welcher Garten? Fängt dort die Menschheitsgeschichte an, also auch meine persönliche Geschichte?«[29], schreibt Friedrich

Weinreb in der Einleitung zu seiner Autobiographie. Wir dürfen dieses Bild vom Garten Eden aber nicht nur in einer zeitlichen Dimension ansetzen, da es sich hier um ein viel komplexeres Bild handelt. Eine interessante Darstellung der Genese und des Aufbaus der Entwicklung von Leben auf diesem Planeten findet sich in Ken Wilbers bekanntem Werk »Halbzeit der Evolution«, in dem er den sogenannten theologischen vom naturwissenschaftlichen Sündenfall unterscheidet.

Nach der kosmischen Herauslösung oder Abspaltung vom Geist begann mit dem menschlichen Sündenfall die Reise, in die wir alle noch einbezogen sind:

»Nach einem guten Dutzend Milliarden Jahren des Ringens und der Ersatzprodukte schuf die Evolution um das zweite vorchristliche Jahrtausend die ersten völlig ichhaften Wesen, die aus ebendiesem Grund zu ihrer Verwundbarkeit, Trennung, Entfremdung und Sterblichkeit erwachten. Sie haben das alles nicht geschaffen, sondern wurden sich all dessen nur bewußt. Das war der naturwissenschaftliche Sündenfall, die ›Große Umkehr‹, die endgültige Herauslösung aus Eden.«[30]

Alle Entstehungsmythen beinhalten die Idee der Trennung, der Absonderung und des Gespaltenseins, womit auch der Urgrund des Leidens benannt wird. Der aus der Einheit herausgetretene Mensch ist also der verwundete Mensch, der an das Rad der Vergänglichkeit gebunden ist und dadurch, daß er in die Polarität gestellt wird, Gesundheit *und* Krankheit, Leben *und* Tod zu wählen hat. Diese Mythen mögen für uns unbefriedigend sein. Doch etwas anderes haben wir nicht. Zwar mag unser Intellekt durch die Erkenntnisse der modernen Physik und die verschiedensten wissenschaftlichen Theorien zur Entstehung des Universums besser zufriedengestellt werden als von mythologischen Bildern und symbolhaften Überlieferungen, doch der Bereich des Nicht-Wissens legt sich immer auch über unser Fragen und Suchen. Die eine und letzte Antwort gibt es nicht.

Der Mythos des »verwundeten Heilers«

»›Aber in welchem Mythos lebt der Mensch heute?‹ – ›Im christlichen Mythos, könnte man sagen.‹ – ›Lebst du in ihm?‹ fragte es in mir. ›Wenn ich ehrlich sein soll, nein! Es ist nicht der Mythos, in dem ich lebe.‹ – ›Dann haben wir keinen Mythos mehr?‹ - ›Nein, offenbar haben wir keinen Mythos mehr.‹ – ›Aber was ist denn dein Mythos? Der Mythos, in dem du lebst?‹ – Da wurde es unangenehm, und ich hörte auf zu denken. Ich war an eine Grenze gekommen.«

C.G. Jung

Jede Kultur hat ihre Geschichten, Symbole und Mythologeme geschrieben, um die unergründliche Spannung und Tiefe menschlicher Existenz besser handhaben zu können. Im weitesten Sinne sind Mythen und Legenden therapeutische Bewältigungsgeschichten, oder anders ausgedrückt: Im Mythos liegt viel von unserer Tiefenpsychologie und Psychotherapie schon enthalten. Wenn auch die Ausprägungen von Symbolen und Mythen kulturell bestimmt sind, so gibt es doch den unübersetzbaren Kern gemeinsamer menschlicher Erfahrungs- und Entwicklungsinhalte. Wie hinlänglich bekannt ist, war es vor allem C.G. Jungs Verdienst, auf die archetypischen Konfigurationen in der menschlichen Seele hinzuweisen. Demzufolge kommen alle unsere erzählten und überlieferten Inhalte aus einer Art Zentralspeicher, dem kollektiven Unbewußten der Menschheit. Man könnte auch sagen: Menschen erzählen Geschichten über sich selbst, um ihre innerseelischen Wege besser nachzeichnen zu können. Unser bewußtes Denken kann nicht alle inneren Räume betreten, denn die Ratio öffnet uns nur einige der Türen. Den Zugang zu dem herzustellen, was im Verborgenen liegt – dazu verhelfen uns eine mythologische Ausgangsbasis und eine archetypische Schau.

Nachdem Psychologie und Pädagogik Märchen und deren Interpretationen für ihre Arbeit fruchtbar gemacht haben, erleben wir seit einiger Zeit eine Art Renaissance der Mythologie als Gegenreaktion auf die Vernachlässigung unseres mythischen Erbes in einer von der Vernunft dominierten Ära. Im Zuge der Esoterikwelle ist es Mode geworden, sich mit dem Gott oder der Göttin in der eigenen psychischen Struktur auseinanderzusetzen. Wie bei jeder Art psychologistischer Modeerscheinung ist auch hier leider die Gefahr der Verflachung recht groß.

Für unser Thema des Heilers sind zwei Aspekte im Zusammenhang mit der Mythologie wesentlich. Zum einen finden sich in der mythischen Narration zahlreiche Bilder zum Motiv der Verwundung und Geschichten der Heilung und Therapie, zum andern aber zeigt bereits der Mythos-Logos-Diskurs der Antike das Hereinbrechen des Rationalen in die mythische Welt. Das heißt, unsere abendländische Kultur beruht auf einer philosophischen Aufsplitterung, die sich sehr weit zurückverfolgen läßt – weiter als bis zur Aufklärung – und die letztlich auch Auswirkungen auf die Entwicklung des Heilberufes hatte. Die Abkehr vom mythischen Paradigma und der wissenschaftlich-logische Zugang zur Wirklichkeit stehen auch in Verbindung mit der Abgrenzung der »wissenschaftlichen« Medizin von heilpraktischen Methoden:

»Somit wurde in der Antike durch den Logos-Diskurs ein erster Schritt der Entfremdung von der Natur vollzogen. Die technische Verfügbarkeit der Welt geriet dadurch in nähere Reichweite. Der zweite Schritt der Entfremdung wurde in der Neuzeit durch das Entstehen der modernen Wissenschaften vollzogen. Heute ist dieses Denken weltbemächtigend. Es ist in alle Bereiche unserer Lebenswelt eingedrungen, hat grundlegende Veränderungen (mit mittlerweile sehr negativen Folgen) bewirkt und zudem andere, alternative Lebensformen zerstört. Wir leiden heute an einer Verarmung, die auf die Repression des Mythischen zurückzuführen ist. Wir verweigern der Natur ihre Geistigkeit und uns selber die Beziehung zu unseren mythischen Anschauungen.«[31]

Die Folgen dieser Aufspaltung in eine Welt des Mythos und in eine logos- und ratiodominierte Wirklichkeit werden nicht nur offensichtlich bei der Diskussion um Schul- oder Alternativmedizin, sondern zeigen sich auch im Selbstverständnis und in der Selbstdarstellung unserer Mediziner. Wir verdanken es vor allem C.G. Jung und seinen Forschungen, daß es zu einer Rehabilitierung des mythischen Bereichs in unserer Zeit gekommen ist. Der damit verbundene Gewinn ist sicherlich nicht in Frage zu stellen, auch wenn die Beschäftigung mit der Mythologie ihre eigenen Spielvarianten und Stilblüten ausbilden mag. Vielmehr geht es darum: Wenn wir die Sprache transkultureller Symbole und archetypischer Bilder zu entschlüsseln versuchen, können wir uns eigene Zugänge zu unserem persönlichen Unbewußten verschaffen. Voraussetzung dafür ist nicht nur die Sensibilisierung für Gestalten und Geschichten der Mythologie, sondern das Herstellen einer persönlichen Beziehung zu den Symbolformationen, oder wie Jung selbst sagt:

»Der bloße Gebrauch von Worten ist nutzlos, wenn man nicht weiß, wofür sie verwendet werden. Dies gilt besonders in der Psychologie, wo wir von Archetypen wie der Anima und dem Animus, dem weisen alten Mann, der Großen Mutter und anderen reden. Man kann alles über die Heiligen, Weisen, Propheten und andere fromme Männer wissen und über alle großen Mütter der Welt. Aber wenn das bloße Bilder bleiben, deren Numinosität man nie erfahren hat, dann ist es so, als rede man im Traum; man weiß nicht, wovon man spricht. Die Worte, die man gebraucht, sind leer und wertlos. Sie erhalten erst dann Leben und Sinn, wenn man sich bemüht, ihre Numinosität, das heißt ihre Beziehung zum lebendigen Menschen zu sehen. Erst dann beginnt man zu verstehen, daß ihre Namen sehr wenig bedeuten, daß aber die Art und Weise, wie sie auf den Menschen bezogen sind, von höchster Wichtigkeit ist.«[32]

Wir wollen nun versuchen, Mythologemen in bezug auf Verwundung und Heilung nachzugehen und den Archetypus des »verwundeten Heilers« aufzuspüren, ihn lebendig werden zu lassen und herauszufinden, welche Gestalten er angenommen hat, in welchen Maskierungen er auftritt und wie, beziehungsweise ob er sich gegenwärtig in unserer Medizin und in unserem Leben äußert. In diesem Zusammenhang muß noch auf die Wichtigkeit der abstrakten Ebene oder Struktur, die den Archetypen im Sinne Jungs eigen ist, hingewiesen werden.

»Archetypus« im Jungschen Sprachgebrauch meint eine abstrahierende Urform des kollektiven Unbewußten, die sich mit Bildern – entnommen aus dem jeweiligen Lebensumfeld des Individuums – verbindet. Das heißt:

»Archetypen sind nicht Bilder, sondern stellen sich dem Bewußtsein in Gestalt von Bildern beziehungsweise Symbolen dar.«[33]

Die Wirkung dieser so fern scheinenden Archetypen und der mythologischen Bilder auf unser Leben, unsere Wünsche, Hoffnungen und Projektionen ist sehr groß.

Die Mythen und Legenden aller Zeiten und Kulturen erzählen nicht zufällig von Heldenfiguren und Heroen, die auf ihrer Lebensreise immer wieder Kämpfen, Verwundungen und Gefahren ausgesetzt werden. Wir lesen solche Geschichten, die teilweise auch zum allgemeinen Bildungsgut gehören, unseren Kindern vor und geleiten diese somit in das Land der Götter und Heldensagen, wir erzählen ihnen von der nicht heilenden Wunde eines Amfortas oder von der Achillesferse, der Körperstelle also, an der sogar der sonst als unbesiegbar geltende Heerführer der griechischen Helden verwundet wurde. Indem wir diese mythologischen Motive erzählen, stellen wir gleichzeitig aber auch eine Distanz her zu dem, was wir am meisten fürchten: unsere physische und psychische Verletzbarkeit als Menschen und die Gefährdung unseres Lebens. Ein heldenhaftes Leben, eine Reise durch die Landschaften kosmischer Existenz, ist, so scheinen uns die mythischen und sagenhaften Erzählungen vermitteln zu wollen, ohne Verwundung nicht sinnvoll erlebbar und erfahrbar. Und dies ist auf der metaphorischen Ebene genauso gültig wie auf der realen, lebensweltlichen Ebene.

Dennoch scheinen alle diese archetypischen Bilder und Gestalten uns kaum oder nicht zu helfen, unsere eigenen Verwundungen mit Würde anzuschauen und anzunehmen. Unsere Wunden sind unsere Geschichte, Zeugen des Kampfes unserer ganz persönlichen und individuellen *Ilias*. Die Art und Weise, wie wir mit unseren eigenen und unseren kollektiven Achillesstellen umgehen und zu ihnen in Beziehung treten, entscheidet über die wahre Macht unserer Heilpotentiale.

Das allgemein bekannte Signum des Äskulapstabes, das Apotheken kennzeichnet, im medizinischen Handel auf Verpackungen zu sehen ist oder auf Kraftfahrzeugen die Mitglieder der ärztlichen Flugambulanz ausweist, würde zu der Annahme verleiten, der Ahnherr der Medizin, unser ärztlicher Urvater sozusagen, sei der Heilgott Asklepius, dem Äskulapstab und Äskulapnatter zugeordnet werden. Doch auch Apollo, der Lichtgott, wird als Schirmherr der Medizin apostrophiert, während für anspruchsvolle Intellektuelle wiederum Chiron, der Centaur, das Urbild des Heilers darstellt. Was ärztliches Handeln und ärztliche Ethik im eigentlichen Sinn betrifft, wird selbstverständlich Hippokrates als das Alpha und Omega der Medizin angesetzt.

Wer, fragt man sich angesichts all dieser Namen, ist nun der Vater der Götter in Weiß, unser aller medizinischer Vater? Und warum ist die Beantwortung dieser Frage überhaupt von Bedeutung?

Wir finden in der griechisch-römischen Mythologie nicht nur zahlreiche Bilder von Götter- und Heldengestalten und eine ausführliche Darstellung aller menschlichen Konfliktmuster, sondern auch Hinweise auf göttliche und menschliche Heilfähigkeiten, auf verborgene Heilkräfte ebenso wie auf mit dem Heilen verbundene Kultstätten.

Greifen wir nun in der Genealogie unseres Heilers weit hinauf in die Ränge der olympischen Götter, so begegnen wir zunächst Apoll, dem Lieblingssohn von Zeus. Apoll war zwar ein »außerehelicher« Gottesproß, er entsprang nicht der Verbindung Zeus und Hera, sondern der Göttervater zeugte ihn mit der Titanin Leto. Um dem Zorn Heras zu entgehen, wanderte die schwangere Leto umher, um einen geeigneten Ort für ihre Niederkunft zu finden. Schließlich gebar sie die Zwillinge Apoll und Artemis. Schön, strahlend und vielseitig begabt durchstreifte Apoll mit seiner Schwester die Wälder, immer auf der Suche nach neuen Zielen für seine Pfeile. Apoll gilt als der Meister des Bogenschießens, Ahnherr der Künste und Weissagungen, aber auch als der Schirmherr der Medizin. Dieses Attribut muß er sich nach Homer jedoch mit einem anderen Gott der Heilkunst teilen, und zwar mit Paieon. Später dürfte »Paieon« sowohl ein Beiname für Heilgötter gewesen sein als auch die Bezeichnung für die Urquelle aller Heilkräfte, womit bereits ein Hinweis auf jene numinose Energie gegeben scheint, die allen Heilungen zugrunde liegt oder vorausgeht, gleichgültig, ob sie von Göttern oder Heroen zuwegegebracht werden. Bekannt ist uns Apoll aber auch als Gott des Lichtes und der Sonne. Wir verbinden mit ihm Begriffe wie Helios, Sonnengott und Phoibos. Er wird als der »Lichthelle« bezeichnet und damit eindeutig dem hellen und sonnenhaften Bereich zugeordnet. Diese Sichtweise wird allerdings der Komplexität dieser Gestalt nicht gerecht, da sie die dunkle Seite Apolls verleugnet: Wir dürfen nicht übersehen, daß die Pfeile Apolls töteten und daß er nicht nur Heilungen, sondern auch Seuchen inszenieren konnte.

In ihrer Darstellung der Götter als menschliche Urtypen verweist Susanne Schmida auf den Doppelaspekt von Helios-Apollo und unterscheidet den Sonnengott und den Sehergott. Demnach steht »Helios« für das Prinzip der Vergegenständlichung durch Wahrnehmung und in diesem Sinn auch für unsere Erkenntnisfunktion. Doch wie der Lichtstrahl von der Grenzfläche bzw. dem Objekt zurückgeworfen wird, so wird aus der Vergegenständlichung des Außen schließlich die Rückwendung des Bewußtseins zum Selbst: Diese Funktion nun wird Apoll zugeschrieben. Von daher leitet sich auch konsequent das Selbst-Bewußtsein des »apollinischen Typus« ab, das Schmida in Verbindung zur Heilkunst stellt:

»Aber noch eine andere Möglichkeit ergibt sich aus der Rückwendung des Schauenden auf sich selbst und dem daraus folgenden Erkennen, daß der Schauende selbst auch ein Körper ist: das ist die Heilkunst, die eben deshalb auch eine Kunst heißt. Deshalb erscheint auch Apollo als der Vater des Gottes der Heilkunst, Asklepios (Äskulap), was in der Sprache des Mythos so viel bedeutet, wie daß die Heilkunst durch eine bestimmte Norm der Bewußtseinslage des Apollo entsteht.«[34]

In dieser erkenntnisphilosophischen Ableitung des Heilermythos beschreiten wir zwar einen anderen als den allgemein üblichen Weg zur Beschreibung mythologischer Bilder, doch lassen sich gerade bei Susanne Schmida wesentliche Erkenntnisse für unser Thema herausdestillieren. Sehr deutlich wird hier auch auf die Funktion des Körperlichen eingegangen:

»In dieser Bewußtseinslage wird die schon erfolgte Vergegenständlichung zurückverbunden mit der des organischen Körperspürens und ergibt so die geistige Grundeinstellung des Heilers, die gerade die umgekehrte als die des Tötenden ist. Es wird aber eben durch die vorausgegangene Vergegenständlichung des Gewahrwerdens des Körpers als Körper bedingt – obwohl es sich diesmal um ein geborenes, ein lebendes Wesen handelt –, durch die mütterliche Einstellung des leiblichen Mitfühlens aber die gewonnene Erkenntnis im Sinne des Lebenden angewendet. Auch der Arzt schlägt also öfters Wunden, wie der Held, aber zu Nutzen und Frommen des Getroffenen.«[35]

Wir finden hier zum einen explizit das Prinzip des Mütterlichen erwähnt, also das Sich-Einfühlen als einen Parameter in der Beziehung Arzt-Patient. Gemeint ist das Phänomen, das Carl Rogers bekannterweise mit dem Begriff der »Empathie« bezeichnet hat. Damit ist aber auch eine Schwachstelle im therapeutischen Verhältnis angesprochen, die in der Öffentlichkeit immer stärker thematisiert zu werden scheint: Wo gibt es noch die mitfühlende, mütterliche Haltung des Arztes? Und wir können hier noch andere Fragen anschließen: Hat es diese mütterliche, nährende Einstellung des Arztes je gegeben? War sie einzelnen, besonders herausragenden Persönlichkeiten in der Geschichte der Medizin eigen – oder ist der vielen Menschen banal erscheinende Ruf nach mehr Menschlichkeit in der modernen Medizin eine Wunschprojektion? Ist die Situation im medizinischen »Gewerbe« vielleicht ein Spiegel der vernachlässigten weiblichen Komponente in unserer Gesellschaft? Und schließlich: Wie steht es mit dem Prinzip des Femininen und der Persönlichkeit des Arztes?

In dieser Darstellung des Gottes Apoll und seiner mythologischen Ausprägungen ist bereits das Thema der Wunde sichtbar, aber auch die Nähe zum Kampfprinzip: »Denn wer die Waffen erfunden hat und damit Wunden schlägt und empfängt, der muß wohl auch im Laufe der Zeit dazu gelangen, diese Wunden lindern und heilen zu wollen.«[36]

In der komplexen Gestalt dieses Gottes liegt also im Helios-Heldenhaften das Kämpferische, die Technik der Waffenherstellung, das Schmieden. Es handelt sich dabei um Attribute, die auch mit dem Kriegsgott Ares und dem Gott der Schmiede Hephaistos verbunden werden, und die alle zusammen Aspekte oder Persönlichkeitsanteile des Heilers ausmachen. Im Apollinischen wiederum liegt die Bewußtwerdung des Selbst, die

Rückverbundenheit, die Religio eben, die immer auch zugleich die einzige Heilung der Wunde darstellt. Mit anderen Worten: Was Helios als Sonnengott verbrennt, heilt Apoll in der Reflexion. Wir haben hier ein schönes Bild der gegenseitigen Bedingtheit von Verwundung und Heilung, wie es uns in der mythologischen Literatur immer wieder aufgezeigt wird, wenn wir uns die Mühe machen, die Signaturen für uns zu entschlüsseln. Und so entsteht vor unserem inneren Auge das Bild des wundenschlagenden Arztes, der zur Heilung des Körpers entartetes Gewebe entfernt oder in der Wundverbreiterung bei Geschwüren weitere Eiterungsprozesse unterdrückt. Oft ist Heilung ohne derartige aggressive Eingriffe nicht möglich. Und trotzdem fragen wir uns: Welcher Teil, welche Person im Arzt führt derartige so körperfeindlich erscheinende Handlungen aus? Und wie ist dieser Teil mit dem mütterlichen Aspekt vereinbar? Es scheint, als würde sich der heilende Apoll manchmal neben den verwundenden Helios stellen und dem Krieger sozusagen das Feld überlassen – ganz im Sinne der notwendigen Heilung. Das geschieht bei jeder Operation, wenn der Chirurg sein Skalpell ansetzt. Der reflektierende Seher Apoll steht dann scheinbar für kurze Zeit zurück, und doch ist er mit seinem apollinischen Selbstbewußtsein gegenwärtig, denn *Helios* und *Apollon* sind ja eine Gestalt.

Und wie steht es um die Verwundung Apolls? Wie paßt diese Gottheit zu den Mythologemen des »verwundeten Heilers«?

Apoll ist bekannt für seine unglücklichen Liebesbeziehungen und war ein von der Liebe verwundeter Gott. Eros, so erzählt der Mythos, schoß einen Liebespfeil in Apollons Herz, der sich daraufhin in Daphne verliebte, die ihn jedoch zurückwies. Neben anderen Frauen verweigerte auch Kassandra Apoll ihre Liebe – aus Rache verfluchte er sie.

Ebenso unglücklich und tragisch verliefen Apolls Liebesbeziehungen zu jungen Männern: Er war schuld am Tod des Jünglings Hyakinthos, der versehentlich von einer Diskusscheibe getroffen wurde. Und schließlich mußte er seinen Freund Kyparissos in eine Zypresse verwandeln. Die verwundete apollinische Seite wird aber nicht nur in diesen Erzählungen offenbar, sondern kommt auch deutlich zum Ausdruck, wenn man einen anderen Gott, nämlich Hephaisto zu Apoll in Beziehung setzt. Bei der Annäherung an mythologische Bilder treffen wir immer auf die Schwierigkeit des Übersetzens, denn auf der erzählerischen Ebene haben wir es öfters mit verschiedenen Gestalten, Gottheiten oder Heroen zu tun, die aber auf einer abstrakteren Ebene oft ineinanderfließen. So wird auch Hephaistos zwar auf der einen Seite als Gott der Schmiedekunst klar ausgewiesen, andererseits aber auch, wie wir bereits gesehen haben, als Teil des Apollo-Prinzips verstanden oder – wie wir bei Jean Shinoda Bolen sahen – überhaupt mit dem Heiler-Attribut versehen.

Hephaistos kam als Sohn der Hera entstellt und lahm auf die Welt. Die Mutter konnte seinen Anblick nicht ertragen und stieß ihn vom Olymp ins Meer, wo er von Thetis und Eurynome aufgenommen wurde. In ihrer Grotte widmete er sich neun Jahre der Schmiedekunst und wurde später als Künstler berühmt. Hephaistos verkörpert den »Archetyp des Instinkts, zu arbeiten, als Mittel, um sich weiterzuentwickeln und emotionale Wunden zu heilen.«[37] Er ist in diesem Sinne der Archetyp des verkrüppelten Handwerkers, der seine Kompetenz aus seiner Verwundung herleitet:

»Der Werkmeister Hephaistos hat große Ähnlichkeit mit dem Heiler, dessen Motivation in seinen eigenen Verletzungen zu suchen ist. Seine Wunden heilen, während er anderen hilft.«[38]

Die Gestalt des Hephaistos ist in mehrfacher Hinsicht aufschlußreich. Hephaistos' physische Gestalt war die eines häßlichen Zwerges, was auch der Grund für Heras tiefe Ablehnung ihrem Sohn gegenüber war. Doch da wir um den psychologischen Reichtum der griechischen Mythologie wissen, können wir in Hephaistos' Lahmheit – er schleppte ein Bein nach – die

Verkörperung oder physische Manifestation der Ur-Wunde sehen. Im psychologischen Diktus kann man auch sagen: Die Wunde des Hephaistos war eine »mütterliche Wunde«, denn in der Ablehnung durch die eigene Mutter lag seine wirkliche und erste Verletzung. Diese Wunde wurde vom Schicksal jedoch ausgeglichen, indem er von den Meergöttinnen, also Ersatzmüttern, gerettet wurde.

Die physische Wunde von Hephaistos ist gebunden an seinen psychischen Schmerz und zieht den »Fall« vom Olymp herab in die Tiefe nach sich, wo er – bezeichnenderweise – auf dem Meeresgrund landet. Die hier mitschwingende tiefenpsychologische Dimension ist ein ganz wesentlicher Aspekt des Hephaistos-Mythos. Der gefallene Gottessproß kommt in das Reich Poseidons, des Gottes des Meeres, von den Römern Neptun genannt. Das Symbol des Meeres steht in der Tiefenpsychologie unter anderem für das Unbewußte und auch das Verdrängte. Und in eben jenen Bereich muß Hephaistos, durch seine Verkrüppelung getrieben, eintauchen: in das Wasser, das ihm das Leben schenkt und ihm eine neue Mütterlichkeit zur Verfügung stellt. Dem Wasser – wie auch dem Meer – werden weibliche Qualitäten zugeschrieben. Es entspricht dem Bereich der Emotionalität, der Phantasie, der Träume und deswegen auch des Künstlers. Hier begegnet Hephaistos der Welt des Weiblichen und des Empfangenden – und dadurch kann er trotz seiner Verletzung durch die Mutter seine eigene Feminität finden und entwickeln. Diese Kompensation wird im Mythos noch durch die Gestalten der Meeresgöttinnen betont, die Hephaistos aufnehmen und sich ihm mit Fürsorge widmen. Auch die »Grotte«, ein Symbol für die Vagina, dient hier als Hervorhebung des weiblichen Aspektes. Der verstoßene Gott findet in der Rekonstruktion der mütterlichen Geborgenheit oder Ur-Situation eine Möglichkeit der Heilung. Die Nähe zum Wasser zeigt auch die Sensibilität des Künstlers Hephaistos an. Hier in den Tiefen begegnet er nach seinem Sturz aus der Höhe seiner eigenen inneren Wahrheit. Er lehnt sich gegen seine Verkrüppelung nicht auf. Und so finden wir in der Gestalt des hinkenden Gottes ein Bild der Wandlung des Schicksals durch Annahme. Denn Hephaistos ist ein Schaffender geworden: Er schafft Schönheit durch seine Kunst und bringt dadurch wiederum Heiles in die Welt.

Hephaistos hat also, obwohl er nicht per se in die mythologische Linie der Heilergottheiten gestellt wird, doch mit dem archetypischen Bereich des »verwundeten Heilers« zu tun. Die Jungsche Analytikerin Jean Shinoda Bolen zeigt daher an der Gestalt des Hephaistos einen ganz bestimmten Typus des Mediziners auf, und zwar des fleißigen Spezialisten, der, einem Künstler gleich, sein handwerkliches Können in den Dienst der Menschheit stellt. Sie schreibt:

»Einem Hephaistos-Chirurgen bei einer Operation zu assistieren heißt einem Künstler zuzusehen. Wenn ein solcher Mensch auch von seiner Persönlichkeit her Ähnlichkeiten mit Hephaistos aufweist, läßt er sich seine intensiven Gefühle nicht anmerken und hat kaum soziale oder politische Fähigkeiten: Anerkennung erhält er nur für seine Arbeit.«[39]

Die »Techne«, also das handwerkliche Können, und die chirurgische Fertigkeit verbinden Apollon und Hephaistos, wenn man sie unter dem Heileraspekt miteinander vergleicht. Auf der medizinischen Interaktionsebene sind sie aber doch deutlich unterscheidbar:

»Apollon ist der andere Medizinergott; er zeigt sich in dem wortgewandten Arzt, der ausgezeichnete Diagnosen stellen und seine theoretischen Kenntnisse sehr gut vermitteln kann. Der Apollon-Archetyp erleichtert einem Arzt den Aufstieg im hierarchischen System eines Krankenhauses, ohne den die Fertigkeiten eines Hephaistos und sein Engagement bei der Arbeit möglicherweise nicht voll zur Geltung kommen.«[40]

Helios-Apoll, der Sonnenkönig unter den Medizinern, braucht den Glanz des Erfolges. Sein Weg führt sehr schnell und geradlinig vom jungen ambitionierten Assistenzarzt zum Dozenten, also in die medizinisch-wissenschaftliche Karriere. Sozialkontakte und politisches Verhandlungsgeschick pflastern die Straße zur Professur. Routiniert im Vortrag und charmant im unverbindlichen Small talk, findet man ihn auf Kongressen und Symposien, die wiederum Ruhm und Bekanntheit bringen. Aus der Höhe sieht er herab auf seine wissenschaftlichen Felder, die er in seinem grandiosen Streben eröffnet hat, doch das Akkern und Pflügen des Feldes überläßt er gerne Hephaistos, denn die saturnische Furche des Ackerns will ein Apoll nicht wahrhaben.

Wir können das apollinische Erbe in der Medizin, wie es uns im erfolgreichen und von wissenschaftlichem Ehrgeiz dominierten Mediziner, im Karriere-Kliniker begegnet, unschwer erkennen. Es ist jener Typus von Arzt, der in Eugene Ionescos Stück »Der König stirbt« meint: »Mit einem anständigen Herzinfarkt hätten wir nicht so viele Umstände gehabt.« Und hier findet man auch die Legion von Ärzten, die sich nicht wie Hephaistos mit ihrer mütterlichen Seite aussöhnten oder – in Jungscher Terminologie – ihre Anima integrieren konnten, die den Weg in die Tiefe nicht gehen wollten oder konnten, die in Sam Keens Worten den Übergang »vom sonnigen Pragmatismus zu der dunklen Weisheit der Traumzeit«[41] nicht schafften und dann gebrochenen Herzens vorzeitig an Herzinfarkt sterben. Wir könnten diesen Herztod, der mit dem technischen Leistungsdenken sicherlich in Beziehung steht und von Psychosomatikern ebenso wie von medizinischen Laien lässig als »Streßkrankheit« bezeichnet wird, treffender bezeichnen als Resultat der »nicht stattfindenden ärztlichen Selbst-Verwirklichung« oder auch des »apollinischen Burnout-Syndroms«.

Eine weitere berühmte Heilergestalt entsprang der tragisch endenden Beziehung Apolls zu der Königstochter Koronis. Von Apoll schwanger, war sie ihm nicht treu, was eine zur Überwachung auf sie angesetzte Krähe meldete. Apoll war ob dieser

Nachricht von Jähzorn erfüllt, ließ Koronis töten und auf dem Scheiterhaufen verbrennen, nachdem er ihr zuvor seinen Sohn Asklepios aus dem Körper gezogen hatte. Die weiße Krähe hingegen, die ihm die Hiobsbotschaft übermittelt hatte, ließ er schwarz färben (eine kleine Phantasie: alle Ärzte trügen Schwarz?!). Es gibt in der Mythologie verschiedene Erzählungen von der Geburt des Asklepios, doch ist diese die bekannteste Version.

Apoll war zutiefst enttäuscht, rasend in seinem Schmerz rächte er sich an Koronis. Und doch kam aus dieser scheinbaren Destruktivität und Finsternis Asklepios hervor, der Gott der Heilkunde. Nach der Geburt wurde Asklepios von seinem Vater dem weisen Centauren Chiron zur Erziehung übergeben. Asklepios wurde also nicht von seinem Vater in die ärztliche Kunst eingeführt, obwohl der Mythologie zufolge das Heilende vom Vater vererbt wurde. Väterliches Erbe oder väterliche Wunde? Welche mythologischen Bilder finden wir hier vor? Und: Was wird in uns wachgerufen, wenn wir den Stab des Äskulap sehen?

Die Gestalt des Asklepios prägt nicht nur die medizinische Welt der Antike, sondern enthält viele Aspekte, die auch christliches Gedankengut sind, so daß es nicht verwunderlich ist, wenn Asklepios im Laufe der Geschichte wiederholt in Beziehung zum Heiland gesetzt wurde. Asklepios war durch die Schulung Chirons nicht nur ein vortrefflicher Arzt, sondern begründete außerdem die Priesterschaft der Heiler. In Asklepios vereinigten sich Priesterliches und Ärztliches, Irdisches und Göttliches. Göttlich ist beispielsweise sein Erwecken der Toten zum Leben (Jesus!), noch heute eine magische Erwartung an den Arzt!

Neben der mythologischen Gestalt dürfte es in der Antike auch einen Arzt dieses Namens gegeben haben. Auf Asklepios ging die Priesterschaft der Heiler, der sogenannten Asklepiaden, zurück, die in den Heiligtümern des Asklepios wirkten.

Vom 6. bis 4. Jahrhundert vor Christus entstanden im griechischen und kleinasiatischen Raum Kultstätten, die dem göttlichen Arzt gewidmet waren. Die berühmtesten Heiligungstempel wurden in Epidaurus und in Pergamon erbaut, die heute am meisten besuchten Kultstätten befinden sich auf den Inseln Rhodos und Kos. In Rom entstand das erste Asklepleion um 295 v.Chr.

Diese Tempelanlagen waren Kultstätten mit heilenden Kräften und zeigten noch die Verbundenheit von Heiligem und Heilendem, von Natur und Heiler. Sie bestanden aus mehreren Gebäuden, wobei im Hauptgebäude eine Statue des zu verehrenden Asklepios errichtet war. Meistens fanden sich in der Anlage auch Heilquellen. Daher werden diese Anlagen oft mit den modernen Kurbetrieben verglichen, von denen sie sich aber doch wesentlich unterscheiden! Das gesamte Ambiente solcher Asklepios-Heilstätten, in denen zum Beispiel die Musik eine ebenso wichtige Rolle spielte wie die Nähe zur Natur, unterstrich den heilenden Charakter dieser Orte. Rituelle Heilungsbehandlungen wurden von den beeideten Priesterärzten durchgeführt. Massagen, Bäder und Gebete hatten den gleichen Stellenwert wie chirurgische Eingriffe oder pflanzliche Heilmittel. Ärztliches Handeln bei den Asklepiaden war noch geprägt vom Gedanken der Einheit von Körper und Geist. Das herausragendste Ritual, das zur Heilung verwendet wurde und wofür die Heilstätten des Asklepios so berühmt wurden, war die Incubatio, der sogenannte Tempelschlaf. Hier kommt die therapeutische Rolle von Schlaf und Traum zum Tragen. Das Traumgeschehen wurde nicht nur als »realer« Vorgang angesehen, sondern konnte sogar Genesung initiieren. Die Kranken fanden dabei sorgsame Begleitung, denn die Priester-Ärzte waren Wegbegleiter und Mit-Leidende, die den Kranken auch bei der Deutung der Träume unterstützend zur Seite standen. Dieser Tempelschlaf mußte in der hermetischen Abgeschiedenheit des Tempels stattfinden. Er war ein heiliger Prozeß, der zwischen dem Kranken und der Gottheit stattfand. Wir finden hier eine Gesinnung der Achtung gegenüber Krankheit und Leid des Patienten, wie sie in der Geschichte der Medizin verlorengegangen zu sein scheint oder zumindest nie mehr in diesem Ausmaß angetroffen wird. Die Asklepiaden maßten sich auch nicht selber an, die Kranken »gesund zu machen«, sondern hatten anleitende, begleitende und initiierende oder auch interpretierende Funktion, immer aber überließen sie das letzte Wort einem Orakel, einer Gottheit oder dem Schicksal – eben einer anderen Instanz, und gaben damit dem Kranken eine transzendentale Rückverbindung. Heilung war damals Religion und Religion war Heilung.

Von Asklepios heißt es, er habe gelitten, er habe mit-gelitten und konnte dadurch heilen. Hieraus resultieren die vor allem in der Bildenden Kunst immer wieder angestellten Vergleiche von Christus und Asklepios:

»Das bärtige Christusbild, obwohl der heidnischen Antike entlehnt, ist also im Lebenszusammenhang des ... Heilens verwurzelt, auf das Leben des Betrachters und seine Hoffnung bezogen. Fast möchte man zuspitzend sagen: Das älteste Christusbild ist nicht so sehr auf Tod und Auferstehung ... als vielmehr auf Heilung und Leben orientiert. Wie die Apostel Petrus und Paulus mit Philosophenköpfen ausgestattet werden, so Christus mit dem des Asklepios, jeweils damit die Funktion, hier das heilende Handeln zum Ausdruck bringend.«[42]

Asklepios strahlte über seinen geographischen und zeitlichen Raum hinaus. In Ägypten verband sich seine Gestalt mit dem Götterarzt Imhotep zu Asklepios-Imuthes.

»Asklepios erfüllte das Bedürfnis nach einem persönlichen mitfühlenden Gott so sehr, daß er die Macht und den Einfluß jedes lokalen Gottes der Heilkunst erbte, ersetzte oder sich damit verband, wo auch immer seine Riten Fuß faßten.«[43]

Der Mythos des Asklepios erreichte uns im Signum des uns so vertrauten Äskulapstabes, aber erreichte er auch unser Bewußtsein? Wenn im Äskulapstab die Verbindung zwischen sinnlich Wahrnehmbarem und apollinisch Seherischem, zwischen einem Oben und einem Unten, einem Bewußten und Unbewußten enthalten sein soll, dann muß die Antwort »nein« lauten. Asklepios hinterließ uns seinen Stab mit der Schlange. Wir treffen hier auf eine scheinbar bekannte Analogie im Bild aus der Bibel: der Baum und die Schlange. Und doch unterscheiden sich beide Bilder wesentlich. Reckt sich bei Äskulap die Natter noch vom irdhaften Schmerz zur lichten Behandlung und Heilung, so ist die biblische Schlange Verführerin zur Erkenntnis und damit zum Verlust der Unschuld, zum Beginn von Leid, Bösem und Krankheit. Unserer Meinung nach ist aber ohne »Begegnung mit der Schlange«, also ohne Gewahrwerden des eigenen Schattens, der eigenen wunden Stelle, Heilung nicht möglich.

Aus der Bekanntheit des Äskulapstabes kann man ersehen, daß, falls sich die in der medizinischen Welt Tätigen überhaupt auf irgendeine mythologische Identifikationsgestalt zur Ableitung ihrer Göttlichkeit berufen, am ehesten Asklepios in Frage kommt, der Sohn des Gottes Apoll. Doch Asklepios wurde nicht von seinem Vater in die ärztliche Kunst eingeführt, sondern von dem Centauren Chiron. Warum aber wurde im Mythos Chiron als Vermittler zwischengeschaltet?

Chiron hat in der Genealogie der Heiler eine zentrale Position, und es verwundert, daß man dieser mythologischen Gestalt lange Zeit nicht die ihr gebührende Beachtung zuteil werden ließ. Chirons Mythologie rückte erst mit der Entdeckung des Planeten Chiron im Jahre 1977 in das Bewußtsein der Öffentlichkeit.

In der am häufigsten zitierten Fassung des Mythos ist Chiron ein Sohn Saturns mit der Nymphe Philyra. Er ist zwar Tiermensch, aber kein echter Abkömmling des Geschlechts der Centauren. Seine Mischform ist dadurch begründet, daß sich Saturn in Gestalt eines Hengstes der Nymphe näherte, um seine Frau

Rhea nicht zu erzürnen. Philyra war aber beim Anblick ihres Sprößlings dermaßen erbost, daß sie Chiron verstieß und ihn so zum Ausgestoßenen machte, der seinen Vater nie kennenlernte. Und wie schon Hephaistos hatte auch Chiron als ein von der Mutter Verstoßener eine tiefe mütterliche Wunde zu ertragen. Doch wieder greift ein günstiges Schicksal ein: Der von den Eltern abgelehnte Centaur wird durch Apollon gerettet, der sich seiner annimmt und ihn die Kunst des Heilens lehrt. Dieser mythologischen Erzählung zufolge ist Medizin zunächst eine *erlernbare* Kunst oder Fertigkeit, denn Chiron wird ein sehr bedeutender und bekannter Heiler, der seine Techne später wiederum an den großen Asklepios weitergibt.

Doch die Mythologie um Chiron gibt uns noch andere wesentliche Hinweise zum Aspekt des Heilers. Chiron war zur Hälfte Mensch und zur Hälfte Tier, er war also die Versinnbildlichung der Spaltung zwischen Geistigem und Instinkthaftem, zwischen Erkenntnis und Trieb – die Verkörperung der Spaltung also, die das Thema der Evolution auf dieser Erde ist. Als Menschen tragen wir alle diesen Konflikt zwischen Geist und Materie in uns aus, doch in der Gestalt des Chiron ist die Instinktseite und das Archaische nicht verborgen, sondern sichtbar ausgeformt. Und doch wurde er gerade wegen dieser Zwei-Seitigkeit von seiner Mutter abgelehnt. Chirons Geschichte ist also zugleich auch die Geschichte der Unterdrückung des Triebhaften und der Verleugnung der Instinktseite des Menschen.

Chiron vertritt den Archetyp des verwundeten Heilers. In der griechischen Mythologie wurde er der Lehrer von Göttern und Helden. Er unterrichtete Jason, Achill, Herkules und Asklepios, er unterwies sie in der kriegerischen Kunst ebenso wie in der medizinischen.

»Dieser große Lehrer, der Tier und Mensch zugleich war, zugleich kosmisch und im Meer beheimatet, war ein Heiler und Krieger; dieser Archetyp besitzt die Kräfte, die wir brauchen, um die Begegnung mit der dunklen Seite durchzustehen – unsere anscheinend unendliche Liebesgeschichte mit dem Tod und dem Bösen. Er ist die Brücke zu unserem Tierselbst, er ist die Wiedergewinnung unserer Kräfte und Energien.«[44]

Wie schon Hephaistos war Chiron nicht nur psychisch verletzt, sondern hatte auch eine körperliche und sichtbare Deformation. Der bekanntesten Fassung nach wurde Chiron von einem vergifteten Pfeil seines Schülers Herkules getroffen, der ihm dadurch die unheilbare Wunde zufügte. Chiron hatte unerträgliche Schmerzen, war aber als Sohn eines Gottes unsterblich. Er heilte andere, doch er konnte sich selbst nicht helfen.

Wer wird warum Arzt?

>»Lieber Gott, ich wäre gern ein Arzt,
>aber nicht aus dem Grund, den Du Dir vorstellst.«
>
>Ferd (Children's Letters to God)

Im Mittelpunkt unserer Analyse des Mediziners steht der Jungsche Archetypus des »verwundeten Heilers«. Gemeint ist damit, daß dem Mediziner in den meisten Kulturen Kenntnisse zur medizinischen Hilfe aus der Erfahrung eigener Verwundung zufließen.

Wie aber erfolgt diese Verwundung, welcher Art ist sie?

Bei der Frage nach der Motivation zum Medizinstudium wird dieser Ausgangspunkt eigener Erfahrungen erwartungsgemäß eher zur Seite geschoben: Vergessen ist die Angst vor der eigenen Ohnmacht und Hinfälligkeit, die Angst auch vor der eigenen Bedürftigkeit und Einsamkeit. Übrig bleiben Rationalisierungen, nämlich die bekannten und häufig vorgetragenen Gründe aus dem Bereich der Humanität. Dieses Wegschieben problematischer Aspekte eigener psychischer Dynamik gehört zum Alltag psychotherapeutischer Erfahrung. Unliebsame Inhalte werden verdrängt: Es ist nicht, was nicht sein darf.

Alfred Adler, Arzt und Psychotherapeut, der den inzwischen popularisierten Begriff des »Minderwertigkeitskomplexes« prägte, beschreibt seinen eigenen Werdegang ausgehend von dem entscheidenden Erlebnis – Tod des jüngeren Bruders – in seinem dritten Lebensjahr:

»Meine Mutter holte mich nach dem Leichenbegängnis ab, um mich nach Hause zu bringen. Sie war sehr traurig und verweint, lächelte aber ein wenig, als mein Großvater, um sie zu trösten, einige scherzhafte Worte zu ihr sagte, die sie wahrscheinlich auf weiteren Kindersegen hinweisen sollten. Dieses Lächeln konnte ich meiner Mutter lange nicht verzeihen, und ich darf aus diesem Groll wohl schließen, daß ich mir der Schauer des Todes sehr wohl bewußt gewesen bin.«[45]

Ein zweites, einschneidendes Erlebnis war Adlers eigene, lebensgefährliche Erkrankung. Manès Sperber, Schüler Adlers, beschreibt die Entwicklung des jungen Alfred Adler weiter:

»Als das Kind im fünften Lebensjahre, an einer schweren Lungenentzündung erkrankt, aufgegeben wird, erwacht in ihm das erste große Angstgefühl: die Angst vor dem Tode. Als es ihm doch entronnen ist, beschließt das Kind, den rücksichtslosen Kampf gegen ihn aufzunehmen. Fünfjährig entscheidet sich Adler für den Beruf des Arztes, beginnt er – unbewußt – sein Training für diesen Beruf.«[46]

Vielen Medizinern gemeinsam ist die kränkliche Kindheit und der tätige Protest dagegen. Freilich wird in diesem Protest und der darauf folgenden Medizinerkarriere, wie schon oben gesagt, die »Erinnerung an die eigene Wunde« zuerst weggeschoben, dann endgültig verdrängt. In diesem Verdrängungsprozeß geht Kostbares verloren.

Ist es Zufall, daß in verschiedenen Spezialdisziplinen der Medizin gerade die vom Arzt selbst erlebte Schwachstelle behandelt wird? Auffällig über diese typischen Beispiele hinaus (die Psoriasis des Dermatologen, die latente Homophilie des Gynäkologen – auf die Verwundung des Weiblichen im männlichen Gynäkologen wird später noch eingegangen –, die Hypertonie und koronare Erkrankung des Kardiologen, das Zwölffingerdarmgeschwür oder Magenkarzinom des Gastroenterologen) sind ganz »unspezifische« und sehr verbreitete ärztliche Erkrankungen oder Fehlhaltungen. Dazu gehören Überarbeitung bis zum generellen Workaholismus, periodische Zusammenbrüche, die vor den Patienten gut kaschiert werden, und die bis zu diesen Dekompensationen verwendeten vielfältigen

Krücken wie Alkohol, Schmerz- und Beruhigungstabletten, Konsumismus etc. Unüberhörbar ist das gerade bei Medizinern immer häufiger besprochene Syndrom des Ausgebrannt-Seins, der Depressionen, ja der latenten Suizidgefährdung von Ärzten.

Nochmals gefragt: Was bestimmt den Berufswunsch des Arztes? Welche weniger bewußten Motivationen lenken ihn zu seinem Ausbildungsziel? Gibt es gewisse häufigere Familienkonstellationen, aus denen heraus eher Mediziner entstammen? Wird man möglicherweise Mediziner wegen eines tiefsitzenden Gefühls der Unzulänglichkeit oder – um Alfred Adlers Terminus zu gebrauchen – des Minderwertigkeitskomplexes? Was bedingt bei einer durchschnittlichen und neurotisierenden Biographie die Wahl »Medizin als Profession«?

Neben den speziellen familiären Bedingungen ist ein zentraler Antrieb für die Arztwerdung sicherlich das archetypische, d.h. transkulturelle Muster des »Heilers«. Daher sagt die nach den Methoden Jungs arbeitende Therapeutin Liz Greene auch ganz richtig:

»Ich glaube, daß alle Berufe, die wirklich ›Berufung‹ sind, mit einem oft verschwommenen oder mythischen Bild einhergehen, das – obwohl unbewußt – faszinierend und anziehend ist und das in gewisser Weise ein Symbol für die wahre Bedeutung oder ›Rechtmäßigkeit‹ dieser Berufung ist. Man könnte es auch anders sagen: die menschliche Einbildungskraft findet diese Bilder spontan als Möglichkeit der Artikulation einer geheimnisvollen Heiligkeit oder Numinosität, die eine bestimmte Funktion im Leben begleitet und die vom Verstand nicht ganz erfaßt werden kann.«[47]

Unsere Hypothese lautet: Arzt-Sein ist nicht nur ein Beruf, sondern eine Berufung, die aus dem Schmerz einer persönlichen physischen oder psychischen Verwundung kommt – oder aus der Identifikation mit der kollektiven Wunde. Etwas Unerlöstes, das tief im verborgenen Teil der Seele ruhen mag, schreit nach Erlösung und läßt das Individuum eine Reise als Heiler antreten. Diese Verwundung kann ein psychisches oder physisches Leiden in der Kindheit sein. Es gibt zahlreiche Beispiele aus den Biographien bedeutender Ärzte und Lehrer, die zeigen, daß vor dem Entschluß, das Handwerk des Arztes zu lernen oder Medizin zu studieren, die Begegnung mit dem Dunklen, mit der Krankheit und mit dem persönlich empfundenen oder beobachteten Schmerz liegt.

C.G. Jung wurde bereits in seiner Kindheit durch die schwierige Ehe seiner Eltern für die Probleme der menschlichen Psyche sensibilisiert. Im Alter von drei Jahren bekam er Ekzeme als Reaktion auf den mehrmonatigen Krankenhausaufenthalt seiner Mutter. Das Verlassenwerden machte ihm ebenso zu schaffen wie sein ambivalentes Verhältnis zu seiner Mutter. Jung selbst interpretiert seine Kindheitserfahrung so: »Dies ist das Handicap, mit dem ich angetreten bin.«[48] Doch dieses Handicap ließ ihn auch zu einem der bedeutendsten Tiefenpsychologen des 20. Jahrhunderts werden.

Bekannt ist auch die Kränklichkeit Alfred Adlers während seiner ersten Lebensjahre. Er selbst litt an Rachitis, einem leichten Stimmritzenkrampf und Lungenentzündung. Er erlebte den Tod seines jüngeren Bruders, der ihn später veranlaßte, Arzt zu werden und dem vorzeitigen Tod durch Heilen entgegenzutreten:

»Es ist klar, daß ich von dieser Berufswahl mehr erwartet habe, als sie leisten konnte: den Tod, die Todesfurcht überwinden, das hätte ich eigentlich von menschlichen Leistungen nicht erwarten dürfen, bloß von göttlichen. Die Realität aber gebietet zu handeln. Und so war ich gezwungen, im Formenwandel der leitenden Fiktion, im Bewußtsein so weit mein Ziel abzuwandeln, bis es der Realität zu genügen schien. Da kam ich zur ärztlichen Berufswahl, um den Tod und die Todesfurcht zu überwinden.«[49]

Das Gefühl der Unzulänglichkeit und der persönlichen Zurücksetzung bei der Mutter in seiner Kindheit ist die Grundlage für Adlers spätere Theorie der Individualpsychologie. Hätte er diesen Weg gehen können ohne die ihn prägenden Erfahrungen in seiner kindlichen Lebenswelt?

Auch große Psychiater wie Eric Berne und Milton Erickson traten ihren Lebensweg mit starken Verwundungen an. Erickson war in seiner Kindheit gelähmt; er konnte im Alter von vier Jahren noch nicht sprechen und wurde doch der bedeutendste Hypnotherapeut, dessen »Lehrgeschichten« für die Begründer des Neurolinguistischen Programmierens Vorbild waren.

Wir glauben, daß diese Beispiele nicht etwa berühmte Ausnahmen sind, sondern lediglich bekannte Exempel für das Mythologem des verwundeten Heilers. Dieser Mythos lebt in der Geschichte Alfred Adlers ebenso wie in der Geschichte unseres Hausarztes. Vielleicht tritt der Mythos im Leben des »Arztes von nebenan« nicht so spektakulär auf, aber nicht einmal das wissen wir, denn die Lebensgeschichten unserer Ärzte bleiben vor ihren Patienten oft verborgen. Die moderne Psychologie hat für diesen kompensatorischen Ansatz, sich für einen medizinischen Beruf zu entscheiden, das Schlagwort vom Helfer-Syndrom etabliert. Wolfgang Schmidbauers Bücher »Hilflose Helfer« und »Helfen als Beruf« wurden Bestseller.

Erstaunlich ist nur, daß seine Überlegungen zur Problematik der in den heilenden Berufen Tätigen so wenig Resonanz in der Öffentlichkeit gefunden haben. Es ist schwer nachzuvollziehen, warum wir, wenn wir über die Probleme eines Berufsstandes informiert sind, noch immer an dessen Ideologie haften bleiben. Es spricht also einiges dafür, daß das Bild des Heilers, des Erlösers und Helfers ein so idealisiertes und in uns tief verwurzeltes ist, daß wir dieses Bild nur mit Mühe aus seinem Rahmen nehmen können. Möglicherweise gelingt es uns aber gerade dann, wenn wir zu dieser Imago in Distanz gehen, unsere Bilderwelt neu zu erleben und eine reifere und erwachsenere Einstellung zu ihr zu gewinnen.

Die Familie
des werdenden Arztes

»*Wenn Du einen Platz an der Sonne willst,*
mußt Du aus dem Schatten heraustreten,
den Dir der Stammbaum bietet.«

Sprichwort der Osage-Indianer

Die Verwundung des Mediziners hat viel zu tun mit den allgegenwärtigen und fast regelhaften kindlichen Erlebnissen der Unzulänglichkeit, Ohnmacht und Hilflosigkeit. Diese psychologische Grundsituation des Kindes wird bei zukünftigen Medizinern oft noch kombiniert mit dramatischen Erkrankungen, manchmal dann auch mit dem magischen Auftritt eines Arztes. In der kindlichen Welt der Magie hat die heilende Handlung eines Arztes mythische und mystische Qualität. Hier setzt eine unmittelbare Identifikation mit der Person des als übermächtig erlebten Heilers ein, und es beginnt sich ein Lebensplan abzuzeichnen, der die Medizin als vielleicht einzige Überwindungschance einer sonst hoffnungslosen Zukunft sieht.

In der Biographie vieler Mediziner begegnen wir Erlebnissen von körperlicher Schwäche und Kranksein sowie Unterlegenheit. Damit verbunden ist das Gefühl dieser späteren Ärzte, in der Kindheit abseits zu stehen, anders zu sein, nicht dazuzugehören und von der Gemeinschaft ausgeschlossen zu sein.

Abgesehen von dem Kontakt mit einer »Verwundung« in Kindheits- oder Jugendjahren wirkt auch das elterliche Milieu richtungweisend in bezug auf medizinische Lebensentwürfe. Macht es einen Unterschied, ob in der Familie des zukünftigen Mediziners Ärzte vorhanden sind oder nicht? Einen familiären

Sonderfall finden wir dann, wenn in Familien in dritter oder weiterer Generation zum Arztberuf erzogen wird. Noch spezieller ist die Situation, wenn es dabei um dieselben Fachspezialisierungen geht, wenn es also übergeordnete Familienthemen wie Chirurgie, Gynäkologie, Dermatologie usw. gibt.

Wenn Mediziner in der Familie vorhanden sind, besteht bei den Kindern eine frühe Prägung und Identifikation mit dem ärztlichen Elternteil. Noch lange vor Abschluß der zum Berufswunsch führenden Sozialisierung, die in der späteren Pubertät stattfindet, nimmt das Kind die Atmosphäre des medizinischen Milieus in sich auf. Indem es sich vorstellt: »Ich bin wie der Vater (oder die Mutter)«, fühlt sich das Kind dazugehörend, erhöht, erwachsen. Ähnlich wie in den handwerklichen Zunfttraditionen wächst das Kind in einem Klima bedeutungsvoller Rituale, Kleidungs- und Verhaltensvorschriften und Arbeitsrituale auf. Es geht dabei um sinnlich wahrnehmbare Handhabungen, die aber in der kindlichen Phantasie einen magischen Charakter haben. Dazu gehören das geheimnisvolle medizinische Instrumentarium, dringend auszurichtende Meldungen, dankbare Äußerungen des Patienten und ähnliches. Dieses Klima prägt das Kind eines Mediziners nachhaltig, ist doch die Kindheit jene Zeit, in der die Welt der Magie und des Zaubers Vorrang hat. So entsteht ein infantiles Bild von der Macht und Bedeutung des medizinischen Berufes.

Entwicklungspsychologisch erscheint dem Kind das Ziel, selbst Arzt zu werden, in höchstem Maße wünschenswert: Die Überwindung eigener Unzulänglichkeit, Minderwertigkeit und Angst ist vorgezeichnet. In den meisten Fällen besteht auch seitens der Eltern keine Entmutigung kindlicher Berufswünsche: Zunächst einmal werden sie lächelnd, dann ernst zur Kenntnis genommen. Letztlich sind die Ärzte-Eltern befriedigt, wenn ihr Beruf an die Kinder sozusagen weitervererbt und die eigene Praxis von den Nachkommen übernommen wird. Hier unterscheiden sie sich nicht von den Vertretern anderer Berufsgruppen, die ein Interesse an der Fortführung ihres Lebenswerkes durch die Nachfahren haben.

Neben dieser positiven und die Kinder ermutigenden Ärztefamilie gibt es aber auch andere familiäre Konstellationen, die nicht weniger prägend auf zukünftige Medizinergenerationen wirken. So gibt es zum Beispiel die Familie mit einseitig verteilten Machtverhältnissen, die wir die »Rex-Regina-Princeps-Familie« nennen. In dieser Familie gibt es einen König, eine Königin und einen Prinzen, der das väterliche Reich übernehmen soll. Mit dem »König« ist die meist übermächtige Vaterfigur des sehr erfolgreichen Medizinertypus gemeint, der alles und alle im Bann seines leuchtenden Zentrums gefangenhält. Als Königin bezieht die Mutter ihre besondere Stellung aus der Tatsache, mit diesem königlichen Arzt verheiratet zu sein. Auch die Kinder geben ihre Individualität zugunsten des Medizinervaters auf und leben vom und im Bezug zu dieser alles dominierenden Person. Hier erscheint die Fehlentscheidung zumindest möglich, wenn nicht vorprogrammiert: Dem Prinzensohn wird die Identifikation mit dem Heiler durch die scheinbare Unerreichbarkeit der väterlichen Position erschwert.

Häufig besteht zudem – bedingt durch die zahlreichen beruflichen und gesellschaftlichen Verpflichtungen – eine distanzierte Beziehung vom Vater zu seinen Kindern. Diese Beziehung wird von den Kindern verständlicherweise oft als sehr kühl erlebt. So wird die Welt der frühen Kindheit zunächst von der Königin, der Mutter getragen. Sie hält Hof und regiert Haus und Haushalt. Die Zuwendung ist also von frühester Kindheit an ungleichwertig verteilt. Während der ersten Jahre wird die Erziehung der Kinder vom Arzt-König an die Ehefrau delegiert. Man(n) hat ja so viel zu tun. Bis zum Beginn eines glaubhaften Dialoges zwischen Vater und Kind, zwischen König und Prinz, ist die Distanz vorgegeben. Die Rückkehr zu Nähe und Zärtlichkeit in der Vater-Kind-Beziehung ist verstellt. Diese psychoanalytische Bemerkung ist für unser Thema insofern von Bedeutung, als sie nicht zu übersehende Auswirkungen auf die Art und Weise hat, wie später der Beruf des Heilens ausgeübt wird. Wenn in dieser frühen Phase der kindlichen Entwicklung Erlebnisbereiche wie Sinnlichkeit und Sensibilität oder »Feminität« und Maskulinität nicht erfahren werden, so bleibt bei einer späteren Identifikation des Sohnes, also des Prinzen, mit dem König-Vater der weibliche Anteil verloren. Jener Teil der Psyche, mit dem Qualitäten wie Mütterlichkeit, Wärme und Mitfühlen verbunden werden, steht im seelischen Inventar nicht oder nur teilweise zur Verfügung. Somit ist dieser Teil nicht verinnerlicht worden. Wenn sich unser Prinzensohn nun für den Weg des Arztes entscheiden sollte, werden ihm die für diesen Beruf so wichtigen »weiblichen« Eigenschaften wie Empathie und Sensibilität wahrscheinlich fehlen.

In der Rex-Regina-Princeps-Konstellation erlebt das Kind ein Übermaß an Erwartung: Es wird von ihm erwartet, daß es in die Fußstapfen des König-Vaters tritt und zunächst hervorragende schulische Leistungen erbringt, die geradlinig zum Medizinstudium führen sollten. Fehler, Niederlagen, Schwierigkeiten in der persönlichen Entwicklung wiegen doppelt und dreifach. Das Gefühl, den väterlichen Erwartungen nicht entsprochen zu haben, stürzt den Sohn in seelische Abgründe. Der Prinz, also Arzt-Sohn, der hier kläglich scheitert, ist lebenslang stigmatisiert, ein Schandfleck für die berühmte Arztfamilie. Nicht selten finden diese Jugendlichen aus dem Gefühl des Versagens überhaupt nicht mehr heraus. Das Ausweichen vor der als unlösbar anmutenden Herausforderung einer märchenhaften Medizinerkarriere treibt sie oft in den Mißbrauch von Alkohol und Drogen.

Dann gibt es jene Arzt-Söhne, denen der Sprung in die Medizin fast mühelos gelingt. Sie haben des Königs Anerkennung. Aber welchen Preis zahlen sie dafür? Sind sie wirklich gute Ärzte? Dazwischen gibt es noch die Entmutigungskarrieren von jenen Prinzen, die zwar an den Erfolg des Vaters nicht herankommen, aber sich doch bemühen, indem sie zum Beispiel gute Veterinärmediziner werden.

Der »andere Weg« ist der Weg aus dem nicht-medizinischen Milieu, also aus der Familie ohne medizinische Leitfigur. Auch diese Konstellation zeigt sich wiederholende Merkmale als Ausgangspunkt für die Berufswahl, so daß wir wieder einige Typisierungen vornehmen können.

Hier ist zum Beispiel ein Elternteil, meistens die Mutter, besonders ehrgeizig im Hinblick auf das Berufsziel der Kinder. Zu der bekannten Einstellung »Unseren Kindern soll es einmal besser gehen als uns!« gesellt sich ein Klischee-Bild des Arztes. Arzt zu sein wird gleichgestellt mit Wohlstand, Erfolg und Unantastbarkeit. Die Familien bringen im Interesse dieses Ziels oft große finanzielle und persönliche Opfer. Die psychologische Drucksituation ergibt sich aus dem Übermaß der in das Kind gesetzten Hoffnungen. Besonders bei einer Herkunft aus dem Arbeitermilieu mit sozialen Aufsteigertendenzen wird der Sohn in den Phantasien der Mutter zum »verlängerten Arm ungelebten Lebens«. Auch wenn der Sohn vielleicht wirklich Arzt mit eigener Praxis wird, wird er doch nie den Druck vergessen, der ihn seinen Weg wählen ließ. Sein Durchhaltevermögen hat er bewiesen, wie aber steht es um seine weiblichen Anteile? Auf dem Weg des Sich-Durchbringens konnte er keine femininen Qualitäten integrieren. Sie wären ihm hinderlich gewesen. Dieser Arzt wird erfolgreich sein. Aber wahrscheinlich wird er kein guter Arzt sein. (Und er wird seiner Mutter nie dankbar sein).

Die familiäre Herkunft des werdenden Arztes ist also, neben Anlage, Talent, seelischen Bedürfnissen und gesellschaftspolitischen Faktoren, ein wesentlicher Meilenstein auf dem Weg in den Arztberuf. Unser Mediziner hat innerhalb der Familientradition oft die Rolle des Prinzen inne. Diese Rolle bestimmt seine Entscheidung für den späteren Beruf. Die Art der Beziehung zwischen seinen Eltern, also zwischen König und Königin, hat aber auch tiefgreifenden Einfluß auf seine spätere heilerische Tätigkeit.

C.G. Jung hat in seinen alchemistischen Studien die bekannte Hochzeitsmetapher der »coniunctio oppositorum« verwendet. Gemeint ist damit die Vereinigung von Gegensätzlichkeiten als Ziel des Lebens. Wenn König und Königin in diesem Bild der Alchemie vereint sind, also männliche und weibliche Qualitäten miteinander ein Ganzes werden, ist das Werk vollbracht. Es gibt keine Metapher in der abendländischen Kultur, die besser geeignet wäre, den Prozeß, dem wir alle unterliegen, zu beschreiben. Wir bewegen uns ständig zwischen den Polen »männlich« und »weiblich« und suchen doch die Integration von beiden und damit unsere Ganzheit. So ist auch zu verstehen, daß die im Außen geschlossene Hochzeit eines Paares nur die Widerspiegelung einer im Innen stattzufindenden Vereinigung ist. Die coniunctio sollte im Individuum geschehen, und damit ist sie auch Teil des Werdens und Wirkens eines Individuums oder einer Gesellschaft. Wie sehr wir uns um diese Vereinigung von Gegensätzlichkeiten zu bemühen haben, können wir am Zustand unserer Umwelt, unserer Medizin und Zeitgeschichte ablesen.

Die Hochzeitsmetapher ist hilfreich, wenn wir der Frage nach Defiziten bei der Entwicklung unseres Arztes nachgehen. Die Medizin unserer Zeit ist in jeder Hinsicht eine männlich dominierte. Dies betrifft nicht nur den geringen Anteil an Frauen in Wissenschaft und Forschung, sondern auch die Haltung, mit der Krankheiten diagnostiziert und therapiert werden. Wenn wir davon ausgehen, daß viele Ärzte nicht die persönlichen und gesellschaftlichen Bedingungen vorgefunden haben, um ihre eigenen weiblichen Qualitäten zu entwickeln, überrascht diese Diagnose nicht. Selbstverständlich ist »weiblich« hier im abstrakten Sinn zu verstehen, als jener Teil der Psyche, der für Einfühlung, Intuition und eine Art Mütterlichkeit steht. Mit diesen Qualitäten muß ein Mediziner in Kontakt gekommen sein, um ein wahrer »Heilender« zu werden. Defizite, die aus mangelnder oder nicht positiv integrierter Femininität herrühren, wirken sich nicht nur auf die Art und Weise der ärztlichen Tätigkeit, sondern auch auf die Beziehung zwischen Arzt und Patient aus. Das heißt, wenn ich als Arzt nicht mit dem mütterlichen Element, der Erdscholle oder Mutter Gaia verbunden bin, so büßen es meine Patienten (vor allem die weiblichen).

Was die Aufteilung männlicher und weiblicher Qualitäten innerhalb der Familienstruktur betrifft, gibt es mehrere Möglichkeiten der Einseitigkeit, die bei den späteren Ärzten zu Defiziten führen können.

Die Väter von sogenannten uncharismatischen Medizinern gehören, vereinfacht gesagt, zwei Typen an.

Typ 1: Der König-Vater kann, wie wir gezeigt haben, ein Familientyrann sein. Dann ist der Sohn chancenlos, kann keine positive Entwicklung durchlaufen und wird in seiner psychischen Potenz sozusagen »kastriert«. Er ist in dieser Sterilität gefangen, die sich nachhaltig auf seinen Berufsweg auswirkt. Ein solcher Mediziner wird eher seine Technik als seine therapeutischen Fähigkeiten oder seine Beziehungen zu den Patienten entwickeln. Nur so läßt sich die automatisierte Übernahme ärztlicher Handwerklichkeit in Spezialistendynastien erklären (Großvater Gynäkologe, Vater ebenso, Sohn nicht anders). Ebenso wie ein Handwerk oder eine Kunstfertigkeit in Familienverbänden weitergegeben werden, kann auch die Medizin als professionelle Tätigkeit sozusagen »vererbt« werden. Was aber nicht vom Vater auf den Sohn übergehen kann, ist die »Berufung«, denn sie entspricht der Psychodynamik des Individuums.

Typ 2: Andererseits kann der Vater aber auch ein schwacher König sein, ein Kümmerling. Dann kommt verstärkt die Rolle der Mutter in das Spiel mit Identifikationsmöglichkeiten für den Mediziner-Sohn, die bei einer positiven Mutterbesetzung bis zur Idealisierung des Weiblichen gehen können. Eine solche Familienstruktur birgt aber eine Falle: Der Sohn kann auch in die Homophilie oder Homosexualität gedrängt werden, wenn die Mutter zum Beispiel die Rolle des gekränkten Aschenbrödels spielt. In diesem Bereich liegt eine Wurzel für die in der Öffentlichkeit noch weitgehend tabuisierte Homosexualität von Ärzten. Es geht uns hier nicht um die Bewertung, sondern lediglich um die Darstellung möglicher Entwicklungsverläufe bei Medizinerkarrieren. Ärzte mit uneingestandener »Femininität« sind in dem eher konservativ ausgerichteten Berufsstand genötigt, sich anzupassen, um karrieremäßig mithalten zu können. Sie investieren eine Menge Energie, um sich eine männliche Rüstung zuzulegen. Sie wahren den Schein und schließen gesellschaftlich anerkannte Ehen. Sie leiden. Hier haben viele Ärzte ihre Superwunde, doch da sie keine Künstler sind, ist ihnen der Weg in die Kompensation via Kunst nicht offen. Sie gehen den Weg über die Medizin.

Beispiel 1: Der niedergelassene Mediziner

Warum wird ein Arzt Praktiker? Warum entscheidet man sich zur Niederlassung, Ordination, Praxis?
Es gibt vielfältige Gründe für Absolventen der medizinischen Ausbildung, »in die Praxis« zu gehen: »Das Pionierhafte«, in der Vorstellung sicherlich idealisiert, das »Auf sich allein gestellt«-Sein ist häufiger Jugendtraum von jungen Kolleginnen und Kollegen. Die damit verbundene Freiheit und Selbständigkeit werden als Basis für fachliche und persönliche Entwicklungsmöglichkeiten gesehen, die in der »Beziehung zum vertrauten Patienten« realisiert werden. Häufiges Motiv für das Absehen von einer Spezialisierung, womöglich noch an einem Krankenhaus, und die Niederlassung als Allgemeinmediziner ist die Tatsache, an keinen Chef gebunden zu sein, ist das »Allroundertum« mit der vermeintlichen Garantie von Buntheit, Abwechslung und Vielfalt. In drei Studien[50] zur Berufsentscheidung »Hausarzt« rangieren »Freiheit«, »Patientenbeziehung«

und »Entwicklungsmöglichkeit«, gefolgt von der Attraktivität des »Allroundertums« unter den häufigsten Wünschen. In der fehlenden Erfüllung dieser Wünsche liegt dann auch der Grund zur größten Ent-Täuschung: das Ende der Täuschung, das Ende falscher Vorstellungen, das Ende idealisierter Wünsche.

Bei der Frage nach den häufigsten Desillusionierungen finden die Autoren der Studie ebenfalls eine Rangfolge.[51] Obwohl durchgehend die finanzielle Erwartung nicht berufsentscheidend ist, rangiert die Enttäuschung über nicht eingelöste Einkommensvorstellungen an oberster Stelle. Jene Bereiche, in denen Hausärzte und Kassen oder Sozialversicherungen sich in einem Abhängigkeitsverhältnis gegenüberstehen, werden zur empfindlichen Basis für Gefühle des »Ausgeliefert-Seins«, des »Kontrolliert- und Eingeengt«-Werdens. Die als zu knapp beklagten Einkommensmöglichkeiten schlagen in Verbitterung um, da sich die Hausärzte als »Einzelkämpfer« gegenüber der organisierten Großstruktur »Krankenkasse« mit ihrer politischen Übermacht erleben.

Es ist nachvollziehbar, daß besonders Situationen, in denen die eigene Hilflosigkeit und Ohnmacht im Vordergrund des Erlebens stehen, zum Ausgangspunkt für Burnout-Entwicklungen werden. »Es geht mir nicht um Wohlstand, ich möchte nur das Gefühl haben, daß ich von meinem Handwerk leben kann«, beklagte sich ein Praktiker.

Auch niedergelassene Fachärzte sind im übrigen während ihrer ersten Jahre durch ähnlich enttäuschende Erlebnisse frustriert.

Beispiel 2: Der Kinderarzt

»Wenn ich Blut sehe, falle ich in Ohnmacht.«

Wenn wir davon ausgehen, daß der sein Fachgebiet wählende Arzt auch einer Neigung, einem Interesse nachgeht, können wir zu Recht fragen, welche psychische Disposition bei der Berufswahl »Kinderarzt« vorliegt. Offenbar hat der Pädiater eine ganz spezielle Beziehung zum »Kind«, zum Kindlichen. Dieser Beziehung, die er im Berufsleben bewußt sucht, entspricht wohl ein spezieller Bezug zum eigenen »inneren« Kind. Hier geht es unter Umständen auch um Verwundungen, die sich bereits im kindlichen Lebensplan formten, die nicht verarbeitet werden konnten und im späteren Beruf sozusagen heraufgeholt werden. Positive und negative Ereignisse der eigenen Kindheit fließen in die tägliche Begegnung mit den Kindern ein, alte Wunden werden in diesen nicht immer bewußten Vorgängen manches Mal umgewandelt und in seltenen Fällen geheilt. Wenn diese Brücke zwischen eigener Kindheit und der im Beruf begegnenden Kindheit der anderen zwischen eigener Verwundung und daraus entstandener Sensibilität hergestellt wird, kommt es zu dem ganz eigenen Fluidum, das von manchem Kinderarzt ausgeht. Entwicklungspsychologisch könnte man sagen, daß der Kinderarzt – wie auch der Jugendpsychologe – durch diese spezielle Auseinandersetzung mit dem Thema »Kindheit« die Chance hat, sich einen Weg in die Welt des Kindes zu bahnen, wie sie anderen Erwachsenen oft erst spät oder nie gelingt.

Dem Pädiater, der sich den Zugang zur kindlichen Welt verschafft hat, werden die kleinen Patienten Vertrauen schenken, denn sie spüren die Fähigkeit des Kinderarztes, sich einzufühlen. Ein solcher Kinderarzt hat Charisma, das den fähigen Kinderarzt, der zum wirklichen »Onkel Doktor« wird, auszeichnet. Doch Charisma allein heilt in unserer Welt noch nicht.

Wie steht es also mit der »Techne«, jener zusätzlichen Ausbildung, die der Fülle kinderärztlicher Wissensgebiete entsprechen soll? Wo bleibt die pädagogische Schulung in der Aus- und Weiterbildung? Und welche Ärzte fühlen sich für die Jugendlichen mit ihren speziellen Nöten zuständig?

Wir alle wissen, daß die Auseinandersetzung mit dem eigenen Körper, seinem Funktionieren und seiner Gesundheit zum wesentlichen Thema in den Jahren der Pubertät wird. Doch welcher Arzt ist hier von seiner Ausbildung her qualifiziert und fühlt sich außerdem verantwortlich, den Jugendlichen und ihren Eltern als Gesprächspartner zur Seite zu stehen? So fallen viele junge Patienten durch den »medizinischen Rost«: Die Kinderärzte fühlen sich nicht mehr zuständig, und den praktischen Ärzten und Fachärzten mangelt es meistens an dem oben beschriebenen Zugang zur Welt des Kind- und Jung-Seins: Die psychotherapeutische und psychosomatische Schulung der Kinderärzte steckt wirklich erst in den »Kinderschuhen«!

Beispiel 3: Der Krankenhausarzt

Das Krankenhaus, das Haus der Kranken, ist aller Wahrscheinlichkeit nach der Ort, der den Medizinstudenten in seinen Berufsvorstellungen am meisten prägt. Nach einigen Jahren der theoretischen Medizin (Physik, Chemie, Histologie usw.) oder der »toten« Medizin (Pathologie, Anatomie) sieht der Student endlich »wie's gemacht wird«. Meist gibt ein Praktikum oder eine Famulatur während der Semesterferien ihm oder ihr die Möglichkeit, an der medizinischen Routine teilzuhaben. Die Studenten erleben wohlgeordnete, klar strukturierte Arbeitsläufe, und durch die Hierarchie ist jedem klar, wann wer was macht. Der Arzt zeigt sich dem Studenten von seiner glänzendsten Seite: weiß bemantelt, wissend und tuend, geliebt und bewundert.

Wer geht als Mediziner in ein Krankenhaus? Gibt es so etwas wie ein Psychogramm des typischen Krankenhausarztes? Wenn wir nun von den Mischformen wie Krankenhaus und Lehre (Typus Lehrer) oder Krankenhaus und Forschungstätigkeit (Typus Wissenschaftler) absehen, haben wir im Vergleich zum niedergelassenen Mediziner einige Unterschiede. Träumt der zukünftige Praktiker von »Unabhängigkeit« , »Selbständigkeit« und »selbst gestaltetem Patientenkontakt« (wie immer erfüllbar oder realistisch auch diese Ziele sein mögen), so wird der Krankenhausarzt mit einigen anderen Eigenheiten konfrontiert. Es ist zunächst einmal eine Arbeit am kränkeren Patienten. Der Begriff »Klinik« leitet sich ab vom griechischen »Liegen«. Es geht also um den liegenden Kranken. In diesem Liegen und aus diesem Liegen heraus ergeben sich die Arzt-Patient-Beziehung und auch die Machtverhältnisse. Die gegenüber der Arbeit seines Kollegen in der Praxis größere Dominanz des Krankenhausarztes gegenüber dem Patienten ist genauso wie die Arbeit im Team eine Prämisse. Der Arzt im Krankenhaus ist selten allein mit seinem Patienten: Krankenschwester, Pfleger und/oder Kollege, gleichrangig oder höher, sind stets in der Nähe.

Es gibt in diesem Team also immer eine zusätzliche Stützung, ein Zusammenarbeiten, ein Besprechen, ein »Miteinander«. Wenig verwunderlich also, daß bei manchen Krankenhausärzten die Angst vor der Selbständigkeit in der freien Praxis durchaus ein gültiges Motiv ist. »Mutter Krankenhaus« nährt und schützt!

Daß diese »Mutter« aber auch »aussaugend« sein kann, zeigt der Burnout vieler Ärzte im Krankenhausdienst. Gerade die in ihrer Mechanik und Automatik entlastende Maschinerie erzeugt auch ganz bestimmte Arbeitszwänge. Einerseits ist der Krankenhausarzt ständig für alle anfallenden Interventionen vorgesehen, kann sich aber andererseits seine Agenden nicht wirklich einteilen und sich demzufolge nur sehr selten auf einzelne Patienten wirklich einstellen. Seine medizinische Tätigkeit ist oft unterbrochen und damit weit davon entfernt, »ganzheitlich« zu sein.

Eine ganz besondere Belastung ist die Nachtroutine, sind die Nachtdienste: Gerade hier ist im Gegensatz zum Tagesgeschehen, wo »mehrere« die Aktion mitgestalten, der nachtdiensttuende Arzt alleine mit der Schwester, die seiner Anordnung und Entscheidung harrt.

Beispiel 4: Der Wissenschaftler

Will man den Klagen der Medizinstudenten Glauben schenken, so wird die Lehre zunehmend unpersönlich und anonym. Es fehlt der medizinischen Lehre also gerade das Element, das eigentlich die Handwerklichkeit ausmacht: Der »Vater« lehrt's den Sohn.

Der Ausdruck Vater wird in der Medizin-Ausbildung noch verwendet: Der oder jener Professor, Dozent ist den Studenten »Vater« beim Abschluß einer Arbeit. Auch wenn jemand sich für eine universitäre Karriere entscheidet, ist der Ausdruck Habilitationsvater nicht unbekannt. Ein Student meinte einmal, der Mediziner sei das höchstentwickelte Säugetier, da es die längste Verweildauer bei der Familie aufweise.

Die Länge der medizinischen Ausbildung bedingt auch die verlängerte »Knäblichkeit« im Leben und Erleben des zukünftigen Arztes. Knabe vor der schier unendlichen Reihe von »Vätern«, die ihn prüfen, abwägen, einschätzen. Nach dem Doktorat die Turnusausbildung zum Praktiker oder die Fachausbildung zum Spezialisten: Knabe vor dem Erfahreneren, Geprüfter vorm Kundigeren. Der Weg der Wissenschaft, Lehre und Forschung nun: Neuerliche Riten des Erwachsenwerdens, Initiationsriten, die den bisweilen vierzig-, ja fünfzigjährigen zum »alten Knaben« in Abhängigkeit der – ungeachtet ihres Alters – väterlichen »Eltern« bringen.

Welche biologischen Vorverwundungen sind die Voraussetzungen dazu? Sind es spezifisch medizinische Entmutigungskarrieren, oder haben wir es hier mit allgemein gesellschaftlicher Adoleszenz-Verlängerungen zu tun? Früher wurden die Mediziner auf jeden Fall rascher in Eigenverantwortung aus der »Lehre« entlassen, da die Studien- und Ausbildungszeiten kürzer waren. Vaterlosigkeit während des Studiums in überfüllten Hörsälen (man erinnert Mitscherlichs Warnruf: »vaterlose Gesellschaft«[52]) und dann »Überväterung«? Verlängerte Kindheit? Die puerile Problematik ist jedenfalls nicht weit. Ob es dem zukünftigen Lehrer der Medizin gefällt oder nicht: Selbst Vater an einer Klinik werden zu wollen bedingt, länger Sohn sein zu müssen. Wer hält es wie und wozu aus?

Teil III
Arzt und Gesellschaft

Die kranke Medizin als luftdicht abgeschlossener Wohnwagen

»Du mußt deine Aufmerksamkeit auf die Dinge lenken, die deine Augen sehen, den Türgriff, das Gepäcknetz mit den Koffern, die Photographie mit der Gebirgslandschaft ...auf all das, um der inneren Bewegung, dem gefährlichen Aufrühren und Wiederkäuen von Erinnerungen ein Ende zu setzen.«

Michel Butor

In den Jahren von 1850 bis 1925 versuchte eine ganze Reihe von Künstlern, sich das Funktionieren der Geschichte, die Beziehungen der Geschlechter untereinander und das Verhältnis des Menschen zu einer höheren Instanz in Form einer simplen Mechanik vorzustellen. Gleichsam als ob mit dem Sieg der industriellen Revolution die Maschine nach und nach introjiziert würde, äfften Forschergeist und Forscherkunst den Kreislauf des Rades, das Oben und Unten des Kolbens in blindgläubiger Anthropomorphie nach.

Auch Marcel Duchamp paraphrasiert die Maschine in ihrer repetitiven, sterilen Mechanik in seinem Werk »Le grand verre: La mariée mise à nu par ses célibataires«[53]. Für diese wenig kreative Automatik, dieses nichts generierende Nebeneinander von Männlichem und Weiblichem prägt er den Terminus »Junggesellenmaschine«.

Diese Bezeichnung wird dann später von Michel Carrouges aufgegriffen, der eine Unzahl solcher »Junggesellenmaschinen« im 19. und 20. Jahrhundert aufspürt. Wir verwenden den Ausdruck »Junggesellenmaschine« für einen hermetisch geschlossenen, fast durch Todessehnsucht gekennzeichneten Teil einer Medizin, die das Lebendige verlassen und die fabrikmäßige Gesundheitsproduktion in kommunikationslosen Räumlichkeiten installiert hat.

Dieser Trend zur mangelnden Interaktion mit anderen und zur Abschottung gegenüber einer Außenwelt, zum Rückzug in geschlossene Systeme, ist seit Ende der 80er Jahre eine allgemein zu beobachtende Tendenz unserer westlichen Gesellschaft geworden. Die Futurologin Faith Popcorn hat diesen Trend als »Cocooning« bezeichnet. Auch wir meinen, daß die Medizin heute nur eines der zahlreichen Gebiete ist, auf denen sich Isolation, Abkapselung und Egoismus als Fallen erweisen können, die Kooperation, Offenheit, Solidarität und soziales Engagement verhindern. Für die oft zu beobachtende »Nabelschau« in der Medizin gibt das Motiv der »Junggesellenmaschine« ein anschauliches Bild.

Für eine Weltreise ließ sich der Multimillionär und französische Romancier Raymond Roussel (1877 – 1933) einen unvorstellbar luxuriösen Wohnwagen bauen. Kennzeichnend für dieses Projekt und für Roussel war es, daß er diesen Wohnwagen kaum verließ, ja, daß die exotischen Länder den Dichter mit der exotischen Phantasie (»Bei mir ist die Einbildungskraft alles«) überhaupt nicht interessierten. Von einer Bekannten gebeten, ihr eine Seltenheit aus Ägypten oder Indien mitzubringen, übergab er, von der Reise zurückkehrend, einen elektrischen Strahler mit den Worten: »Ich bin sicher, daß es dort keinen anderen mehr gibt.«[54]

Auch in Roussels »Roulotte«, dem Wohnwagen also, träumt, inszeniert und beschreibt der Autor ein steriles, nicht mit dem Leben in Verbindung befindliches »Perpetuum mobile«, das auch in der Medizin häufiger als uns lieb ist praktiziert wird, wobei der Mediziner in diesem geschlossenen System praktisch kaserniert wird.

Wir verwenden also den Roussellschen Wohnwagen als Metapher für eine mechanistische Medizin, eine Medizin, die dermaßen technisiert ist, daß der eigentliche Endzweck der technischen Ausstattung, nämlich der kranke Mensch, ähnlich in den Hintergrund gedrängt wird wie bei Roussel die besuchten exotischen Länder. Im Gegensatz zum Ganzheitsdenken des »Wie oben, so unten« gehen wir bei einer »Wohnwagenmedizin« von der soziologischen, psychologischen und ökonomischen Kritik aus und behaupten, daß gewisse medizinische Versorgungs- oder Forschungssituationen von außen her »verschlossen«, nicht zugänglich sind, so daß in der Medizin eine eigene Dynamik und Gesetzmäßigkeit mit eigenen Ritualen vorherrschen.

Zwei dieser Situationen seien genannt:

1. die Hermetik einer von der Maschine geprägten Diagnostik

2. die Hermetik einer von Apparaten diktierten Behandlung

Was die Diagnostik betrifft, so zeigt die Entwicklung der westlichen High-Tech-Medizin vor allem an Universitätskliniken und in Kooperation mit der Industrie eine durchgehende Linie: Eine aufwendige, noch nicht bis zur Routine erforschte medizinische Apparatur wird aus Prestigegründen für eine Gruppe forschender und versorgender Mediziner erstanden, oft durch Fremdfinanzierung und oft in engem Zusammenhang mit dem Konstrukteur dieser Apparatur.

Die diagnostischen oder therapeutischen Vorteile der Maschine seien noch nicht gesichert?! Die Hermetik würde hier mit dem ökonomischen Zwang zur Amortisation beginnen. Die Maschine hat pro Zeiteinheit (Tag, Woche, Monat, Jahr) eine gewisse Anzahl von Einsätzen zu leisten, d.h. unabhängig von der Eigenart der vorhandenen Erkrankung des jeweiligen Patienten muß er untersucht werden, auch wenn bekannt ist, daß zur Behandlung seines Leidens keine wesentliche Information durch diese aufwendige und teure Diagnose eingeholt wird.

Die Amortisation ergibt sich aus der Häufigkeit der pro Jahr verwendeten Apparatur und ist meistens die Voraussetzung zum Erstehen der nächsten (noch komplizierteren) Apparatur. Das bedeutet, daß sich Patienten oft medizinisch nicht notwendigen oder gerechtfertigten Untersuchungen unterziehen müssen, um zur Amortisation eines an der Klinik vorhandenen Gerätes beizutragen. Die Mediziner übernehmen die Rolle von Mechanikern, die die Maschine bedienen. Sie sind den Bewegungen der Apparatur angepaßt.

Nun verwenden wir den Rousselschen Wohnwagen in mehrfacher Hinsicht als Bild für unsere kranke Medizin: Der Wohnwagen ist zu aufwendig ausgestattet; der Reiseplan ist fix und unabänderlich; der Benützer des Wagens schließlich gedenkt nicht daran, während der Reise aus dem Wagen zu schauen und das Gesehene zum Inhalt von Gedankengängen oder gar Veränderungen zu machen. Es ist diese Geschlossenheit, die Abgetrenntheit, die Kommunikationslosigkeit nach außen, die manche Spezialbereiche der Medizin kennzeichnet. Es ist dieses Eintauchen in eine »andere und separate« Welt. Auf den Spezialstationen der »eingeweihten Mediziner«, bei ihren pflegerischen Teams und eben den allgegenwärtigen Maschinen herrscht ein Klima ähnlich der Atmosphäre in einem Raumschiff oder einem Unterseeboot, wo es auch eine strenge Trennung von Zugehörigkeit und Nicht-Zugehörigkeit gibt.

Die mit dieser Überspezialisierung einhergehenden Entwicklungen in der Medizin sollen hier nicht dämonisiert oder in Abrede gestellt werden. Uns geht es darum aufzuzeigen, daß diese Abteilungen in ihrer Eigendynamik gleichsam losgelöst und vom medizinischen Alltag abgekoppelt funktionieren. Die Folgen werden in der Schwierigkeit deutlich, sich auf Dauer mit der Aufgabenstellung identifizieren zu können. Die medizinische Handwerklichkeit wird durch das Diktat der Maschine entseelt, der Mediziner zum automatisierten Handlanger. Eine hieraus resultierende geistige und seelische Erschöpfung ist fast vorgeplant. Freilich leben die in diesen medizinischen Enklaven Arbeitenden in einem Gefühl der Besonderheit. Freilich ist ihnen ein »esprit de corps« eigen, das Gefühl, zu einer nicht nur medizinischen Elite zu gehören, das allerdings nicht immer ausreicht, um Zufriedenheit zu erzeugen. Die sich so Ausschließenden leiden darunter, daß die »Außenwelt« von ihrem Spezialeinsatz nichts weiß. Die Geschlossenheit ihres Wirkungskreises macht es auch unwahrscheinlich, daß die Teammitglieder einander auf Dauer auch nur annähernd die emotionellen Bedürfnisse, die bei dieser meist aufzehrenden und personalintensiven Tätigkeit entstehen, befriedigen. Zu diesen Bedürfnissen gehören der Umgang mit Angst ebenso wie der Kontakt mit der eigenen Begrenztheit und dem eigenen Sterben. Es ist daher nicht verwunderlich, daß es ausgerechnet in den Dialyseabteilungen, Krebsstationen, Intensive-care-units und bei der spezielleren Anästhesiologie eine hohe Personalfluktuation gibt, das heißt, das Personal wechselt ständig, wobei dem Wechsel immer häufiger werdende Krankenstände vorangehen. Während der Zugehörigkeit zum »Wohnwagen« gibt es häufig das bekannte Syndrom des Ausgebranntseins: Der Helfer fühlt sich »ausgepowert«. Was wird aus der Macht des Arztes? Die Ruhepausen, auch die nächtlichen Schlafphasen, reichen nicht mehr zur Regenerierung aus. Bald nach Arbeitsbeginn, kurz nach dem Urlaub, kehrt die lähmende Müdigkeit wieder. In diesem Stadium gibt es noch häufig »Krücken« in Form von Tabletten und Alkohol. Nicht für alle, aber für viele.

In Zusammenhang mit dem »Burnout«, dem sie als Warnzeichen vorangeht, muß die depressive Verstimmung genannt werden. Wie in den »Junggesellenmaschinen« fällt in diesen hermetisch abgeschlossenen Einheiten die Automatik, die Wiederholung immer gleicher Abläufe auf. Über Depression und Suizid bei Ärzten wird zwar nicht allzu viel gesprochen, viele der Suizidanten sind aber Benützer und Bewohner solcher »medizinischer Wohnwagen«. Was hier fehlt: Lebendig-sich-Erneuerndes, Kontakt zur Natur, Heilung als Prozeß. Es ist der Triumph einer nicht befruchtungsfähigen und einer gebärunwilligen Maschine, die auch dem sie benützenden Arzt die schrecklichen Gesetze der Mechanik, der ewigen Wiederholung und der Sinnlosigkeit aufzwingt.

Beginnt aber die Gefahr einer seelenlosen Mechanik nicht schon am Anfang des Studiums? Beginnen wir nicht schon beim Sezieren des anatomischen Präparates mit der Statik statt der Dynamik, mit dem Toten statt dem Lebendigen? Ziehen wir nicht dabei einen Teil dem Ganzen vor? Hebel, Muskelzug und Gelenk und – in Reichweite des analysierenden Messers – die Fratze des Stillstandes. Der Schüler der Medizin ist zwar zumindest anfänglich handlungs- und ganzheitlich orientiert, muß sich aber statt der medizinischen Handlung am lebendigen Leibe zunächst seinen Weg zwischen einem Berg von Knochen und Präparategerümpel bahnen. Viele, und dies sind nicht die schlechtesten, unterliegen dem Sog der Mechanik in ihrem medizinischen Handwerk, sind und bleiben geblendet vom Schein der Kausalzusammenhänge, machen brav das Machbare und werden belohnt durch das Eintreffen des Möglichen.

Im wesentlichen ist diese handwerkliche Kultur eine cartesianische, blüht auf dem Dünger des Entweder-Oder, verfängt sich in der Fußangel des Vorher-Nachher, verirrt sich im Spiegelkabinett des Dualismus hie Körper – da Seele. Es ist allerdings nicht so, daß die Junggesellenmaschine uns nicht in ferne, sonderbare Länder geführt hätte, hin und wieder auch in Kronkolonien der Dunkelheit, wo in atemberaubender Akrobatik das Sterben übersprungen, das altersstarre Gefäß durch das biegsame PVC-Schläuchlein ersetzt und die Verwesung zur ewigen Erstarrung gebracht wird. Hier ist in der Neuzeit unzweifelhaft die Handwerklichkeit des Mediziners zu einem Pakt und Handschlag mit der Natur gediehen, der Flug in Kühnheit ist begonnen, in unbeirrbarer Richtung zum alles versengenden Apoll weitergeführt. Die ersten – Prometheus läßt grüßen – Stürze sind bereits erfolgt: Eine Medizin des Unmöglichen für wenige, eine nicht bezahlbare und nicht zu leistende Medizin.

Vom Dienst am Menschen zum Dienst am Gerät? Fernab von leichtfertiger Kritik an einer apparativen Medizin: Die hochwertige Maschine zieht menschliche Kraft an sich. Medizinischer Erfolg wird in Krankenhäusern häufig definiert über den Besitz der jeweils neuesten Technik. Aber auch staatliche Subventionen beim Neuankauf weiterer Geräte werden von deren nachweislich häufiger Nutzung durch die jeweilige Klinik abhängig gemacht. Durch den Amortisationsdruck dieser Investitionen wird der Patient leider zum Nutzer dieser besonderen Dienstleistung instrumentalisiert, auch wenn er diese Dienstleistung nicht bräuchte. Mit anderen Worten: Eine gewisse Anzahl von Patienten muß durch die Computer-Tomographie oder den Scanner geschleust werden. Patienten lassen dies aus Mangel an Wissen oder aus Mangel an Mündigkeit geschehen. Auch der das Gerät betreibende Mediziner befindet sich in einem der Einrichtung dienenden Automatismus: Alle Tage wieder.

Es liegt uns fern, mit Zynismus Kritik an durchaus anerkennenswerten Leistungen der medizinischen Entwicklung zu üben. Wir, die Autoren, beobachten aber mit Sorge die Unachtsamkeit, mit der das Geschäft des Heilens heute oft betrieben wird, und wir sind der Auffassung, daß sich die medizinische und pharmazeutische Entwicklung letztlich nicht zwischen den Arzt und seinen Patienten stellen sollte. Und wir glauben, daß ein derartiger Trend, der den Patienten immer mehr von seinem Behandler trennt und zum Objekt medizinischer Tätigkeit macht, nur demjenigen Mediziner willkommen sein kann, der die Nähe zum Patienten oder zum Leidenden nicht wirklich annehmen oder aushalten kann. Barrieren kann man auf viele Arten errichten. Auch der wissenschaftlich publizierende Arzt flüchtet vor der Konfrontation mit dem Leid des Patienten. Er hat durch seine Kongreßbeiträge für den durch High-Tech-Medizin produzierten Erfolg zu werben und seiner Klinik dadurch zu weiteren öffentlichen Subventionen oder diversen Sponsorengeldern zu verhelfen.

Der Dialog Arzt-Patient mag beim Bedienen dieser mächtigen Apparatur, in der die Kommunikation zwischen dem Arzt und der Maschine im Vordergrund steht, leiden. Aber vielleicht ist ja wirklich der Umgang mit der Maschine der unproblematischere. Auf jeden Fall ist er berechenbarer, so daß der technisch orientierte Arzt leicht vor dem Gespräch mit dem Patienten flieht. Hier sind aber nicht nur Kliniken bzw. Kliniker angesprochen. Die apparativen Landschaften breiten sich auch in den Praxen der niedergelassenen Ärzte aus.

Wie kann es Ärzten gelingen, im eigenen Interesse und im Interesse ihrer Patienten eine Brücke zwischen Humanität und Technik zu schlagen? Patienten erwarten heutzutage eine der technischen und pharmazeutischen Entwicklung gemäße Dienstleistung des Arztes. Wie der Weihnachtsmann hat der gute Doktor seine Gaben in Form von Rezepten, Ärztemustern oder Überweisungsscheinen zu diversen Durchuntersuchungen an seine Patienten zu verteilen. Wie aber soll ein Arzt den Patienten, der immerhin auch sein Klient ist und auf den er angewiesen ist, in die Schranken weisen? Was soll der Mediziner dem leidenden Patienten, der seine warme, hilfreiche Hand nicht loslassen will, anbieten? Eine Infusion mehr oder weniger? Wie verantworten Ärzte heute die Verteilung einer immer kostspieliger werdenden High-Tech-Medizin?

Wir alle wissen um den Zusammenbruch des Gesundheitssystems, aber auch um die Notwendigkeit von Forschung und Entwicklung. Doch die Steuerung und Kanalisierung dieser hochspezialisierten Medizin, wie wir sie heute in den Industriestaaten haben, erfordert offensichtlich einen neuen Typus Arzt und einen neuen Typus des Politikers. Die Ärzte unserer Tage scheinen einerseits ihr mythisches Erbe verloren zu haben, andererseits sind sie aber auch nicht vorbereitet auf die kommenden Entwicklungen von Medizin und Gesellschaft.

Im Zusammenhang mit dem Thema dieses Buches fragen wir, ob die ärztliche Verwundung mit einem Vorbeisehen an der Wirklichkeit einhergeht? Ist Medizin, wie die Politik auch, eine Kunst des Möglichen oder des Machbaren? Will man Grenzen überhaupt zur Kenntnis nehmen? In einem Anflug von Hochmut hört man Ärzte oft sagen: Für »meine« Patienten ist das Beste nur gut genug! Können es sich aber Mediziner überhaupt noch leisten, ihre Patienten ohne Rücksichtnahme auf die politischen und ökonomischen Zusammenhänge zu versorgen? Offensichtlich funktioniert die Kommunikation zwischen dem Arzt und dem Politiker schlecht. Wir können aber auch fragen: Gibt es diese Kommunikation überhaupt? Oder sind die Ärzte in ihrem geschlossenen Reisewagen unterwegs, ohne den allgemeinen Reiseverkehr, die neuen Ziele überhaupt wahrzunehmen? Sind Ärzte unpolitisch? Darf es überhaupt den »nicht-politischen« Arzt geben? Wieso verharrt gerade diese Berufsgruppe so willig im Elfenbeinturm oder im Schneckenhaus?

Verlust der Ganzheitlichkeit in den heilenden Berufen oder Warum die Psychosomatik noch nicht verwirklicht werden konnte

> »Die Medizin der Zukunft wird eine psychosomatische sein oder sie wird überhaupt nicht sein.«
>
> Viktor von Weizsäcker

Wenn wir vom Verlust der Ganzheitlichkeit in der Medizin sprechen, müssen wir zuerst der Frage nachgehen, ob diese »ganzheitliche« Art zu heilen je existiert hat oder nur als Utopie in den Köpfen einer vom Technologiewahn übersättigten Gesellschaft existiert.

Aus Völkerkunde und Medizinhistorie kennen wir die vielfältigen Aufgaben der Ärzte bei den Naturvölkern. Die Patienten werden in der ganzheitlichen Medizin in den folgenden Dimensionen erfaßt: 1. Körperliches Symptom, 2. Umwelt mit zur Krankheit führenden Faktoren, 3. Familie, 4. psychisches Befinden des Leidenden und 5. Geisterwelt. Meist ist der Patient von mehreren nahen Bezugspersonen begleitet, alle tragen durch ihre Anwesenheit und Äußerungen zum diagnostisch-therapeutischen Prozeß bei. Der Arzt ist, wie später noch genauer angeführt werden wird, Besprecher, Erklärer, Erfasser vorhandener oder nicht vorhandener Ressourcen des Patienten. Er ist Deuter, Interpret. Er bringt die schädlichen Faktoren mit dem Symptom, mit der Erkrankung in ein Verhältnis von Ursache und Wirkung und zwar in einer dem Patienten verständlichen Sprache. Das heißt, daß Arzt und Patient miteinander sprechen können, sie reden vom Gleichen, nämlich von der Gesamtheit der den Patienten gesunderhaltenden und/oder krank machenden Faktoren.

Wir fordern heute, daß die Beziehung zwischen Arzt und Patient – wie eben aufgezeigt – den Bedürfnissen des Patienten stärker entsprechen solle. Der Patient sollte nicht als Personifikation einer Erkrankung aufgefaßt werden (»Und hier, Herr Professor, haben wir den wunderschönen ileus«, wie es bei der Visite eines geschwürkranken Patienten hieß), sondern als ein Individuum (lateinisch für: nicht teilbar!), als ganzheitliche Person, die erkrankt ist und die eine Krankheit und deren Folgen verarbeiten muß. In dieser Art der Begegnung wird der Patient ganzheitlich erfaßt, er wird nicht in verschiedene Bereiche, Organe, Organsysteme oder in hier Leib, dort Seele getrennt. Tatsächlich ist diese Ganzheitlichkeit nur selten anzutreffen. Sogar in der Psychosomatik, in der die Ganzheitlichkeit als Arbeitshypothese verwendet wird, werden häufig die auf körperliche Vorgänge zielenden Maßnahmen den »somatisch« arbeitenden Ärzten überlassen. Solche Erfahrungen lassen sich weitgehend auf den inneren Widerspruch unserer dualistischen Medizin zurückführen, d.h. auf die Tatsache, daß wir nicht eine, sondern zwei sich einander nicht etwa ergänzende, sondern sich bereits im Prinzip gegenseitig ausschließende Heilkunden haben: eine Medizin für Körper ohne Seelen mit hochspezialisierten Organdisziplinen und dazugehörigen Spezialkliniken auf der einen Seite und eine Medizin für Seelen ohne Körper, ebenfalls mit Spezialdisziplinen und dazugehörigen Neurosenkrankenhäusern auf der anderen Seite!

Worauf ist es nun zurückzuführen, daß nur die Medizin für geschädigte Organe, Gewebe und Zellen zur offiziellen Medizin der westlichen Welt wurde und nicht die ganzheitliche?

Eine häufige Erklärung für unseren medizinischen Dualismus ist die einer unüberbrückbar aufgerissenen Schlucht zwischen körperlichem und geistigem Sein, ausgelöst durch die Metaphysik des Descartes im 17. Jahrhundert. Möglicherweise geschieht hier Descartes Unrecht, sagt dieser doch:

»Die Natur lehrt mich durch die Erfahrung von Schmerz, Hunger, Durst usw..., daß ich in meinem Körper nicht wie der Kapitän in einem Schiff wohne, sondern daß ich innig mit ihm vereint, sozusagen mit ihm vermischt bin, so daß ich mit ihm zusammen eine Einheit zu bilden scheine.«[55]

Vielleicht ist also der Dualismus von Ärzten selbst verschuldet, stehen sich doch seit jeher zwei Modelle in der Medizin gegenüber:

1. In dem einen Modell (*Strukturmodell*) werden Symptome und Erkrankungen anhand der am toten anatomischen Präparat gefundenen Strukturen erklärt. Dieses Modell hat für Ärzte besondere Anziehungskraft: Es gibt klare und einfache Deutungs- und Handlungsanweisungen, mit deren Hilfe sich Krankheiten als »Betriebsstörungen« einer kaputt gewordenen Maschine erklären lassen. Das Modell hat aber auch einen weiteren Vorteil: Erfindet die Technik kompliziertere und leistungsfähigere Maschinen, kann die Medizin ihr Bild des Maschinenmenschen entsprechend verfeinern, ohne das Grundprinzip preisgeben zu müssen.

2. In dem anderen Modell (*Funktionsmodell*) wird der ganzheitliche Mensch mit seiner personalen Krankheit und seinen gestörten Funktionen gelehrt.

Wie entscheidet sich nun, welches Modell der Arzt übernimmt? Wir sind der Auffassung, daß es die je eigene biographische Verwundung ist. Das kindliche Krankheitserlebnis ist naturgemäß »ganzheitlich«, die Erklärung des Krankwerdens aus einer »psychosomatischen« Warte annehmbar. Allerdings läßt sich die Angst vor Wiederverwundung besser umgehen, indem man zum angepaßten Anhänger der konservativen, strukturalistischen Medizin wird und die ganzheitliche Warte aufgibt, die stets unbequemer ist, da sie die Aufmerksamkeit in

Diagnose und Therapie auf eine Fülle von einander gleichzeitig beeinflussenden Faktoren richtet.

Wenn aber die meisten Mediziner ein Krankheitsmodell in erster Linie wegen seiner Nützlichkeit beim Prozeß des Verdrängens wählen, so wird die herrschende Medizin auch den Weg nach innen nicht gehen.

Mit dem Vergessen der eigenen Verwundung und Verwundbarkeit und mit der Wahl eines Krankheitsmodells, das dem Arzt dabei hilft zu verdrängen, gehen einige weitere Störungen einher, die unsere Medizin krank machen. Das Verdrängen der subjektiven Verletzung erschwert die Fähigkeit, sich in das Leid anderer einzufühlen, drängt den Mediziner aus einer Allianz mit seinen Patienten heraus, macht ihn unsolidarisch. Diese fehlende Verbindung mit dem ganzheitlichen menschlichen Leiden ist die Quelle eines Überindividualismus vieler Ärzte, die auch die Fähigkeit zur interkollegialen Kommunikation und Kooperation verringert. Jeder versteckt sich hinter seiner Spezialität, die Fächer splittern immer mehr auf, ein Erfassen des Patienten als unteilbare Person geht verloren.

Lächerlich und erbärmlich freilich ist die Karriere jener Mediziner, die sich in Phasen der Profilierung zu den Strukturalisten und zum Maschinen-Modell bekennen, um dann kurz vor der Pensionierung (oder Emeritierung) die »Seele« zu entdecken. Plötzlich tönt es gänzlich unerwartet aus der geschützten Ruhestandsstube »ganzheitlich«, was Praktiker, die wirklich einen ganzheitlichen Ansatz leben und nicht nur darüber publizieren, zu Äußerungen führt wie: »Was glaubt der Professor, was ich mache, wenn ich die Platzwunde eines Kindes nähe?« Ein Teil der falschen Vorstellungen in der Öffentlichkeit zur Ganzheitlichkeit geht auf das Konto dieser nicht praktizierenden »Spätganzheitlichen«. Plötzlich werden mißverständlich eine ganze Reihe von Begriffen synonym in einen Topf geworfen: ganzheitlich, psychosomatisch, alternativ, homöopathisch.

Beispiel 1: Psychotherapeut und Internist

Ein Facharzt für Innere Medizin steigt aus einer erfolgreichen Praxis aus, um seine Patienten noch besser – eben therapeutisch und ganzheitlich – zu behandeln. Er wird Psychotherapeut.

Schon sehr früh, während seiner fachärztlichen Ausbildung, begann der junge Assistent, sich und anderen Fragen zu stellen. Es waren kritische und unbequeme Fragen. Er galt bald als Querkopf, und seine Karriere verlief nicht auf der von seinen Vorgesetzten geförderten Schiene. Die Fragen, die er stellte, galten durchwegs der seelischen Mitverursachung körperlicher Beschwerden. Bald wurden ihm die lästigen Patienten im Spital als sogenannte »psychosomatische Fälle« zur Versorgung gegeben. Für die Kollegen war dieser Assistenzarzt »der geeignete Kübel für den Psychomüll« (O-Ton). Als einziger Arzt auf dieser Station investierte er Zeit und Geld in eine psychotherapeutische Ausbildung. Zur Erleichterung seiner Kollegen, die seinem Interesse an Psychosomatik und Psychotherapie verächtlich gegenüberstanden, verließ er die Klinik, um eine Facharztpraxis zu eröffnen.

Sein psychotherapeutisches Know-how und seine Doppelausbildung zogen viele Patienten an. Der sich selbst gestellte Anspruch, dem Patienten »ein klein wenig mehr« zu geben, als seine Fachkollegen es taten, wirkte sich allerdings negativ aus.

Dr. med./Psychotherapeut geriet in unvorstellbare berufliche Streßsituationen. Er, der helfen wollte, vernachlässigte sich völlig mangels Sensibilität der eigenen Person gegenüber. Er arbeitete als Internist und nahm Patienten in Psychotherapie an. Er ordinierte bis spät in die Nacht zum Schaden der eigenen Gesundheit. Er erkannte sein eigenes Helfersyndrom nicht. Seine Handwerklichkeit als Internist hatte er verraten, um ein überforderter Psychotherapeut zu werden. Dekompensation und Ausgebranntsein machten sich bei ihm bemerkbar, bis er eines Tages schwer psychosomatisch erkrankte.

Seine Frau drängte ihn zu einer Entscheidung. Der Arzt verabschiedete sich von seinem Zwitter-Dasein, indem er die internistische Praxis aufgab. Ein Freund meinte schließlich: »Du hast dich von einem guten Internisten zu einem mittelmäßigen Psychotherapeuten und einem schlechten Heiler entwickelt.« Das ist das »sehr ermutigende« Endresümee zur Frage: Ist Psychotherapie in der Praxis des Mediziners verwirklichbar?

Wir wollen hier keine Wertigkeiten bezüglich einzelner medizinischer Fachrichtungen vornehmen. Was läßt sich aber aus dieser Collage ärztlicher Tätigkeit ablesen?

Der Patient hat sicher großes Interesse an therapeutisch übergreifendem oder »ganzheitlichem« Heilen. Aber, so fragen wir, könnte dieser holistische Blickwinkel nicht in jede ärztliche Tätigkeit einfließen?

Beispiel 2: Psychotherapeut ohne Dr. med.

Herr B. war früher einmal Bankangestellter. In diesem Berufsalltag war er aber gleichzeitig auch erste Anlaufstelle für alle Probleme seiner Kollegen. Sein Geschick und die Zweckmäßigkeit dieser Tätigkeit für die innerbetriebliche Zufriedenheit fielen auch seinen Vorgesetzten auf, die ihn vom Schalterdienst abstellten, um die Beratung und das Coaching innerhalb des Betriebes in seine Hände zu legen. Verständlicherweise wünschte sich der »Berater in allen Fragen« bald eine Professionalisierung seines Tuns. Eine Ausbildung zum Psychotherapeuten wurde ihm genehmigt. Er fühlte sich gut. Er war nicht mehr nur ein unbedeutender Schalterbeamter. *Psychotherapie ist Macht.* Die Förderung stieg ihm in den Kopf. Anfangs arbeitete er noch mit dem Betriebsarzt zusammen, verzichtete aber schon bald auf dessen medizinische Unterstützung. Er war überzeugt, daß die Psychologie bei psychosomatischen Erkrankungen auch die alleinige Therapie zu sein habe. Er ging in die Falle der

Helferberufe: Hybris. Und so übersah er die körperliche Gefährdung eines von ihm betreuten Kollegen mit Magenschmerzen. Er deutete diese als kindliche Zärtlichkeitsdefizite und ging psychologisch-psychotherapeutisch vor. Die körperliche Mitbehandlung wurde als nicht notwendig abgetan, ein Arzt wurde nicht hinzugezogen, denn er hätte die Macht des Therapeuten beschnitten. Untersuchungen wurden abgelehnt. Der Patient wurde schließlich vom Notfalldienst in das nächstgelegene Krankenhaus eingeliefert und verstarb dort: Magendurchbruch und Tod durch Verbluten.

In Medizin und Psychotherapie gleichermaßen geht es oft um den so schweren Weg der Mitte. Auch die Psychotherapie muß ihre Grenzen anerkennen und manchmal der Medizin und ihren Instrumenten den Weg freigeben. Der Kampf zwischen Psychotherapie und Medizin wird letztlich auf dem Rücken des Patienten ausgetragen. Die Liste der Fehlbehandlungen ist lang, aber ist sie auch lang genug, um wachzurütteln? Geduldige Patienten unterziehen sich noch immer unnötigen Operationen oder nehmen nicht-indizierte Medikamente ein.

Wie wirklich ist die Wirklichkeit des Arztes?

> »Alle Menschen sind Philosophen, weil sie die eine oder die andere Einstellung oder Haltung gegenüber dem Leben und dem Tod einnehmen. Es gibt solche, die das Leben für wertlos halten, weil es ein Ende hat. Sie übersehen, daß das gegenteilige Argument ebenso verfochten werden kann: Gäbe es kein Ende, so hätte das Leben keinen Wert.«
>
> Karl R. Popper

Spätestens seit dem Konstruktivismus und den weiterführenden Gedanken Paul Watzlawicks wissen wir, daß wir unsere Wirklichkeit selbst erschaffen, denn eine vom Beobachter unabhängig existierende Wirklichkeit an sich gibt es nicht.[56] Und so müssen wir uns nicht nur fragen, wie wir mit der Annahme und der Bewältigung von Realitäten umgehen, sondern auch, welche Realitäten wir uns in bezug auf Körper, Raum und Zeit überhaupt erschaffen. Welche Grenzen setzen wir? Welche Realität erschafft sich der Arzt, und welche Auswirkungen hat diese auf sein Tun? Und wie beeinflußt ärztliches Handeln wiederum die Erschaffung von Realitäten? Wie wirklich ist die Wirklichkeit des Arztes? Und: Wie wirklich ist die Wirklichkeit des Patienten?

In den Anfängen der Medizin begegnen wir dem Arzt und dem Priester noch in einer Person. Heilende Tätigkeit war heiligende Tätigkeit. Doch welcher Chirurg sieht in der Desinfektion seiner Hände vor einer Operation noch das Ritual der Handwaschung? Heilen war einmal nicht nur Technik, sondern auch Kultur, verbunden mit spirituellen Haltungen und rituellen Gepflogenheiten. Derartiges kennen wir heute bei den in Verruf geratenen Geistheilern oder den schamanistischen Praktiken. Doch in unserer hochtechnisierten medizinischen Wirklichkeit ist Heilung herausgelöst aus einem übergeordneten spirituellen Geschehen. Auch in der Antike gab es zwar neben einer konservativ heilenden auch eine wissenschaftlich forschende Medizin, doch war ärztliches Tun auf ein Menschenbild bezogen, das noch nicht gespalten war in Psyche und Soma. Dennoch hat es den Anschein, als wären wir heute dabei, ganzheitliche Realitäten, die es einmal gegeben hat, wieder zu erschaffen oder vielleicht nur neu zu definieren. Wer an diesem Verlust von einmal vorhandener Einheit mitbeteiligt war, ist dabei unwesentlich. Wir alle waren es und sind es. Es hilft wenig, den Finger gegen die kirchlichen Institutionen zu erheben, die ihr eigenes Geschäft mit der heilen oder unheilen Seele machen wollten und dabei versagten, oder die Wissenschaftsbegierigkeit des menschlichen Geistes oder philosophische Denkrichtungen anzuprangern. Das alles ist menschliche Entwicklung, die mit Irrungen und Verwirrungen ihre eigenen Wege geht, mit Auseinandernehmen und wieder Zusammenfügen, mit Zerstörung und Aufbau. Tatsache ist, daß wir in den letzten Jahrhunderten zu keiner einheitlichen Interpretation von Heilung gefunden haben, was sich auch in der Unsicherheit, mit der wir dem Begriff des Heilers begegnen, niederschlägt.

Daß wir in Dualitäten leben, ist Teil unserer menschlichen Realität, doch wie wir mit diesen Aufspaltungen leben und ob wir hinter den Gegensätzen die Sinnhaftigkeit einer übergeordneten Einheit erkennen können, wird entscheiden, wie weit wir den Evolutionsprozeß positiv bewältigen.

Die philosophisch-geistesgeschichtliche Trennung des Menschen in Körper und Seele läuft parallel zu der Entwicklung der Naturwissenschaften in der Neuzeit. Immer kleiner werden die zu untersuchenden Einheiten. Ausdifferenzierung hat Spezialistentum zur Folge. Der Fortschritt auch in der Medizin wächst gigantisch, doch damit wird Heilen immer bruchstückhafter und immer weniger ritualisiert. Der Heiler ist schon lange kein Priester mehr. »Ich bin nur ein Mechaniker ...« (Aussage eines Arztes).

Die vom Mediziner konstruierte »Wirklichkeit«, die dann auch von der Gesellschaft, in der er lebt, übernommen wird, ist durch seinen Weg zum Heilerberuf geformt. Sie wird unter anderem geprägt von seiner persönlichen Geschichte und seinen spezifischen Defiziten, die – so unsere Deutung – im werdenden Arzt eine besonders schlechte Beziehung zur Realität menschlichen Seins entstehen lassen. Dieser Mangel an existentieller Realitätsbewältigung drängt viele jungen Menschen in den Bereich, in dem die Auseinandersetzung mit Krankheit und Tod am stärksten ist: in den Heilerberuf.

Die grundlegenden Annahmen dieses Buches finden sich auch in verschiedenen Aussagen der Autorin Liz Greene, die im Zusammenhang mit der psychologischen Realität eines Arztes schließlich meint:

»Man kann ein sehr intuitiver Behandler sein und sehr viel Einfühlungsvermögen in das Leiden anderer Menschen besitzen, und trotzdem ein schlechtes Verhältnis zu den Grenzen des gewöhnlichen Lebens. Bei vielen Leuten, die im therapeutischen Bereich wirken, besteht ferner ein oft sehr tiefer Konflikt in bezug auf den Körper und seine Sterblichkeit, der eines der unbewußten Motive bildet, die schwere Aufgabe auf sich zu nehmen, mit Krankheit und Tod anderer zu arbeiten. Unsere Berufsentscheidungen stehen fast immer mit solchen inneren Komplexen in Verbindung; deshalb machen wir uns so viele Sorgen darum.«[57]

Wenn sich nun jemand dazu entschlossen hat, dem Ruf in einen heilenden Beruf zu folgen, so muß er sich vorerst einmal bestimmten Initiationen im Wege der Ausbildung unterziehen. Er muß lernen. Ein Eingeweihter des Heilens wird man in unserer Kultur durch das Medizinstudium. Und dabei werden ganz konkrete Realitäten geschaffen, die meist eine ganzheitliche und liebevolle Sicht der Welt und der Menschen vermissen lassen.

Gleichgültig, ob diejenigen, die ihr Leben der Medizin vermacht haben, mit sanften oder weniger sanften Methoden an der Psyche oder am Körper hantieren, der Ausschnitt ihrer vorherrschenden und lebenslangen Wirklichkeit trägt den Namen Un-heil, denn dies ist ja ihr Beruf, Abnormes und Krankes wieder heil zu machen. Dazu sind sie auf die Bühne gerufen worden.

Mit dem individuellen Verlust der Ganzheitlichkeit beim einzelnen Mediziner verliert auch die Medizin als Kollektiv die Haltung »Ganzheitlichkeit«. Von philosophischer Basis aus drängt sich die Gegenüberstellung hie westliche Dichotomie – dort östliche Einheit auf, also westliches Denken und Handeln in Gegensatzpaaren mit der Spaltung Objekt/Subjekt auf der einen Seite und ostasiatischer Ganzheitsaspekt auf der anderen. Dabei fehlt es nicht an Sehnsucht nach Umorientierung und nach dem Wunsch, den asiatischen Weg in unsere Wanderung zu integrieren. Über Kunst und Religion beginnt eine rückläufige Einflußnahme von Ost auf West auch in der Medizin. Der Trend nach »weicheren Strategien«, nach Erfassung der Gesamtheit der den Menschen krankmachenden und gesunderhaltenden Faktoren – zum Beispiel in der psychosomatischen Haltung – ist unmißverständlich.

Verstärkt wird dieser Trend, der durchweg von den jüngeren Medizinern getragen wird, dadurch, daß die Medizin sich heute in einer Sackgasse zu befinden scheint. Das technisch Machbare wird immer spektakulärer und aufwendiger, daneben aber harren scheinbar banale Probleme der Lösung: die psychische und physische Krankheitsanfälligkeit der Alten in der Gerontologie oder die unheilbaren (vorwiegend jugendlichen) Süchtigen. Und häufiger hat die klassisch/konservative Medizin auf diese Fragen keine Antwort. Und kann sie auch nicht haben.

Die individuellen Defizite der einzelnen Mediziner, ihr überzogener Drang nach Individualität bei gleichzeitiger Blockade innerlicher Ressourcen, machen sich zunehmend in ganz konkreten medizinischen Problemen bemerkbar. So funktioniert zum Beispiel die immer notwendiger werdende interdisziplinäre Kooperation zwischen den ärztlichen Spezialisten nicht. Die Mediziner werden sich bewußt, daß ihnen Teamfähigkeit und Kooperation in der Gruppe abgehen. Es fehlt ihnen die Fähigkeit zuzuhören und auf den anderen einzugehen. All diese ungelösten Aufgabenstellungen zeigen sich an letztlich unter- oder schlechtversorgten Patienten. Es sind dies all jene, die endlos durchuntersucht werden, die chronischen, die sogenannten verschleppten und delegierten »Fälle«. Es sind jene Menschen, die keine Zuwendung und keine entsprechende Aufmerksamkeit von jener Stelle bekommen, von der sie es erwarten – vom Arzt.

Der Arzt:
Ergebnis gesellschaftlicher
Wunschvorstellungen?

*»Ich sah immer tausend verschiedene Aspekte
auf tausend Arten ausgedrückt ... aber niemals das ganze Bild.«*

Charles Morgan

»We don't need another hero« lautet der Titel eines Songs von Tina Turner. Wir brauchen keine weiteren Helden mehr, denn unser Leben ist überfrachtet mit Helden, Gurus und Götterfiguren. Unsere Projektionen laufen vor uns her, verstellen uns den Blick, lullen uns unter Mithilfe der Medien ein – und unser eigenes und persönliches Heldentum bleibt irgendwo auf der Strecke. Emsig suchen wir im Außen, was uns im Innern versperrt ist. Kritiklos bauen wir uns unsere Helden auf, wie eben Kinder ihre Schneemänner; setzen uns dazwischen und holen uns kalte Füße.

Was läßt sich aber zu diesem »Heldentum« in der Arzt-Patient-Beziehung sagen?

Sowohl aus der Philosophiegeschichte wie aus der östlichen Lehre des Buddhismus oder Taoismus und letztlich auch aus den Erkenntnissen der westlichen Naturwissenschaft ist uns die Auffassung vertraut, daß wir die Welt nicht »objektiv« wahrnehmen können, sondern immer durch einen Prozeß des Austausches zwischen Subjekt und Objekt, wobei die Grenzen ineinanderfließen. Unsere Wahrnehmung ist immer eine verzerrte und eine täuschende. Je weniger wir uns unserer eigenen Anteile bei der Beobachtung und Interpretation der Welt um uns herum bewußt sind, desto verschobener ist diese Wahrnehmung. Eine bekannte Grundsituation im Erstkontakt zwischen Verliebten ist das Gefühl, über den anderen schon alles zu wissen: Hier erwacht ahnungsvoll das Unbewußte und belegt den anderen mit den im Eigenen ansatzweise vorhandenen Anlagen, Möglichkeiten, Eigenschaften oder Wünschen. Diesen Mechanismus des »Werfens von Bildern« in oder auf den anderen nennen wir Projektion. Er gehört zu den alltäglichsten und selbstverständlichsten psychologischen Phänomenen. Bei der Beleuchtung des Dialogs zwischen Arzt und Patienten oder bei der Wahrnehmung der »Ärzte« insgesamt durch die Gesellschaft, in der sie wirken, ist dieser (übrigens grundsätzlich der Verdrängung zuarbeitende) Mechanismus der Projektion ebenfalls allgemein üblich, wenn auch nicht allgemein bewußt. Viele der Urteile und Vorurteile über Ärzte sowie viele der an Ärzte herangetragenen, meist unrealistischen Wünsche stammen aus diesem individuellen und kollektiven Unbewußten der Patienten und der Gesellschaft. Bleiben sie auch dem Arzt unbewußt, so verfällt er häufig in eine automatisierte Handlungshektik. Wenn auch die grobe Handwerklichkeit des Arztens nicht weiter von diesen verdrängenden und projektierenden Mechanismen betroffen ist, da es hierbei um ein gegenüber Störungen relativ stabiles und mechanisches Vorfeld des Heilungsprozesses geht, so sind alle weiteren Arzt-Patient-Interaktionen sehr wohl und sehr negativ geprägt von diesen störenden Kräften.

Dieses Hineinlegen eigener Inhalte in eine andere Person existiert zwar in allen menschlichen Interaktionen, aber je »öffentlicher« die Person, desto geeigneter wird sie als Leinwand zur Aufnahme dieser sowohl individuellen als auch von Gruppen übertragenen Projektionen. Und was den Arzt betrifft, so ist dieses Phänomen besonders offenkundig: Schmerz und Angst, Krankheit und Tod werden von ihm, dem Hellen, gebannt. Der Ausdruck »Götter in Weiß« weist sehr deutlich auf diesen Projektionsmechanismus hin. Freilich fehlen auch nicht die schwarzen, negativen, schattenhaften Bilder, die immer verbunden sind mit dem Sich-Einlassen auf das Dunkle, das Unbewußte, Plutonische, ja auf den Kontakt mit dem Tode.

Die kollektive Vatersehnsucht einer »vaterlosen Gesellschaft« ist bestens dazu angetan, sich auf Autoritäten zu projizieren. Und so schaffen wir uns Helden und Götter und eben auch Götter in Weiß. Der Psychoanalytiker Arno Gruen hat unsere pathologische Suche (oder sollten wir besser sagen Sucht) nach mitunter »falschen Göttern« sehr treffend dargestellt. Wie Gruen richtig ausführt, bedarf es sowohl derer, die aus Mangel an Selbstwertgefühl Eigenes in einen Gott oder Erlöser projizieren, als auch komplementär jener Menschen, die sich von Kindheit an aus demselben Mangelgefühl in die Rolle der Grandiosität flüchten:

»Solch ein von Menschen gemachter Gott kann Menschen nur in Verachtung halten. Im voraus verneint er, daß Menschen selbständig sein können. Solche Abgötter sind falsche Götter, im Spiegelbild von Menschen geschaffen, die sich selber verachten. Sie können weder sich selbst noch andere lieben. Sie sind also Menschen, die sich Göttlichkeit anmaßen.«[58]

Viele der von uns ernannten falschen Götter sind deshalb so gefährlich, weil sie ihren Mangel an Mitmenschlichkeit und Liebesfähigkeit durch eine Identität als Retter tarnen. Aber falsche Götter katapultieren sich nicht nur in diese Rolle, sondern werden eben auch erwählt: »Falsche Götter beruhen auf einer Wechselwirkung: zwischen dem, der verachtet, und dem, der sich nicht lieben kann.«[59] Es ist allgemein bekannt, daß Patienten mit einem schwach ausgeprägten Selbstwertgefühl und mangelhaftem Identitätsgefühl am ehesten geneigt sind, in eine unangebrachte Kniebeuge vor dem Arzt-Gott zu fallen. Es ist das Heer jener, die zu regelmäßigen Pilgerfahrten zum »Herrn Doktor« oder »Herrn Professor« antreten, die mit bittenden Augen emporschauen und die erlösende Heilung verlangen. Nicht zufällig haben gerade diese Patienten das geringste Zutrauen zu den eigenen Selbstheilungskräften – und zwar genau in dem Maße, wie das Vertrauen in den Arzt groß ist. Natürlich heißt das nicht, daß man sich mit grundsätzlichem Mißtrauen in eine therapeutische Situation begeben oder eine Operation oder Therapie von vornherein mit negativen Emotionen und Gedanken belasten sollte, sondern es geht uns hier um das grundsätzliche Gefälle in der Arzt-Patient-Beziehung, die eben leider sehr oft eine verfälschte ist.

In der mythologischen Zeit mischten sich die Götter zwar auch unter die sterblichen Menschen, doch sie residierten in den Höhen des Olymp. Zu der Rolle, die »unsere« Götter in Weiß spielen (müssen), gehört auch ein gewisses »social standing«, das sie vom allzu Irdischen abhebt. Für einige Ärzte-Götter gehört zu den Requisiten oder Heiler-Accessoires in unserer Zeit sicherlich ein prestigeträchtiges Auftreten mit Statussymbolen von der Villa bis zum Butler. Hier liegt der Nährboden für zahlreiche Mißverständnisse und auch Neidgefühle innerhalb der Bevölkerung (Stichwort: »gut verdienende Ärzte«).

Das Problem Arzt und materieller Wohlstand ist ebenso komplex wie das gesamte Leistungsdenken im Gesundheitsbereich, und die von den Medien hochgespielten Schwarz-Weiß-Karikaturen schüren nur Aggressionen gegen einen Berufsstand. Und diese Aggressionen gibt es neben dem Hang zur Verherrlichung und Glorifizierung auch, denn: Wo viel Licht, da auch viel Schatten! Sicherlich gibt es Ärzte, die sich über die Krankheit (vielleicht auch die nicht vorhandene Krankheit) ihrer Patienten und deren Zusatzversicherungen den einen oder anderen materiellen Bonus er-heilt haben, doch für das Gros der Mediziner läßt sich ein Mißverhältnis zwischen erbrachter Leistung und Einkommen nicht feststellen. Auch unter den Göttern gibt es hierarchische Strukturen oder, um es in abgewandelter Form mit Orwell auszudrücken: »Alle Ärzte sind gleich (sie haben alle den Hippokratischen Eid geschworen), aber manche sind gleicher.«

Der Mechanismus der Projektion greift unabhängig vom Status innerhalb der Ärzte-Hierarchie. Die Göttlichkeit wird nicht nur an den medizinischen Universitätsprofessor herangetragen, sondern ist auch dem Kassenpraktiker oder Landarzt eigen. Denn hinter den Arzt-Patienten-Projektionen steckt nicht nur die »Vatergeschichte«, sondern auch die Beziehung zu einem anderen Archetypus, dem »Archetyp des Heilers«. Daher schreibt Liz Greene richtig:

»Nehmen wir beispielsweise einen Arzt: wir wissen natürlich, daß er fehlbar ist, daß er die Angewohnheit hat, am Wochenende nicht ans Telefon zu gehen, weil er zuviel Termine hat (wenn er eine private Praxis führt), daß auch er krank wird, daß er die Unheilbaren nicht heilen kann. Dennoch beeindruckt uns nicht der Arzt als Individuum, wenn wir uns wegen einer Krankheit fürchten, sondern der Schamane, der heilkräftige Priester, der lahme Asklepios, der seine Weisheit von den Göttern empfangen hat und selbst göttlich ist, der den heiligen Priester für die verzweifelten Hilfeschreie von Leib und Seele verkörpert.«[60]

Greene bezieht sich hier auch auf C.G. Jung, wenn sie vom Heiler als der »inneren Gestalt« spricht, die die Selbstheilungsfähigkeit des Individuums anzeigt. Und, wie eingangs erwähnt:

»Wir denken jedoch nicht in Begriffen wie innere archetypische Gestalt; wir greifen zum Telefon und rufen den Arzt an. Der etwas abgebrühte Frauenheld, der erst vor kurzem sein Medizinstudium abgeschlossen hat, eine katastrophale Ehe führt, seine Kinder vernachlässigt und eine Unmenge sexueller, finanzieller und emotionaler Probleme hat, ist nicht unser Gegenüber im Sprechzimmer, sondern jemand Glänzendes, Mächtiges, der Hoffnung einflößen kann, wo es keine Hoffnung mehr zu geben scheint, und der gelassen auch angesichts des bevorstehenden Todes bleibt.«[61]

Leider ist uns dieser Archetyp des inneren Heilers, der als solcher ein jedem Individuum eingeborenes Muster ist, so selten bis gar nicht bewußt. Könnten wir alle besser mit diesem Archetypus zusammenarbeiten, so müßten wir nicht als Ärzte Gott spielen oder als Patienten falsche Götter erschaffen. Das Bewußtsein vom inneren Heiler würde Ärzte demütiger machen und Patienten selbstbewußter. Solange dies aber nicht der Fall ist, werden wir weiterhin projizieren, was wir glauben, nicht in uns zu haben – die Heilkraft –, oder im Falle der Ärzte mit offenen Armen die Projektionsfläche bilden. Ecce homo!

Zur Persona des Arztes

»Niemand als du selbst in einer Welt zu sein, die alles tut, um dich zu jedem anderen zu machen, heißt, den härtesten Kampf zu führen, den ein Mensch überhaupt führen kann, und niemals aufzuhören zu kämpfen.«

e.e. cummings

Im Zusammenhang mit dem Phänomen der Projektion muß auch der Begriff der »Persona« erklärt werden. Im griechischen Theater wurde die zur jeweiligen Rolle gehörende Maske des Schauspielers »Persona« genannt. In der analytischen Psychologie wird damit die bewußt dargestellte Persönlichkeitsseite eines Menschen gemeint, die sein Erscheinungsbild in der Öffentlichkeit und sein entsprechendes Rollenverhalten impliziert. So wie das Gesicht des Schauspielers hinter einer Maske verschwindet, ist auch das Selbst des Individuums hinter seiner jeweils zur Schau getragenen Persona verborgen. Die Persona regelt zwischenmenschliche Interaktionen, gibt Sicherheit, weil sie berechenbar und einschätzbar ist. Mit unseren Masken kennen wir uns aus, und wir erkennen einander an unseren Masken, denn an die Persona sind immer bestimmte Erwartungen und Funktionen gebunden. Und daher ist die Maske immer auch Schutzmaske.

An den Arzt werden von der Gemeinschaft gewisse Erwartungen herangetragen, es gibt kollektive Meinungen und Vorstellungen, wie ein Arzt zu sein hat. Die »Persona« des Arztes hat sich aber im Laufe der Zeit verselbständigt. Das heißt, der nicht charismatische Arzt lebt heute nur mehr von seiner Persona, der Vater-Persona – ausgerüstet mit Stethoskop und weißem Mantel (dieser meistens mit Namensschild versehen). Diese nach außen getragene Maske stellt aber nicht das Selbst dar, in pathologischer Verkürzung sind jetzt Sein und Schein deckungsgleich geworden. Jung selbst schreibt dazu:

»So hat fast jeder Beruf die für ihn charakteristische Persona ... Die Welt erzwingt ein gewisses Benehmen, und die professionellen Leute strengen sich an, diesen Erwartungen zu entsprechen. Die Gefahr ist nur, daß man mit der »Persona« identisch wird, so etwa der Professor mit seinem Lehrbuch oder der Tenor mit seiner Stimme. Dann ist das Unglück geschehen. Man lebt dann nämlich nur noch in seiner eigenen Biographie.«[62]

Und so ist auch ein Popanz-Arzt, er mag prominent sein oder auch nicht, in seiner Maske erstarrt. Seine Persona zeigt nur mehr eine Seite seines Wesens, und zwar jene, die gefragt ist oder mit der er weiterkommt im Getriebe des Gesundheitsgeschäfts. Er kann seine Persona nicht willentlich an- und ablegen, denn der Popanz-Mediziner ist hinter der Maske kein charismatischer Heiler. Seine Insignien sind das Wesentliche, und daher klebt er auch so ängstlich an ihnen. »Man könnte mit einer Übertreibung auch sagen, die ›Persona‹ sei das, was einer eigentlich nicht ist, sondern was er und die anderen Leute meinen, daß er sei.«[63]

Die Macht eines Arztes, der in seiner Persona erstarrt ist, ist Suggestivmacht. Sie wird entweder vom Status und von seiner Stellung in der Ärzte-Hierarchie abgeleitet oder von der Medizin-Technik, denn Macht kann in unserer Zeit auch durch Apparate generiert werden. Solche Ärzte haben ihre Verwundungen vergessen und ihre Individualität auf eine Maske reduziert. Ein Gesicht, das als Maske dient, kann aber dem Patienten nicht mehr Wärme, Nähe und Anteilnahme signalisieren. Vergessen wird dabei leicht, daß der Arzt zwar Göttliches vermittelt, nämlich Heilsenergie, selbst aber nur ein mit den Schwächen des Menschseins behaftetes Individuum ist. Wenn er zu einem »Gott« gemacht wird, kommt das Phänomen der Projektion ins

Spiel: In die Persona des Mediziners wird die Maske des Gottes geworfen. Damit mag zwar das Bedürfnis des Patienten nach einer Projektionsfigur erfüllt sein, andere Bedürfnisse zerschellen aber an der Schutzmaske des in seiner Persona erstarrten Arztes.

Das Rollenverhalten prägt nicht nur die Interaktion Arzt-Patient, sondern hat natürlich auch innerhalb des medizinischen Zirkels seine wesentliche Funktion. Hier lautet die Frage: Wieviel Persona braucht man untereinander? Geht es doch dabei schließlich um das mehr als sportliche Messen der Kompetenz, um feudalistische Pfründe und hierarchische Strukturen, um Besitz und um Macht, um Bettenzahlen und wissenschaftliche Zitierquoten, um Kassenscheine und Mundpropaganda, um Medienpräsenz und vieles andere mehr. Und manchmal auch um kranke Menschen.

Der in seiner Rolle gefangene Arzt ist auch der Arzt ohne Charisma. Es ist derjenige, der vergessen hat, warum er diesen Beruf gewählt hat, und der sich entweder der Erinnerung an seine Herkunftsfamilie und/oder der Erinnerung an seine eigene Verwundung entledigt hat. Es sind die Fabrikchefs unter den Medizinern. Und ihnen stehen alle Fallen offen: Die klassische Falle für Menschen und Ärzte ist die Machtfalle. Daneben gibt es die zahlreichen Society-Fallen, bereitgestellt von den kollektiven Projektionen eines schalen gesellschaftlichen Lebens (dazu zählen alle Cocktails und Einladungen, die man nicht zum Vergnügen besucht, sondern um zu sehen und gesehen zu werden). Zu diesen allgemein bekannten und benützten Fallen kommen noch die professionellen Fallen, wie zum Beispiel die apparative Falle. Doch die Apparatemedizin dürfte, wie der Medizinautor Biermann aufzeigt, einen Bumerang-Effekt haben, scheinen sich doch die Ärzte in der High-Tech-Medizin »selber abzuschaffen«.[64]

Die schrecklichste Falle für den Menschen ist die Gottähnlichkeit, ist doch durch sie die Gefahr des Hochmuts gegeben.

Schon die Griechen stellten die Hybris an die Spitze menschlicher Verirrungen. Heiler sind keine Götter, aber Verwundete sind sie.

Noch aber ist der Sturz der »Götter in Weiß vom medizinischen Olymp« nicht erfolgt. Einer Studie des National Opinion Research Center der Universität Chicago zufolge steht der Beruf des Arztes im Ansehen der amerikanischen Bevölkerung nach wie vor an erster Stelle.[65] Das gleiche Ergebnis hatte eine in Österreich durchgeführte Untersuchung. Und noch ist auch der Begriff »Droge Arzt« gültig. Trotzdem sind die Umbrüche in der medizinischen Landschaft nicht zu übersehen.

Die Frage liegt nahe, wie Ärzte angesichts der öffentlichen Diskussion ihr eigenes Rollenverständnis begreifen und darlegen. Doch welche Auffassung von seiner Rolle hat der Arzt überhaupt? Ob es sich nun um den erfolgreichen, sportlichen und gut verdienenden Karrieremediziner handelt, um den sanftmütigen und stillen Alternativarzt mit bescheidenem Einkommen oder um den Landarzt mit eigener Hausapotheke (= Firma), sie alle sind durch die »Persona« des Heilers verbunden. Und wenn sie sich mit dieser Persona identifizieren, bleibt nur die Maske. Dann spielen sie die Rollen, die von ihnen erwartet werden, und versäumen die Entwicklung zur Individuation oder Ganzwerdung.

Viele unserer Ärzte brauchen aber eben diese Maske, denn sie dient dazu, die eigene Wunde oder Verwundung zu verbergen. Und sie fürchten, daß sie sich, wenn ihnen diese Maske entrissen wird, angesichts des Dunklen und Häßlichen, das jede Wunde auch enthält, wie das »Phantom der Oper« in ein Nichts auflösen könnten. Übrig bleiben könnte vom Gott in Weiß vielleicht nur der weiße Mantel. Und eine verunsicherte Öffentlichkeit könnte schon sehr bald die Frage stellen: »Arzt, wo stehst du heute an der Wende zum nächsten Jahrtausend Medizin?«

Darf es einen kranken Arzt geben?

»Aber wann immer ich selbst krank wurde, habe ich mich selbst behandelt. Ich brauchte keinen Arzt. Heute weiß ich, daß ich, ohne es mir einzugestehen, es mein ganzes Leben lang vermieden habe, bei eigenen Gesundheitsproblemen Kollegen zu konsultieren, weil ich Angst hatte, was sie mir wohl sagen würden. Außerdem – ich wußte über ihre Grenzen Bescheid.«

Edward E. Rosenbaum, M.D.

Welche Reaktion ruft der »Arzt als Patient« hervor? Was fällt einem zum Thema »kranker Arzt« ein? »Darf nicht sein«, »Widerspruch in sich«, »Irritation« ...? Am ehesten die Irritation. Ein Arzt sitzt unerkannt im Wartezimmer einer sehr jungen Kollegin, die einen – erkrankten? – verstorbenen? – Kollegen vertritt. Als das Thema sich dem »kranken Arzt« zuwendet, sinkt die Lautstärke plötzlich vom hörbaren Wehklagen der Patienten über die eigenen Beschwerden zu einem Geflüster, und Unbehagen breitet sich aus. Patienten mögen nicht mit der Krankheit eines/ihres Arztes konfrontiert werden. Noch deutlicher wird die Irritation, die von der Krankheit und Hinfälligkeit eines Arztes ausgeht, unter Kollegen selbst.

Womit hängt es zusammen, daß die Krankheit eines Arztes so gerne verdrängt wird? Womit das Stillschweigen, wenn der Arzt krank wird, sehr krank wird, stirbt?

Betrachten wir die komplizierte Beziehung des Arztes (und seines Arztens) zum einzelnen Patienten, zu seinen Kollegen, zur Gesellschaft, zur Familie, der er entstammt. Sehr bald findet sich eine – von allen geteilte – Vorstellung, daß der Arzt mehr sei, stärker und wissender! Sosehr dieses größere Wissen, das sich aus einem langen und aufwendigen Studium ergibt, zu erwarten ist, verbindet es sich fälschlicherweise mit dem Gefühl der ärztlichen Stärke und Unverwundbarkeit. In der allegorischen Darstellung drängt sich der herkulische, hemdsärmelige Helden-Arzt zwischen Gevatter Tod und die Patientin: Die Sense des großen Mähers vermag ihn nicht zu berühren.

Die Wahrheit hingegen ist eine andere: Die Gruppe der Ärzte ist nicht nur kränklicher als andere Berufsgruppen und hat eine höhere Mortalitätsrate. Es stimmt vielmehr auch, daß die Selbstmordrate der Ärzte dreimal höher ist als bei anderen Berufen. Und schließlich nimmt die Hälfte der Ärzte Alkohol und Psychopharmaka zu sich, um ihre Probleme, ihren Streß und ihren Frust zu bewältigen. Aber wissen darf es niemand. Nicht der(die) Patient(in), der(die) »seinen«/»ihren« Arzt liebt und verehrt, nicht die vielfach neidvolle Öffentlichkeit, ja nicht einmal Mediziner untereinander. Letzteres ist leicht zu erfragen: Wie geht der Arzt mit seinem kranken Kollegen um? Wieso bleibt der gegenüber Kollegen des kranken Arztes geäußerte Wunsch: »Behandeln Sie mich wie jeden anderen Patienten« ungehört? Und wie verhält es sich bei jenen Erkrankungen, denen noch heute und auch in ärztlichen Kreisen Peinliches, Selbstverschuldetes, Minderwertiges anhaftet? Wie verhält es sich bei Neurosen, bei Suchtkrankheiten, bei Depressionen, Lebensüberdruß oder Selbstmordversuchen?

Obwohl es niemandem nützt, wird bei diesen Problemen vom Arzt der Mantel des Schweigens über seinen kranken Bruder oder seine Schwester gelegt: Die Wunde soll nicht Beute des öffentlichen Blickes, nicht Mahnung an die eigene Verwundung werden. Es beginnt schon damit, daß der Arzt bei seinem Krankwerden mit sich anders als mit seinen Patienten umgeht: »Es wird schon gehen«…, »Ich mache das schon«…, und vor allem: »Ich schaffe es schon«. Dieser erhöhte Anspruch führt zu einer starken Abwehr gegenüber jeglicher Hilfe. Der kranke Mediziner entwickelt eine fast phobische Angst davor, Hilfe in Anspruch zu nehmen, besonders dann, wenn die Erkrankung einen Klinikaufenthalt erfordert. Wenn die Hilfe erfolgt, ist sie meistens das Resultat kraftvoller äußerer Zwänge wie Druck von seiten der Familien oder Partner oder existentieller, materieller Krisen.

Dabei muß betont werden, daß es nationale Unterschiede im Zugang zum Problem des kranken Arztes gibt. So existieren beispielsweise in den USA bereits seit langem Therapieprogramme für Ärzte mit diversen Suchtproblemen.[66]

Was sind die Gründe für dieses »Komplott des Schweigens«[67]? Hält es die Gesellschaft, oder halten es die Ärzte nicht aus, ein desillusionierendes Bild der kranken Seite, der Schattenseite des Mediziners vorgehalten zu bekommen? Läuft die kollektive Projektion und Illusion der »Götter in Weiß« Gefahr, an der Realität zu zerbröckeln?

Einige harte Daten ernüchtern den Blick zum Thema »Der kranke Arzt«. Der Journalist Alwin Schönberger trug Fakten zum Thema der kranken Ärzteschaft in Deutschland und Österreich zusammen. Auch er kommt zu dem Ergebnis, daß die Gesundmacher zwar hohe Burnout- und Selbstmordraten aufweisen, dies aber vor einer Öffentlichkeit, die auf jeden Fall gesunde Ärzte haben will, zu verheimlichen suchen. Über den »kranken Stand« schreibt er: »Das Tabu wird krampfhaft aufrechterhalten – hinsichtlich körperlicher Krankheiten und psychischer Leiden, Depressionen, Suchtgiftmißbrauch und Selbstmord von Ärzten herrscht beredtes Schweigen. Trotzdem wagt sich manch betroffener Mediziner langsam vor: ein erster Blick hinter eine Fassade, die um jeden Preis makellos sein will.«[68] Selbstdarstellung des Ärztestandes und Projektion der Öffentlichkeit entsprechen und verstärken einander. Fälschlicherweise meinen Patienten, ihre Ärzte wüßten über die Wahrung der Gesundheit besser Bescheid. Sie glauben, daß Ärzte weniger krank, weniger süchtig seien, daß sie, wenn sie einmal krank sind, disziplinniertere Patienten seien und beim Gesundungsprozeß besser mitarbeiteten als nichtmedizinische Patienten.

Darf es einen kranken Arzt geben? Bisher sieht es nicht danach aus: In einem Komplott zwischen Arzt in der Ausbildung und fertigem Arzt, der Gesellschaft, aus der er erwächst, und den Patienten, die er behandelt, hat der Arzt eine Maske, eine Persona der unerschütterlichen Gesundheit, höheren Kompetenz und Makellosigkeit zu tragen. Der unvergessene Marcel Marceau spielt in einer Pantomime den verzweifelten, tödlichen Kampf dessen, der die fröhliche Maske herunterreißen will: Es gelingt nicht, die Maske sitzt fest, wie eine zweite Haut.

Medizin und die Angst
vor Berührung

»*Jedes philosophische System, in dem der Körper des Menschen nicht eine grundlegende Rolle spielt, ist dumm und unbrauchbar.*«

Paul Valery

Menschliche Entwicklung und Erlösung ist ohne Körper nicht möglich, auch wenn es die verschiedensten Heilslehren manchmal gerne so hätten; wir sind nun einmal keine körperlosen Existenzen. Wir verwenden in der Alltagssprache auch den Begriff der »Erdung« und sagen von einem Menschen, der mit beiden Beinen auf der Erde steht, er ist »gut geerdet«. Das heißt, daß er einen guten Kontakt mit der Erde und der Realität hat. Die Aussöhnung mit der Erde ist, wie wir heute alle wissen, existentiell notwendig. Und es gibt keine Erdung ohne Körperlichkeit, es gibt keine Aussöhnung mit unserer Erde ohne gute Beziehung zu unserem Körper. Wir könnten auch sagen: Unsere Körper sind die *via regia* zur Erlösung oder Erleuchtung oder zum Himmel oder welchen Namen wir hier auch immer einsetzen mögen.

Es mag auf den ersten Blick verwunderlich klingen, gerade unseren Ärzten und Therapeuten eine schlechte Beziehung zum Körperlichen anzulasten. Die Hypothese dieses Buches lautet: Wir wählen kompensatorisch aus unseren Defiziten heraus unsere Berufe, oder anders ausgedrückt: Wir werden oft dorthin »berufen«, wo noch ein Reifebeweis zu erbringen ist und wo noch Entwicklung im eigenen Menschsein angesagt ist.

Was, wenn die vergessene Wunde des Mediziners »Berührung« hieße? Und was bedeutete dies für den Arzt-Patient-Konflikt? Lassen sich denn nicht einige der Dinge, die uns heute in der Medizin nicht gefallen, mit Berührungsängsten des Mediziners erklären?

Die Behandlung der Körper von anderen Menschen setzt eine intakte Beziehung zum Körperlichen, das heißt auch zum eigenen Körper voraus. Das gilt im übrigen ebenso für jene medizinischen und nicht-medizinischen Helfer, die sich nicht der physischen, sondern der psychischen Heilung ihrer Mitmenschen geweiht haben, also z.B. die Psychotherapeuten. Die paradoxe Aufgabe, vor die wir ja alle gestellt sind, heißt einerseits, unseren Körper ernst zu nehmen und ihn mit Hingabe und Achtung zu behandeln, und andererseits, seine Vergänglichkeit nicht nur zu akzeptieren – was bleibt uns anderes übrig? –, sondern auch weniger negativ zu bewerten. Eine positive Haltung gegenüber dem eigenen Körper ist immer die Widerspiegelung einer bejahenden und ganzheitlichen Lebenseinstellung. Doch Integration ist kein leichter Prozeß, war es doch zunächst (historisch betrachtet) leichter, Seele und Körper voneinander zu trennen, um dann die Seele hochzuhalten und den Körper (Fleisch!) zu verdammen und der Sünde zu überlassen. Wir kennen diese Tradition, denn an diesem geistesgeschichtlichen und kirchlichen Erbe tragen wir auch heute noch. Dies hat aber weitgehende Auswirkungen auf die Medizin und die Mediziner.

Wie, so fragen wir einmal geradeheraus, steht es um die Sinnlichkeit, die Nähe zu dem, was die Sinne herantragen, und um das Körperbewußtsein der Ärzte? Welche Beziehung haben sie zum eigenen Körper, die am Körper arbeitenden »Heiler« und die Seelenmediziner?

In jedem Psychologielehrbuch kann man nachlesen, daß eine positive Beziehung zum Leben im allgemeinen und zu den Sinnen und Funktionen des Körpers im besonderen nur auf dem Nährboden von Urvertrauen, das in einer möglichst intakten Kindheit bereitet wurde, gedeihen kann. Das bedeutet, daß möglichst unverletzte – gibt es die? –, also psychisch weniger verwundete Kinder mit Optimismus und einer großen Portion Selbstbewußtsein und Realitätsbewältigung an das Leben herangehen. Doch: Werden solche Menschen Heiler? Denkbar wäre eher, daß die selbstgewählte oder vorerst scheinbar selbstgewählte lebenslange Beschäftigung mit dem kranken Körper, beziehungsweise den kranken Körpern, vor allem ein Fingerzeig auf die eigene wunde Stelle sein könnte nach dem Motto: »Ich schaue mir das an: Wie ist das mit dem Körper und mir eigentlich?«

Natürlich formuliert kein angehender Medizinstudent solche Fragen, nicht einmal in seinen hellsten Momenten oder dunkelsten Stunden. Die Frage, die uns interessiert, ist: Unterscheidet sich der Mediziner in unserer Gesellschaft von anderen Männern?

Wir meinen, daß das spezielle Vergessenwollen der eigenen Wunde dem Arzt auch die Möglichkeit einer speziellen Sensibilität versperrt. Mit diesem Vergessen beginnt die Angst: Angst davor, an der eigenen Wunde zu rühren, Angst davor, zu berühren und berührt zu werden. Der Arzt zahlt diese Verdrängung mit einer »stiefmütterlichen« Behandlung seiner Physis. Und die Patienten?

Zunächst einmal verübeln wir es den Ärzten mehr als anderen Menschen, wenn sie jenen, die sie heilen wollen, mit schlechtem Beispiel vorangehen. Wir nehmen es ihnen übel, wenn sie Wasser predigen und Wein trinken, besonders, wenn sie noch dazu rauchen. Wir meinen, daß sie eine freundlichere Einstellung auch zum eigenen Körper haben sollten. Das heißt, Ärzte sollten ihre Körper lieben und achten und nicht unnötig Streß, Giftstoffen und liebloser Behandlung aussetzen. Dies ist zwar ein vernünftiges Postulat, doch setzt der richtige Umgang mit Genußmitteln sowohl Genußfähigkeit als auch eine reife Einstellung zur physischen Existenz voraus, was, wenn es nicht mit der Erbmasse gegeben ist, durch innere Arbeit erworben werden muß. Für die notwendige Arbeit mit der eigenen Psyche fehlt dem Studenten der Medizin meistens aber die Motivation und dem Arzt die Zeit (und die Motivation ebenso). Und im übrigen wird der gesamte Aufwand an Seelenarbeit, Bewußtwerdung und Selbstentwicklung an die dafür Zuständigen (Facharbeiter der Psychiatrie und nichtmedizinische Psychotherapeuten) abgegeben, oder wie ein Arzt einmal äußerte: »Für die Seele sind wir nicht zuständig.«

Ärzte sind also für Körper zuständig. Körper, die repariert, wieder instand gesetzt und funktionstüchtig gemacht werden, und zwar mittels Techniken und Fertigkeiten auf einem sehr hohen Level. Wir wollen hier nicht mit Zynismus das hochentwickelte medizinische Niveau, auf das unsere westliche Welt zu Recht stolz ist, in Grund und Boden verdammen, sondern nur einige Hinweise auf noch fehlende Puzzleteile bringen. Denn die Körper, die da behandelt und geheilt werden sollen, haben nicht nur lebenserhaltende Funktion, sondern auch bewußtseinsentwickelnde. In und an unserer körperlichen Existenz reifen wir, mit den Sinnen unseres Körpers nehmen wir Welt auf und geben wir wieder etwas zurück. Seelisches und körperliches Sein ist so sehr aufeinander bezogen, daß es absurd ist, den Körper »allein« oder »an sich« heilen oder behandeln zu wollen. Ebenso unmöglich ist es, die Sinneslust oder Genußfähigkeit allein dem Körperlichen zuzuordnen. Mit derartigen Abspaltungen läßt es sich schwer leben – als Arzt und als Mensch. Und trotzdem ist es im großen und ganzen die Realität, die wir erleben. Patienten würden die Behandlungen durch ihre Ärzte anders erfahren, wenn sich Mediziner in ihrer eigenen Haut grundsätzlich wohler fühlten. Doch handelt es sich hier ja um einen Wechselprozeß: Auch der Patient bringt die positive Einstellung zu Körper, Genuß und Sexualität nicht mit! Abstrakte Verschiebungen in Richtung »Gesellschaft und System« mögen zwar richtig, aber auch nicht hilfreich sein. Und unmündige oder unreife Patienten, die mit ihren unangebrachten Forderungen und Projektionen an »ihre« Ärzte herangehen, werden diesen wahrscheinlich die Arbeit der Eigenentwicklung nicht gerade erleichtern. Zwar schaffen sich die Mediziner selber ein Image von »fesch, sportlich, zackig und gebräunt«, das meistens nur eigene Mangelgefühle dem Körperlichen gegenüber kompensiert, doch verlangen Patienten auch danach! In diesem Theater von Sein und Schein treffen Arzt und Patienten auf gleicher Ebene zusammen: Die gleichen Bedürfnisse nach Kaschieren von Nichtbewältigtem treten zutage. Denn »Morbidität und zur Schau gestellte Vitalität widersprechen sich nicht; genauso, wie eine betonte Körperlichkeit nicht automatisch etwas mit Lebenslust zu tun hat.«[69]

Vielleicht sind also jene unter den Ärzten, die versuchen, körperliche Sicherheit und Gesundheit auszustrahlen, von ihrer eigenen zeitlosen physischen und psychischen Unantastbarkeit und ihrer ausgereiften Sinnlichkeit gar nicht so überzeugt. Es ist sogar sehr wahrscheinlich so.

Nicht nur das Wirklichkeitsverständnis unserer Ärzte ist also zu hinterfragen, sondern auch das unserer Patienten, da wir uns diese offensichtlich unbefriedigende medizinische Realität selbst schaffen. Denn um das Spiel des Heilens erfolgreich spielen zu können, gibt es gewisse kultur- und zeitspezifische Bedingungen oder Spielregeln. Technik ist in, und der fürsorgliche Hausarzt mit Bindung an die Familie des Patienten ist out. In diesem Spiel gibt es festgelegte Rollen mit vorgeschriebenen Texten – und ganz bestimmte Inszenierungen.

Die schlechte Beziehung zur Realität, eine falsch verstandene Körperlichkeit und Sinnlichkeit einer gesamten Kultur bestimmen auch die Interaktion Arzt – Patient. Der Mediziner von heute erfaßt auf naturwissenschaftlicher Ebene einen großen Teil und erreicht persönlich mitunter sehr viel, doch die eigene innere Wirklichkeit bleibt ihm oft fremd: Er ist ein Peter Pan im Niemandsland. Saturn aber sagt: Gehe hin und werde erwachsen, bebaue dein Feld, und heilige die Erde, indem du einen guten Kontakt mit allen Ebenen des Seins herstellst. Lasse dich darauf ein, mit ganzer Seele und ganzem Körper! Nur so wirst du ein Heiler.

Ganzheitlichkeit anzustreben hieße also einerseits den Kontakt mit dem Boden nicht zu verlieren, sich andererseits gleichzeitig aufzurichten und forschendes Streben mit visionären Wünschen zu verbinden. Flucht, Verdrängung und Abspaltungen jener Teile der Realität, die offensichtlich sehr schmerzlich sind, haben eine verschobene Wirklichkeit zur Folge, die nicht das ganze Sein wahrhaben will. Dazu gehört die mangelnde Akzeptanz des dunklen Bereichs in unserem Leben, der auf die Grenzen des Materiellen und Körperlichen hinweist. In unserer Kultur wird das Altern und Sterben massiv ausgeblendet, zum großen Teil auch durch unsere Ärzte. Gerade unsere Ärztegesellschaft mit ihrem »verzauberten« Saturn, also dem nicht-integrierten Reifeanteil, ist oft gezeichnet von geistig-seelischer Starre und Furcht vor Veränderung. Ganzheitliches Denken verlangt aber manchmal die Aufgabe gewohnter Denkschemata und bedeutet zumindest den Versuch, alle Dimensionen menschlicher Existenz zu erforschen. Warum heilen wir überhaupt? Und was heilen wir? Heilen kann zum Beispiel – rein technisch betrachtet – bedeuten, einen entzündeten Appendix zu entfernen. Darüber hinaus bedeutet Heilung aber immer auch mehr als ein Eingreifen in den Organismus auf materieller Ebene.

Warum geht es uns überhaupt um medizinischen Fortschritt, um Verlängerung des Lebens, um Hinausschieben des Todes und um Umgehung altersbedingter Verschleißerscheinungen? Welchen Stellenwert hat unsere Existenz in einem sich entwickelnden Kosmos? Wir kommen hier in den Bereich philosophischen Fragens oder theologischen Antwortens. Was können wir also tun? Vielleicht nicht mehr, als während unseres Lebens als Heiler und Patienten immer wieder neue Standpunkte zu erarbeiten – durch neugieriges Fragen, genaues Beobachten und liebevolles Interesse an allen Formen menschlichen Seins. Durch den Versuch, zu berühren und zu begreifen. All das gehört zur bestmöglichen menschlichen Entwicklung, zur Heilung und Ganzheit. Um das zu erreichen, bedürfen wir des aufrichtigen Umgangs mit unserem Körper und unserer Seele.

Diese Achtsamkeit umschreibt der Therapeut Scott Peck mit »Kultiviertheit«, derer sich Einzelpersonen und Organisationen zu erinnern haben – Kultiviertheit, die mit Verletzlichkeit und schmerzlicher Authentizität zu tun hat. Als Arzt und Therapeut meint er: »Mein Anliegen ist es daher nicht, die Menschen oder Organisationen noch schmerzfreier zu machen, sondern meinen Teil dazu beizutragen, daß wir als organisatorische Wesen gesünder, glücklicher und lebendiger werden. Dazu müssen wir nicht nur ein größeres Bewußtsein über die vielen Variationen unseres Leidens, sondern auch über das Wesen unserer Organisationen entwickeln. Und wir müssen erkennen, daß echte Kultiviertheit (…) eine Form heilsamen Verhaltens ist, das oft schmerzliche Aufrichtigkeit und das Skalpell der Ehrlichkeit verlangt.«[70]

Arzt und »Feminität«

»›Wer bist denn du?‹ fragte die Raupe. Alice antwortete, ziemlich schüchtern: ›Ich – ich weiß es selbst kaum, nach alledem – das heißt, wer ich war, heute früh beim Aufstehen, das weiß ich schon, aber ich muß seither wohl mehrere Male vertauscht worden sein.‹«
Lewis Carroll

Die Popularität von Arztromanen und -filmen sowie von Fernsehserien, in denen Ärzte in ihrem Wirken, vor allem aber in ihren Beziehungsverwicklungen dargestellt werden, läßt darauf schließen, daß mit den Themen Krankheit, Heilung und Liebe auf individueller wie auch gesellschaftlicher Ebene sehr emotionalisierte Bereiche angesprochen werden. Und bekanntermaßen lassen sich Inhalte und Themen, die für die Gesellschaft schwer verdaulich sind, bekömmlicher machen, wenn sie trivialisiert und simplifiziert werden. Mit diesen Produkten handeln dann Filmindustrie und Werbegesellschaften und verdienen daran ganz gut. Der »Arzt und die Liebe« ist ein emotionell sehr aufgeladenes Thema, aus dem sich einiges machen läßt. Warum ist das wohl so?

Heilung und Liebe haben nicht nur miteinander zu tun, sondern sind und meinen ein und dasselbe. Je nach Standpunkt handelt es sich dabei um abstrakte oder verkitschte, philosophische, schöngeistige oder von Klischees besetzte Begriffe, mit denen wir uns im alltäglichen Gebrauch oft schwer tun. Und doch ist damit das Phänomen gemeint, das uns alle und die Welt in Gang hält. Es ist jene nicht-definierbare Kraft, die es zu entwickeln und zu erfahren gilt, die aber mit so vielen Mißverständnissen und falschen Vorstellungen verbunden ist, daß es besonders für uns Angehörige der westlichen Konsumgesellschaft schwierig geworden ist, eine reifere und erwachsenere Einstellung zu dieser Energie zu finden. Das Angebot an Techniken, Waren und Personen, die Heilung und Liebe versprechen, ist gerade in unserer Zeit sehr groß. Dieser Ausverkauf an materiellen und ideellen Gütern wird aber nicht nur von einer technisierten Welt in Gang gesetzt, sondern ebenso von einer Esoterik- oder New-Age-Bewegung weiter vorangetrieben, die eine Schnellheilung, etwa in einem Wochenendseminar, vorgaukeln.

Heilung als auch Liebe setzen aber nicht nur Energie und Kraft in Gang, sondern setzen auch etwas voraus. Um beide erfahren zu können, muß in der einzelnen Person schon ein Prozeß der Ganzwerdung ausgelöst, müssen verlorene oder abgespaltene Teile bereits integriert worden sein. Dies kann – muß aber nicht (!) – mit Bewußtheit geschehen sein. Es ist allerdings so, daß bewußte Integration den Prozeß mitunter erleichtern oder beschleunigen kann.

Diese Transformation beinhaltet auch die Vereinigung von gegensätzlichen Elementen in der eigenen Psyche, im eigenen Leben. Mit viel Glück oder Gnade erreichen wir dann jenes Ziel, das C.G. Jung mit »Individuation« bezeichnete, oder werden zu Freuds »arbeits- und liebesfähigem« Menschen – zu ganzheitlichen Individuen eben. Aber der Weg dorthin ist lang und oft mühevoll. Auch für unsere Heiler. Denn die Tatsache, daß Ärzte im allgemeinen viel arbeiten und mitunter auch viel lieben, macht sie noch lange nicht zu reifen Persönlichkeiten.

Die Anima ist nach C.G. Jung im Unbewußten des Mannes ein Archetypus des Femininen, also der Weiblichkeit an sich. Der wesentliche Gedanke der Theorie von Anima und Animus ist fast schon ein Gemeinplatz: Jeder Mensch vereint in psychischer und physischer Hinsicht männliche und weibliche Aspekte in sich. Die genetische Dominanz des Weiblichen oder Männlichen entscheidet über die Manifestation oder Inkarnation als

Frau oder Mann. Die Identifikation und Zugehörigkeit bezüglich eines Geschlechtes folgt zunächst einmal der körperlichen Ausprägung, wo sie eindeutig ist. Schwieriger ist die Identifikation auf psychischer Ebene, denn vieles liegt im Nebel des Unbewußten, verdeckt durch traditionelle Werte, alte Rollen und neue Ansprüche. Was ist denn – seelisch gesehen – ein Mann, eine Frau? Befriedigende und eindeutige Antworten darauf sind offensichtlich noch nicht gegeben worden. Geht man diesen Fragen nach, kommt man schließlich in den Bereich des kollektiven Unbewußten und des Mythischen.

Festzustehen scheint, daß es nicht nur im physikalischen Bereich einen Plus- und einen Minuspol gibt, zwischen denen Energie fließt beziehungsweise überhaupt zustande kommt, sondern daß dieses Prinzip ebenso für den psychischen Bereich gilt. Nicht nur in der Welt der Erscheinungen, sondern auch im psychischen Bereich gibt es männliche und weibliche Kräfte und Energien, im Chinesischen mit Yang und Yin bezeichnet. Direkt zugänglich und erfahrbar ist zunächst aber vor allem die verkörperte Energie, so daß ein Knabe in seine männlich ausgerichtete Daseinsform und die entsprechenden, von der Kultur bedingten Vorstellungen hineinwächst. Die in seiner Seele angelegte weibliche Komponente bleibt ihm zunächst fern und größtenteils unbewußt. Das Weibliche wird ihm »nur« durch die Mutter oder durch weibliche Bezugspersonen nahegebracht. Der unbekannte weibliche Seelenpol wird aber mitgelebt und mitgelitten. Unbewußte oder teilbewußte Anteile im Inneren haben bekanntlich die Tendenz – da sie auch leben wollen –, sich auf die Außenwelt zu projizieren. Dort begegnen wir ihnen wieder. Das heißt ganz einfach: Die nicht beachtete Anima in der Seele des Mannes wird eigenständig, lullt ihn ein und hält ihn zum Narren. Vor allem aber verstellt sie ihm die Sicht auf das Weibliche. Fatalerweise geschieht das jedesmal, wenn er sich verliebt. Und hier beginnen die Dramen von Liebe, Ehe und Scheidung, der Schauplatz imaginärer Kämpfe und Verluste: Es ist der Krieg unkontrollierter Seelenanteile. Und es ist das Leben. Verliebtheit an sich ist zwar Projektion, aber würden wir ohne Projektionen überhaupt Beziehungen eingehen?

Nehmen wir einmal an, unser Arzt, der im Laufe seines Medizinstudiums mit psychoanalytischer Literatur oder psychologisch orientierten Vorlesungen nicht gerade überschüttet wurde, beginnt sein medizinisches Handwerk mit relativ geringer Kenntnis über psychische Vorgänge und – da er ja am Anfang seiner Karriere steht – mit ebenso geringem Selbst-Bewußtsein. Er hat also die Anima in seiner Seele vernachlässigt, trägt aber ein ominöses Bild des Weiblichen latent mit sich herum. Die innere Anima wird nach außen projiziert. Sie begegnet unserem Mediziner in Kolleginnen, Krankenschwestern, Patientinnen und Frauen im Bekannten- und Freundeskreis. Vor allem Krankenschwestern eignen sich durch ihre Rolle und ihre Pflegeaufgabe besonders gut zur Animaprojektion durch den Mann. Männer im heutigen medizinischen Dienst überlassen jene Attribute, die mit dem weiblichen Pol verbunden werden, wie etwa das Nährende, Fürsorgliche und Intuitive, meistens dem weiblichen Pflegepersonal im Krankenhaus bzw. den Sprechstundenhelferinnen in der Ordination. Das sind dann die Frauen, die trösten, helfen und Hände halten. Es sind aber auch diese Frauen, die unzuverlässig, launenhaft, emotional instabil und leicht zu Tränen gerührt sind, und das vor allem in den prämenstruellen Tagen. Und auch hier erscheint die Anima in voller Gestalt, sie zeigt dem Arzt als Mann im Außen seine Launenhaftigkeit und seine »andere Seite« auf! Verführerisch tritt die Anima auf, wenn er sich verliebt. Es ist dabei gleichgültig, ob diese Liebe nun einer Kollegin, Patientin oder irgendeiner anderen Frau zufließt – der Mechanismus ist derselbe. Aber die Folgen sind andere, wenn der Anziehungsmechanismus während der beruflichen Tätigkeit zur Wirkung kommt.

Bisher ist nur im Fachbereich der Psychiatrie eine Liaison zwischen Arzt und Patientin verdächtig. Das Problem mag hier tatsächlich gravierender als in anderen Disziplinen erscheinen, was mit der speziellen Situation, in der sich Psychotherapie oder Psychoanalyse abspielen, zu tun hat: Hier wird Nähe gefordert und Offenheit gewünscht, Grenzen zwischen dem Heilenden und dem Patienten werden abgebaut und Übertragungen seelischer Komponenten erleichtert. Dies mag zwar der Heilung dienlich sein, den an diesem Prozeß Beteiligten kann es aber auch das Leben erschweren. Doch die Anziehungs- und Übertragungsmechanismen schleichen sich auch in die anderen medizinischen Fachdisziplinen ein, von denen die Gynäkologie in dieser Hinsicht das am meisten vorbelastete Fach ist. Denn hier wird die Anima vom Mutterarchetypus unterstützt – und sie macht davon Gebrauch!

Enteignete Weiblichkeit

»Als aus den Wunden des Drachen das brodelnde Blut hervorquoll und der furchtlose und gute Ritter sich darin badete, fiel ein großes Lindenblatt zwischen seine Schultern. An dieser Stelle kann man ihn treffen, und dies ist der Grund für meine Furcht und meinen Schmerz.«

Nibelungenlied

In der Nibelungensage wird Siegfried, der im Drachenblut badete, um unverletzbar zu werden, durch Hagen an der einzigen verwundbaren Körperstelle getroffen. Die Vorgeschichte, die zu seinem Tod führt, nennt zwei Frauen: Brunhilde war eifersüchtig, Krimhild verriet ihn aus Naivität. Das ist eine simple und sehr bekannte Geschichte zum Thema »Der Mann und die Bedrohung durch die Frau/die Frauen«.

Wir müssen zur Beleuchtung dieser Geschichte aber gar nicht erst im Sagenschatz graben. Bücher, die die Thematik Männer versus Weiblichkeit behandeln, erschienen in den letzten Jahren gleich im Verband und in Fortsetzungen. Wir wissen scheinbar bis ins Detail, warum sich Männer vor weiblichen Qualitäten fürchten, sich nicht binden können und nicht treu sein können usw. Doch zu lesen und »zu wissen« ist die eine Sache, das Bewußt-Gewordene in sein Leben zu integrieren ist eine andere.

Die Schwierigkeiten, die die Berufsgruppe der Ärzte und Therapeuten in der Auseinandersetzung mit der Qualität des Weiblichen hat, ist kein Geheimnis, ebensowenig wie die Macht, die Frauenärzte über ihre Patientinnen haben. Hie und da melden sich feministische Autoren mit aggressiven Beiträgen, ansonsten bleibt alles wie gehabt. Das menschliche Bewußtsein scheint mitunter recht träge zu sein. Doch sind gerade Bewußtseinsänderungen nötig, um gesellschaftliche Entwicklungen in Gang zu setzen oder Strukturen zu verändern.

Mit der – manchmal eingestandenen, manchmal auch nicht eingestandenen – Abwertung des femininen Teils der Welt wird unsere humane medizinische Welt ad absurdum geführt. Die Aussöhnung mit dem Gegenüber, mit dem Fremdartigen, ist ein besonderes Anliegen unserer Gegenwart geworden, nicht nur im medizinischen, sondern auch im wissenschaftlichen oder im politischen Bereich.

Ganzheitlichkeit wird auch im Patriarchat gefordert! So kommt auch Emma Jung zu der Ansicht:

»Mit der Anerkennung und Integration der Anima entsteht eine veränderte Einstellung zum Weiblichen überhaupt. Die neue Bewertung des weiblichen Prinzips bedingt, daß auch der Natur wieder die ihr gebührende Ehrfurcht zukommt, nachdem der in der Ära der Wissenschaft und Technik vorherrschende Standpunkt des Intellektes mehr zu deren Benützung und sogar Ausbeutung geführt hat als zu ihrer Verehrung ... In unserer Zeit, wo trennende Gewalten so bedrohlich am Werke sind und Völker Individuen und Atome spalten, ist es doppelt notwendig, daß auch diejenigen des Verbindens und Zusammenhaltens zur Wirkung gelangen; denn das Leben beruht auf dem harmonischen Zusammenspiel männlicher und weiblicher Kräfte, auch innerhalb des einzelnen Menschen. Die Verbindung dieser Gegensätze herbeizuführen bildet eine der wichtigsten Aufgaben der heutigen Psychotherapie.«[71]

Wir können hier zwar zustimmend sagen, daß die Integration gegensätzlicher Aspekte ein Hauptanliegen jeder psychotherapeutischen Arbeit ist, können aber dennoch nicht fordern: Alle Ärzte, die das Pensum der Anima-Integration noch nicht geschafft haben, in die Psychotherapie! Denn die Psychotherapie ist nicht der Generalsanierer unserer Gesellschaft. Vor allem aber sind auch Psychotherapeuten sogenannte Heiler. Und unsere Ausgangshypothese war ja die vorgegebene seelische Wunde desjenigen, der sich der therapeutischen Tätigkeit verpflichtet. Er hat sich diesem Berufszweig nicht grundlos zugewendet. Der Psychotherapie geht es ähnlich wie der Gynäkologie: Weibliche Qualitäten in einer männlich ausgerichteten Welt der Medizin dürfen nur im Untergrund existieren. So werden sie also abgeschoben in den Fachbereich der Psychotherapie, wo dann recht weibisch-emotionell therapiert wird – zumindest dort, wo die Psychotherapie nicht männlich-analytisch verläuft. Oder sie werden in die Frauenheilkunde verwiesen.

Semantisch gesehen ist mit Gynäkologie und Frauenheilkunde zwar ein und dasselbe gemeint, doch verbinden sich mit den beiden Begriffen unterschiedliche Bedeutungen. Mit der Bezeichnung aus dem Griechischen wird eine emotionale Distanz geschaffen, das Wort klingt vornehmer und gebildeter. Frauenheilkunde hingegen trägt das »böse Wort« schon im Namen und dient mitunter zur Disqualifizierung von Frauen. (Eine Männerheilkunde konnte sich im allgemeinen Sprachgebrauch nicht etablieren, obwohl es Andrologen gibt, die mit den geschlechtsabhängigen Erkrankungen der Männer befaßt sind.) Frauenärzte schließlich sind auf spezielle Weise stigmatisiert, werden zuweilen Opfer schlüpfriger Witze oder Figuren dümmlicher Romane und Filme. Die offizielle Peinlichkeit, mit der diesem Fach begegnet wird, verschleiert die tatsächlich zugrundeliegende Problematik.

Wir behaupteten zuvor, daß wir unsere Berufe nicht nur gemäß unserer Begabung wählen, sondern in der Kompensation defizitärer Anliegen aus unserem Unbewußten heraus. Begabung und psychologisches Defizit liegen oft sehr eng beisammen. Jene Ärzte, die die persönliche Entscheidung getroffen haben, Frauen zu heilen, machten es sich – meist unbewußt – zur Aufgabe, die Aussöhnung mit den Qualitäten des Weiblichen zu versuchen. Daß dieser Versuch mitunter recht schlecht gelingt, liegt unter anderem an dem geringen psychologischen

Verständnis unserer medizinischen Realität sowie an den Projektionsphänomenen unserer Gesellschaft.

Gynäkologen sind in ihrem Fach meistens überfordert, denn sie sollen sowohl gesprächstherapeutische Fähigkeiten haben – was im allgemeinen nicht der Fall ist – als auch erstklassige Chirurgen, Operateure und vor allem auch gute Geburtshelfer sein. Sind sie an einer Universitätsklinik tätig, müssen sie sich zudem noch als vorzügliche Wissenschaftler ausweisen. Die Aufteilung in zwei Fächer, nämlich Frauenheilkunde und Geburtshilfe, ist in den USA gängiger als in Europa, wo diese Fächertrennung bisher eher die Ausnahme als die Regel ist. Wie, bitte, sollen derart überlastete Mediziner sich auch noch der Mühe unterwerfen, zur eigenen weiblichen Seite zu finden? Und doch ist die Wunde da. Ob man sie nun Anima, Mutter, Hexe, Brunhilde oder Krimhild nennt, spielt dabei keine Rolle.

Die in der Öffentlichkeit zunehmend diskutierten Probleme in der gynäkologischen Praxis machen deutlich: Hier liegt etwas im argen, oder anders ausgedrückt im Dunkel, im Unbewußten, das heraufgeholt werden möchte. Die schlechte Beziehung von Frauenärzten zum weiblichen Körper ist nicht nur ein überzogenes Hirngespinst einiger Feministinnen.

»Können wir uns vorstellen, was passieren kann, wenn ein angehender Arzt unter einer schweren unbewußten Mutterproblematik leidet, die gerade während der Ausbildung aktualisiert wird? Er kann in der Gynäkologie durchaus Möglichkeiten für seine sadistische Affektabfuhr finden, indem er unnötige Hysterektomien, Myomentfernungen, Brustamputationen durchführt«[72] – so eine Ärztin und Psychologin.

Derartige Stellungnahmen sind nicht neu. Das Problem ist aber vielschichtiger. Eine »Neurose« im Zusammenhang mit der realen Mutter kann einen Mediziner unter Umständen in den Beruf des Gynäkologen treiben; eine Disharmonie mit dem weiblichen Prinzip ist bei einer solchen Neurose auf jeden Fall gegeben. Die Verantwortung für mitunter unnötig vorgenommene chirurgische Eingriffe an Frauen liegt nicht nur bei den Gynäkologen, sondern ebenso auch bei unmündigen Patientinnen, die ihre Zustimmung zu derartigen Operationen geben, weil sie es zum Beispiel versäumen, andere Ärzte zu konsultieren oder sich anderweitig zu informieren. Das Unbewußte des Arztes kooperiert ja mit dem unbewußten Teil seiner Patientin; kompensiert der Arzt, so ist die Patientin in der Hemmung. Die unausgesöhnte Spaltung männlicher und weiblicher Komponenten ist darüber hinaus nicht nur im einzelnen Mediziner vorhanden, sondern in unserer gesamten Medizin. Die Polarität ist ja überall vorgegeben! So kann man eine eher konservative Behandlung, wie sie vor allem in der internistischen Medizin oder der Dermatologie zur Anwendung kommt, dem weiblichen Pol zuordnen. Alle Behandlungselemente, die mit Tasten, Berühren, Nahrungsaufnahme bzw. Schlucken von Kräutern oder Rezepturen verbunden sind, sind eher femininer Natur. Demgegenüber ist die Chirurgie eine männlich-phallische Medizin, die immer etwas Marsisch-Penetrierendes hat, gleichgültig, ob es sich um Operationen oder nur Laparoskopien handelt. Hier ist die Verwundung des Körpers Teil des Handanlegens.

»Männliche« Medizin ist an sich nicht schlechter oder besser, sie ist aggressiver. Zu bedauern ist nur die Einseitigkeit und die Überbetonung des männlichen, analytisch-eingreifenden Elements. Wir haben nun einmal eine cartesianische Medizin, sonst wäre der Schrei nach der Ganzheitsmedizin nicht so laut. Ob der vielzitierte Paradigmenwechsel gelingt, wissen wir nicht.

Wir haben gesehen, daß auch der Heiler Chiron negative Erfahrungen mit mütterlichen Qualitäten gemacht hatte. In psychoanalytischer Sprache ließe sich sagen, daß die Mythologie uns hier ein Beispiel für eine Mutterneurose gibt, die im Heilen überwunden wurde. Die männliche Wunde ist die Trennung vom Weiblichen, der Ausgleich kann aber nicht über eine spätere chronische, unbewußte Verletzungstendenz seitens des Arztes erfolgen.

Der Arzt und seine Mutter

»*Was tut der Sohn?*
Er wendet sich ab,
verliert den Mut,
geht hinaus und ernährt sich von den Früchten
des Waldes, lebt in Höhlen
und Hütten, ißt Ferne und Stille;
er läßt sich weite Flügel wachsen, betritt die Spirale,
steigt auf.«

Robert Bly

In gleicher Weise wie der Archetypus des Weiblichen (Anima) muß bei der Analyse der ärztlichen Verwundung der Archetypus des Mütterlichen diskutiert werden. Es geht dabei um die individuelle, hautnahe und persönliche Erfahrung mit der eigenen Mutter. Das in diesem langjährigen Prozeß entstehende Mutterbild kann wesentlich von der Person der realen Mutter abweichen. So versucht zum Beispiel ein Mann in jahrelanger Therapie dem durch die Mutter erlittenen Schmerz in seiner Seele auf die Spur zu kommen. In Trance- und Phantasiereisen entlädt sich der tiefe Haß gegen die Mutter, die ihn dominiert, gegängelt und gedemütigt hat, die für ihn ein monströses Wesen darstellt, das er in seiner Phantasie schließlich weit in den Weltraum hinausbefördern muß, um selbst wieder frei atmen zu können. Und doch hat dieses Monstrum im Kopf wenig gemeinsam mit der alten, mittlerweile achtzigjährigen und gebrechlichen Mutter des Analysanden. Mit anderen Worten: Die »innere« Mutter erschaffen wir uns selbst: Wenn auch mein persönliches Bild der Mutter wesentlich von tatsächlich Erfahrenem und in der Kindheit Erlebtem bestimmt wird, so ist doch die reale Mutter, die Mutter als Person, von meiner inneren Mutter immer zu unterscheiden.

Der Archetypus »Mutter« weist zwei Seiten auf. Die positive liegt im Geistigen, Verstehenden jenseits des Verstandes, im Tragenden, im Spenden von Fruchtbarkeit und Nahrung. Dem gegenüber steht das Finstere, Verschlingende, Vergiftende, Angsterregende und Unentrinnbare. Gefühle von Männern und Frauen sind in der Regel immer mit der Mutter verbunden, aber wenn wir die geschlechtsspezifische Komponente miteinbeziehen, wird deutlich, daß die Integration der »Feminität« für den Mann von vornherein viel schwieriger ist, da die matriarchale Kraft zunächst etwas »Fremdes« ist. Und Fremdheit macht angst. Das Problem wird noch größer, wenn die Mutter die Dominanz, die sie als Erwachsene dem Kind gegenüber ohnehin hat, ausspielt, denn dann ist die Muttermilch für das Kind wirklich vergiftet. Und trotzdem ist die Mutter ja meistens keine böse Stiefmutter aus dem Märchen, sondern sie selbst agiert aus vermeintlicher Liebe heraus. Die Tragik für Mutter und Kind ist diese tiefe Ambivalenz: die Verknüpfung von Macht und Liebe aus einer großen Verunsicherung heraus!

Heilung, Macht und Liebe sind aufeinander bezogene Komponenten, die wir uns wie die Säulen eines Tempels vorstellen können, und – wie die Menschheitsgeschichte demonstriert – mit keinem dieser drei Aspekte kommen wir tatsächlich zurecht. Heilung ist im übergeordneten Sinn etwas anderes, als wir in unserer Kurzsichtigkeit zu meinen glauben, Macht besetzt auf negative Weise unsere Wirklichkeit, und Liebe hat das Kitschherzerl umgehängt bekommen. In diesem Netz, in dem wir uns selbst verfangen haben, zappeln wir und schnappen nach Luft. Doch wir wissen nicht, wovon wir uns eigentlich befreien wollen.

Ein Aspekt des Mutterarchetypus findet sich im Begriff der »Großen Mutter«, wie ihn auch die analytische Psychologie verwendet. Das bekannteste Symbol Gaia, die Göttin oder Mutter der Erde, entstammt der Mythologie und wird nur später entlehnt. Das bedeutet auch, in einfachen Worten ausgedrückt: Die Existenz ist mütterlich. Dieses Bild der mütterlichen Erde ist in unserer Seele eingezeichnet – und wir beziehen daraus Vertrauen und Kraft. Eine starke, kraftvolle reale Mutter zu haben kann daher eine der besten Erfahrungen sein, die wir machen können; diese Mutter wird uns aber nur dann zur Kraft, wenn diese Stärke mit Sicherheit und Demut verbunden ist und in den Hintergrund treten und uns loslassen kann. Eine Mutter, die Stärke mit Machtstreben und besitzergreifender Dominanz verbindet, kann einem Sohn nie die matriarchale Kraft nahebringen, da er sich ein Leben lang auf der Flucht vor mütterlichen Übergriffen befinden wird. Daraus resultiert sowohl eine pervertierte Haltung allem Weiblichen gegenüber wie auch die Unterdrückung der Gefühle. Das ganze Gefühlsleben wird ritualisiert, da der spontane Fluß emotionaler Energie zur Bedrohung wird. Viele Priester und Heiler haben dieses Problem. Im Bild der »Mutter Kirche« finden wir einen Aspekt des Mutterarchetyps – und das ist kein Zufall. Der Priester bindet viel von seiner libidinösen Kraft an die Kirche – der Heiler an die Medizin. Mit anderen Worten: Energie, die auch mit Emotion, Befriedigung und Liebe zu tun hat, wird durch Institutionalisierung eher dem Kollektiv oder einem übergeordneten Prinzip zur Verfügung gestellt. Dadurch wird oft vom interaktiven, persönlichen/individuellen Geschehen abgelenkt.

Ärzte sehen sich oft eher *der Medizin* (weiblich!) als dem einzelnen Patienten verpflichtet. Das so entstehende »Gefühlskorsett« wird oft zur Berufskleidung und ist doch gerade in den sozialen Berufen eigentlich fehl am Platz. Diese Eigenbandagierung ist aber nur Ausdruck einer tiefsitzenden Hemmung im Bereich der innerpsychischen Dynamik. Auch Psychotherapeuten kennen das mütterliche Erbe in der eigenen emotionalen Verweigerung, deren Aufarbeitung sie zum kompensatorischen Heilen veranlaßt: Sie, deren Seelen von den Müttern aufgefressen wurden, bohren nun später in den Seelen anderer.

Beim Versuch des Knaben, sich gegen die mütterliche Penetration abzugrenzen, verkriecht er sich in selbstgewählte Isolation, verweigert sich, schafft sich eine eigene, geheime – und mutterlose Welt. Damit verschließt er sich aber bei seiner Entwicklung den mütterlichen und weiblichen Qualitäten, denen er mit tiefem Mißtrauen begegnet. Der holländische Therapeut de Roeck vergleicht die Position des Knaben, der der mütterlichen Dominanz entflieht, mit dem Versteckspiel in einer »Lauernuß«, mit einem Guck- und Hörloch, jederzeit durch einen Finger verstopfbar. Freilich mag sich der Weg aus der Lauernuß hinaus, der Weg aus der Mutterneurose, als dornig erweisen. Der Sohn, der nicht wachsen darf und kann, bleibt ein ewiger Jüngling, ein puer aeternus.

Dieser Junge rettet sich, indem er zurückgezogen zwischen Nußschalen lebt, die jede Entwicklung unmöglich machen, das Spiel sozusagen umdrehend. Hier finden wir den nicht erwachsenen Heiler, der in jeder Frau seine Mutter sieht und aus einem nicht bearbeiteten Konflikt heraus vielen seiner Patientinnen mit unbewußter Feindseligkeit begegnet. Es ist auch die Geschichte der nicht enden wollenden Rache des Puer an der Mutter und des Spieles »Du kriegst mich nicht«. Die zahlreichen Variationen des Themas sind ja allgemein bekannt. Aus Mißtrauen und eigener, nicht eingestandener Bedürftigkeit – denn dann hätte sie ihn ja wieder –, entsteht der kleine Popanz-Heiler, denn die Geschichte geht noch weiter unter dem Titel »Vom gesellschaftlichen Sein zum Sein«:

»Er war entweder Kaiser in seiner Lauernuß oder dem Matriarchat unterworfen, das Himmel und Erde erfüllte. Mit Jesus über den Wolken thronend oder sonst nirgends. Jesus! Dann lieber ersteres. Verschon mich mit deiner Mutter Maria!

Er wurde zum Messias. Der große Helfer. Die Menschen waren Tiere, die aus ihren Käfigen erlöst werden mußten ... Das war eine Rolle, die er leben konnte, eine Zeitlang. Lieber diesen sicheren Platz über den Menschen, aber immerhin zu ihrem Nutzen, als gar keinen Platz bei den Menschen zu haben. Der Helfer mit dem unerschöpflichen Herzen. Schöpferische Verzweiflung, die Berge versetzt.

Tausende sagten ihm mit warmem Blick von unten nach oben: Du darfst so bleiben. Ich bin froh, daß es dich gibt. Mit deinen braunen Hundeaugen, die zugleich geben und betteln. Sie gaben ihm soviel Kredit, daß er es manchmal wagte, für einen kleinen Moment beschämt zu sein, während sie dabei waren. Mit dem Januskopf von Jesus selbst: Retter und Schiffbrüchiger zugleich.

Nach soviel Bestätigungen wagte er es, die andere Seite auch zu zeigen. Neben der ›besseren Mutter‹ das ängstliche Häuflein in der Nuß. Eli, Eli, lama sabaktani.

Die Folgen waren schwerwiegend. Er verlor die Masse seiner Fans. Er behielt nur einen kleinen Trupp von Freunden. Er schenkte ihnen eine halbe Träne. Die Stille seiner Ängste und nicht nur kluge Worte. Begrenzte Verfügbarkeit. Grenzen ohne Nuß: ›Ich habe heute keine Aufmerksamkeit für dich. – Ich will jetzt allein sein. – Darf ich meinen Kopf auf deinen Schoß legen und nichts sagen? ... Ich will vor dir bestehen dürfen, ohne dir etwas bieten zu müssen. Ohne den Messiasmantel, unter dem ich zusammenbreche.‹«[73]

Die in dieser Geschichte angesprochene Realität bezieht sich unter anderem auch auf das Konzept der »overprotective mother«. Gemeint ist damit eine familiäre, besonders aber mütterliche Reaktion der Über-Fürsorglichkeit, wie sie vor allem Kindern mit einer angeborenen oder erworbenen Kränklichkeit zukommt. Und hier haben wiederum besonders Söhne unter der mütterlichen Verwöhnung zu leiden, die ihnen lebenslänglich als Schatten erhalten bleibt. Es gibt daher eine spezielle psychosomatische Pathogenität einer solchen Mutter-Kind-Dynamik, die nicht ohne Folgen für die Entwicklung des Sohnes, für seine Partner- und auch für seine Berufswahl ist. Wenn diese Grundsituation der Kindheit nicht überwunden wird, kann sie sich in einer späteren ewigen Muttersuche bis hin zur Wehleidigkeit und Hypochondrie äußern. Ärzte und Therapeuten mit einer derartig vorbelasteten Mutter-Vergangenheit haben es sehr schwer, sich ganzheitlich und in einer reifen und erwachsenen Distanz ihren Patienten zuzuwenden, denn sie stehen meist zu schwach auf ihren eigenen Beinen. Wenn das in einer solchen Ausgangsbasis enthaltene Potential erkannt und genützt wird, ist sie paradoxerweise jedoch eine sehr geeignete Voraussetzung, über die eigene Verwundung zum Heiler zu werden.

Es ist eine bekannte psychologische Realität, daß Loslösung und Bindung einander bedingen. Wer die Trennung nie gelernt hat, wird sich nicht wieder binden können. Männer, die die Lösung aus der Symbiose mit der Mutter nicht gut bewältigt haben, tun sich schwer mit Bindungen jeglicher Art. Wenn überhaupt, dann fließt die zur Verfügung stehende Energie in die Bindung an eine Institution oder in einen Beruf, oder sie teilt sich auf in verschiedene zwischenmenschliche Beziehungen oder mehrere Partnerschaften. Hier läßt sich auch das Phänomen des Don Juanismus oder der Promiskuität einordnen. Die Bindung an die »eine« Frau ist jedenfalls nicht möglich, da zum einen die vollständige – innere – Trennung von der Mutter nicht gelungen ist, dort also noch viel psychische Energie haftet, und zum andern das bekannte Ausgeliefertsein an die Macht der Frau eine immer gegenwärtige Bedrohung für die Seele des nicht erwachsen gewordenen Mannes darstellt. Und nichts bindet ihn so sehr wie das »Du, Mutter, kriegst mich nicht«! Das ist zunächst die seelische Landschaft desjenigen Sohnes, der sich aus seiner Verwundung heraus gerade den Beruf sucht, der ohne die Aussöhnung mit dem Mütterlichen oder dem Weiblichen nicht wirklich heilend im höchsten Sinn ausgeübt werden kann.

Beispiel: Der halbgöttliche Gynäkologe

Der freundliche und sympathisch wirkende Frauenarzt öffnet die Türe zum Wartezimmer und bittet die nächste Patientin einzutreten. Routinierte Fragen. Rhetorische Floskeln. Die Patientin versucht schüchtern, ihr körperliches Befinden darzustellen. Der Gynäkologe hört ihr zu und nickt scheinbar verständnisvoll mit dem Kopf. Es folgt ein kurzer, etwas lehrhaft wirkender Vortrag zum Problem der Semantik in der Gynäkologie. Die Patientin kann mit den philosophischen und wissenschaftlichen Überlegungen nichts anfangen. Sie hat konkrete Probleme. Kommunikation in der gynäkologischen Praxis ist ein wichtiger Teil der Beziehung zwischen Arzt und Patientin! Der Gynäkologe stellt noch ein oder zwei Fragen. Die Maske seines mitfühlenden Interesses wirkt fast echt. Dahinter liegt jahrzehntelanges medizinisch-schauspielerisches Training. Dann wird die Patientin aufgefordert, sich zu entkleiden und auf dem gynäkologischen Stuhl Platz zu nehmen. Routine im gynäkologischen Alltag. Für die Patientin trotzdem unangenehmes Ritual. Notwendigkeit. Der Doktor steht auf, zieht die weißen Gummihandschuhe über. Als Auswirkung der unzähligen durchgeführten Operationen zeigt sein Rücken eine leichte Krümmung. Seine Körperhaltung ist das Ergebnis stundenlangen, gebeugten Stehens im Operationssaal, sagt nichts über seine innere Befindlichkeit aus. Ein Witzchen, zur Patientin gemurmelt, soll dieser helfen, sich besser zu entspannen. Etwas Small talk, ansonsten alles in Ordnung. Die Patientin springt erleichtert vom Stuhl und zieht sich wieder an. Zwar hätte sie noch einige Fragen, die sie dem Arzt so gerne stellen würde, doch der Doktor wirkt plötzlich so unkonzentriert. Er schreibt einige Anmerkungen auf das Karteiblatt seiner Patientin, findet es nicht der Mühe wert, sie darüber zu informieren, es ist ja nur Routine. Schließlich ist es fast 19 Uhr, das Wartezimmer ist noch voll, und über den Arzt scheint die Müdigkeit hereinzubrechen. Seine Hände machen den Eindruck, als sei da ein leichtes Zittern in den Fingern... Die Patientin verläßt die Ordination mit ihren unausgesprochenen Fragen. Es wird ja einen neuen Termin geben und damit eine neue Gelegenheit, Fragen zu stellen. Es ist spät. Der Gynäkologe ist müde. Er wird sehr schnell fertigordinieren. Als die letzte Patientin gegangen ist, kommt mit klapperndem Schritt die Sprechstundenhilfe herein, räumt mit geübten Griffen die Instrumente in den Sterilisator. Der Frauenarzt blickt in den Spiegel, sieht ein fahles Gesicht. Das Solarium in der Sauna wird ihm am Wochenende guttun. Schließlich darf man seine Patientinnen nicht verunsichern, indem man sich so bläßlich präsentiert. Ein gutaussehender Arzt mit gebräuntem Teint flößt Vertrauen ein. Die Tönung aus dem Haar ist auch schon ausgewaschen, er muß wieder zum Friseur. Der Doktor wird melancholisch bei dem Gedanken, daß er einmal ein attraktiver Mann war, mit glänzendem Blick und vollem Kopfhaar, ein Liebling der Frauen. Es war einmal.

Die Sprechstundenhilfe hat ihre Arbeit getan und schickt sich an, nach Hause zu gehen. Der Arzt hat das Bedürfnis nach Kommunikation. Den ganzen Tag mußte er reden und geben, jetzt braucht er eine Frau, die zuhört und der er seine Sorgen, Gedanken und Hypochondrien vermitteln kann. Doch die Sprechstundenhilfe weigert sich, in seinen Jammer über den Lauf der Welt einzustimmen. Seine Wehleidigkeit geht ins Leere. Sie geht. Zurück bleibt ein ältlicher Mann ohne Glanz in den Augen, ein Mann, der einmal schön war, der als aufgeweckter und intelligenter Junge zu seiner Mutter aufblickte und sagte: »Ja, Mama, ich werde einmal ein guter Arzt werden. Ich verspreche es dir.«

Es ist 20 Uhr. Der Frauenarzt muß noch seine Mutter anrufen. Sie wartet darauf.

Realität oder Fernsehserie?

Die Frau als Patientin

»Vieles an dieser Selbsterforschung und an dem neuesten Bewußtsein ist unbequem und schmerzlich für Männer ebenso wie für Frauen.«

Anne Morrow Lindbergh

Bereits mehrfach angesprochen wurde die Tatsache, daß es in der patriarchalen Struktur eo ipso eine Verwundung des weiblichen Anteils unserer Existenz gibt. Die Verdrängung weiblicher Aspekte interessiert uns im Zusammenhang mit der Thematik dieses Buches. Zum einen grenzt die Projektion auf einen Arzt-Gott an sich sehr viel an weiblicher Potenz aus. Dies hat nicht nur zur Folge, daß sich die Frau als Heilerin nicht in dem Maße historisch entwickeln konnte, wie es der Heilkunst entsprechen würde, sondern zementiert auch die Etablierung einer sogenannten »Männermacht« in der Medizin[74], die die Hochschulmedizin sowie die medizinische Wissenschaft und pharmazeutische Forschung bis zum heutigen Tag wesentlich bestimmt und prägt.

Es ist naheliegend, daß eine von Männern getragene Medizin von einem männlichen Körperbild ausgeht und beispielsweise im Hinblick auf unterschiedliche Stoffwechselvorgänge im männlichen und weiblichen Körper nicht genügend differenziert. Wir sind erst am Anfang einer »feministischen Medizin«, wie in der Zeitschrift PSYCHOLOGIE HEUTE (August 1995) in einem Artikel: »Die Medizin muß begreifen: Frauenkörper funktionieren anders« dargelegt wird. Feministische Medizin meint weder Gynäkologie noch eine von militanten Feministinnen durchgeführte Medizin. Feministische Medizin bedeutet, der Patientin und ihrem Körper den entsprechenden Stellenwert im Gesundheitssystem zu geben, bedeutet, dem weiblichen Körper über medizinisches Interesse hinausgehend auch entsprechende Achtung entgegenzubringen.

Daß dies in der Geschichte unserer männlich ausgerichteten Medizin nicht immer der Fall war und ist, zeigen zahlreiche medizinkritische Auseinandersetzungen mit diesem Thema. Was treibt den Arzt dazu, sich mit soviel Abwehr, Aggression und Herablassung dem weiblichen Körper zu nähern? Psychoanalytisch interpretiert können wir von der bereits angesprochenen Verwundung des Mannes im Hinblick auf seine Anima, sein Frauenbild und seine erlebte Mutterproblematik ausgehen. Die Entfremdung in bezug auf das Weibliche ist in der täglichen medizinischen Routine leider nur allzu oft zu beobachten. Sie reicht von Fehldiagnosen über den entwürdigenden Umgang mit Patientinnen bis hin zu sprachlichen Entgleisungen. So wird von Frauen, denen die Gebärmutter entfernt wurde, im »medizinischen Fachjargon« als den »Ausgeräumten« gesprochen. Eigentümlich nimmt sich auch folgendes Praxisschild eines Gynäkologen aus: »ORDINATION/FÜR FRAUEN/und/GEBURTSHILFE«. Haben wir es hier mit einfachem männlichen Chauvinismus zu tun? Leider behandeln auch Ärztinnen ihre Geschlechtsgenossinnen nicht immer mit mehr Einfühlungsvermögen:

»Frauen erleben ihren Arzt oder ihre Ärztin keineswegs immer als hilfreich, sensibel oder auch nur aufmerksam. Jede zehnte Frau glaubt, sie würde besser medizinisch behandelt, wäre sie nur ein Mann. Und 25 Prozent fühlen sich beim Arztbesuch herablassend behandelt, während es unter den Männern nur zwölf Prozent sind.«[75]

Wenn sich immerhin ein Viertel aller Frauen – und die Zahl gibt nur jenen Teil der Patientinnen an, denen die Fehlhaltung der Schulmedizin überhaupt bewußt wird! – in der medizinischen Behandlungssituation nicht wohl fühlt, läßt dies auf übergeordnete gesellschaftliche Bedingungen oder Kräfte schließen, die von Frauen und Männern auf unterschiedliche Weise eingeschätzt werden, und zwar auch in der Heilkunst! Doch die mißhandelte und verdrängte Weiblichkeit schlägt zurück. So tauchte in einem Zeitungsartikel kürzlich die Nachricht von der Abwasserverschmutzung durch Östrogen-Rückstände auf. Diese werden verursacht durch die Antibaby-Pille, die das künstliche Hormon Ethinylöstradiol enthält. Die weiblichen Hormone lösen sich nach der Pilleneinnahme ja nicht einfach auf, sondern die Östrogene werden mit dem Urin wieder ausgeschieden und gelangen über Kläranlagen in den Wasser-Kreislauf.[76] Universitätsprofessor Dr. Johannes Huber (Universitätsfrauenklinik Wien) spricht bereits von einem »Östrogen-Ozean, in dem wir alle schwimmen«. Über die äußere Wirklichkeit bekommen wir sehr deutliche Metaphern für unsere psychologischen Realitäten! Diese Bilder übertreffen unsere Phantasie bei weitem. Uns begegnet hier die Tatsache, daß sich »weibliche Potenz« oder »feminine Anteile« in einer vom Männlichen dominierten Gesellschaft (und Medizin) nicht so ohne weiteres verdrängen lassen, sondern im Untergrund weiterbestehen. Denn im Kreislauf des Lebens müssen insgesamt immer alle Kräfte vorhanden sein.

Was aber unterscheidet die Patientin vom Patienten? Was könnten wir daraus ableiten?

Aus der Psychosomatik wissen wir, daß die Sensibilität von Frauen gegenüber der eigenen Wunde größer ist als die der Männer. Das heißt: Die Frau begegnet dem Nicht-Funktionieren ihres Körpers anders als der Mann. Sie beobachtet ihre körperliche Befindlichkeit genauer, sucht früher medizinische Konsultation auf und ist offener gegenüber Gesundheitsthemen. Dies machen sich Institutionen wie die Weltgesundheitsorganisation und die Gesundheitsministerien in verschiedenen Ländern zunutze, wenn sie die Frau als Trägerin eines neuen Bewußtseins im Hinblick auf die Gesundheitsvorsorge sehen. Doch die Einbeziehung der Frau in die Welt der Medizin muß tiefer gehen.

Die Frau muß sowohl als Ärztin wie auch als Patientin in der einseitig gewordenen Heilkunst eine volle Rehabilitation erhalten. Dies bedeutet für zukünftige Forschungen und Studien, daß sie von der Tatsache unterschiedlicher Stoffwechselvorgänge und Krankheiten im männlichen und weiblichen Organismus auszugehen haben. Besonders die pharmazeutische Forschung muß sich vermehrt der Frage der sehr besonderen körpereigenen Verarbeitung von Arzneimitteln bei Frauen widmen, da dies unter anderem auch Auswirkungen auf die Produkte und ihre Dosierungen haben wird. So kann nämlich das gleiche Medikament, Mann und Frau verabreicht, unterschiedliche Wirkungen haben.

Die Integration femininer Aspekte ist eine grundlegende Forderung, die wir in diesem Buch immer wieder stellen. Sie ist der einzige Weg, um die Hochschulmedizin in ihrer Einseitigkeit zu korrigieren, wie der amerikanische Arzt Mendelsohn in seinem zwar ketzerischen, aber doch von Optimismus getragenen Buch meint:

»Noch vor zehn Jahren sah ich wenig Hoffnung für meinen Berufsstand. Ich konnte nicht glauben, daß irgendeine Macht der Erde imstande wäre, solch eine starre, selbstgerechte, monopolistische Institution wie die Schulmedizin zur Veränderung zu zwingen. Heute weiß ich, daß das möglich ist. Ich weiß auch, daß die Frauen es möglich machen, weil sie nämlich die Opfer sind und von ihren Ärzten mit weit mehr Arroganz und Herablassung behandelt werden als Männer.«[77]

Teil IV
Was heilt?
Wer heilt wie?

Denn sie wissen nicht, was sie tun

»Was Medikamente nicht heilen, heilt das Eisen;
was das Eisen nicht heilt, heilt das Feuer;
(was aber das Feuer nicht heilt,
muß als unheilbar angesehen werden).«

Hippokrates

Was ist Heilung? Wenn Sie jemandem diese Frage stellen, wird er Sie wahrscheinlich erstaunt anblicken, denn schließlich weiß doch jedermann, was unter Heilung zu verstehen sei. Heilung ist die Wiederherstellung der Gesundheit eines Organismus, also das Gesund-Machen. Und für den Begriff »Gesundheit« gibt es von der Weltgesundheitsorganisation eine allgemein bekannte Definition: Gesundheit ist das körperliche, seelische, geistige und soziale Wohlbefinden des Menschen. Heiler schaffen also Wohlbefinden, sie reparieren Körper, Geist, Seele des Individuums und bringen der Gesellschaft Heilung – im technischen Zeitalter geschieht das auf hohem wissenschaftlich-professionellem Niveau. Diagnostische und therapeutische Verfahren in der Humanmedizin werden mittels Biotechnologie und Gentechnik immer ausgefeilter.

Doch es ist gar nicht so einfach, auf die vermeintlich schlichte Frage, was Heilung sei, eine klare Antwort zu geben. Die Sprache der Mythen und Religionen weiß uns hier noch mehr zu vermitteln und kann uns dabei helfen, einen Standpunkt zu beziehen, während unser wissenschaftsgläubiges Zeitalter von derartigen Fragestellungen zumeist peinlich berührt zu sein scheint. Bei den in den heilenden Berufen Tätigen macht man sich mit der Frage nach Hintergrund und Ziel ihres Tuns ohnehin unbeliebt. Dennoch läßt sich die Frage nicht beantworten.

Heilung ist unserer Ansicht nach ein Prozeß, ein Geschehen, aber nicht im lateinischen Sinn von facere (»machen«). Heilung kann weder therapeutisch noch operativ gemacht werden, sondern stellt sich ein und ereignet sich, wenn mehrere Bedingungen erfüllt werden. Auf diese Bedingungen haben Arzt und Patient zwar beide Einfluß, doch wie weit ihr Anteil am Heilungsgeschehen reicht, kann niemals definiert werden. Daher können wir auch vom *Mysterium der Heilung* sprechen, das jenseits jeder Kausalität und Theorie – obwohl diese unverzichtbar sind! – stattfindet, und das *immer* Körper, Geist und Seele miteinbezieht. Heilung kann, wie Peter Orban anmerkt, nicht durch Technik oder Therapie bewerkstelligt werden. Sie ist vielmehr ein Prozeß in Richtung Ganzheitlichkeit, indem sie dabei hilft, die verschiedenen Bruchstücke des Lebens, die »Glieder«, wieder zu verbinden:

»Jede Arbeit in dieser Richtung trägt zur Heilung bei, keine *ist* Heilung, weil es endgültige Heilung nicht gibt.«[78]

Das Etappenziel für den Mediziner heißt folglich nicht Heilung, sondern Auseinandersetzung oder Entwicklung:

»Noch nie hat eine Operation eine Krankheit geheilt. Sie mag mitunter notwendig sein, damit du überlebst und dich überhaupt noch mit dir … auseinandersetzen kannst.«[79]

In der Antike gab es in den Tempelanlagen, die zur Heilung errichtet worden waren, den sogenannten Asklepiaden, noch den Heilschlaf als Therapeutikum. In hermetischer Abgeschlossenheit wurde dem Kranken zunächst Zeit und Ruhe gegeben, um das Heil- und Gesundungsgeschehen zur Wirkung gelangen zu lassen. In diesem initiierten Heilschlaf war der Traum, also die Arbeit des Unterbewußtseins, ein wesentlicher Faktor für die Wiederherstellung der Gesundheit. Die medizinischen Helfer in den Asklepiaden gingen von Bett zu Bett und gaben den schlafenden Patienten Ratschläge oder führten die Kranken mittels Einflüsterungen durch den Heilschlaf, in dem die Patienten Traumgesichter als heilende Phänomene sahen.

Uns ist zwar allen bekannt, welche wichtige Rolle dem Schlaf für die Genesung eines Kranken oder Fiebernden zukommt, doch die tiefere Bedeutung und Sinnhaftigkeit des Heilschlafs ist uns nicht mehr gegenwärtig. Was heilt, wissen wir nicht. Warum Gewebe wieder zusammenwächst, kann auch der beste und kompetenteste Chirurg nicht erfassen. Er ist auf dieses Mysterium angewiesen. Und hier beginnt das Nicht-Wissen des Arztes und seine Demut.

In jüngster Zeit scheint man die Wahrnehmungsfähigkeit des anästhesierten Patienten während einer Operation in einem anderen Licht zu sehen. Der amerikanische Arzt Bernie Siegel hat zum Beispiel beschrieben, daß Patienten während einer Operation auch unter Vollnarkose sprachliche Äußerungen von seiten der Chirurgen oder Anästhesisten aufnehmen können.[80] Ähnliche Ergebnisse erbrachte auch eine holländische Studie, wonach narkotisierte Patienten auf unterbewußten Wahrnehmungsebenen sehr wohl für Mitteilungen empfänglich sind. Doch allein die nur andeutungsweise skizzierte Gleichsetzung unserer Operationssäle mit antiken Tempelräumen ist schon ein mutiger und gewagter Gedankengang. Oder etwa nicht?

Heilung als Weg

»...und fühlte zugleich, daß ihm die Wunde nicht gegeben war, um in ihr zu wühlen, daß sie zur Blüte werden und strahlen müsse.«

Hermann Hesse

Ungeachtet unterschiedlicher weltanschaulicher, kultureller oder auch religiöser Hintergründe ist Heilung letztlich Ganzwerdung und Wiederherstellung des harmonischen Zusammenspiels der Lebenskräfte. Auf diesem Weg zur Ganzwerdung gibt es verschiedene Etappen. Heilung ist immer nur in kleinen Schritten möglich und bleibt letztlich fragmentarische Annäherung an einen »Idealzustand«.

Totalität in der Einheit ist uns nicht möglich. Der Mensch lebt auf dieser Erde, um sich seiner bewußt zu werden. Das heißt: Bewußtwerdung ist der Weg zur Gesundheit. Aber solange der Mensch in der Polarität steht, hat er immer Heiles und Krankes in sich. Aus diesem Grunde sterben zum Beispiel Kulturen oder Naturreligionen, die im totalen Einklang mit der Natur stehen, aus, da sie ihre Existenzberechtigung für die Entwicklung der Menschheit innerhalb einer auf Polarität abgestellten Evolution verloren haben.

Heil-Werden ist also ein Prozeß. Am Beginn dieses Prozesses steht die »Wunde des Menschen« als eine existentielle Bedingtheit. Sie erscheint auf der seelischen Ebene als psychische Neurose und kann manchmal auch im Körper als physischer Defekt erfahren werden. Verwundet sind wir alle.

Doch bevor wir uns überwinden und den »Teufel auf den Mund küssen«, das heißt, unsere eigene Verwundung anschauen und annehmen lernen, versuchen wir uns eher auf dem Weg der Kompensation, indem wir unsere kranken Anteile in die Welt und auf andere Menschen projizieren. Der Weg der Heilung geht aber weg von der Projektion und hin zur Integration. Nicht die Welt, andere Menschen, die Eltern mit ihren Neurosen sind krank – nein, ich bin verletzt und verwundet.

Dieses Gewahrwerden der je eigenen Wunde beginnt häufig unbewußt in Form einer intensiven Beschäftigung mit den persönlichen blinden Flecken. Oft bleiben sie blind, obwohl die unbewußte Auseinandersetzung dem Kollektiv zum Vorteil gereicht. Dies erklärt das Opfer- und Märtyrertum so vieler Pioniere in der menschlichen Entwicklung, die Gedankengebäude und Heiltechniken entwickelt haben, um sie anderen zugänglich zu machen. Der eigene blinde Fleck bekommt so eine Funktion im Kollektiv: Verwundete helfen anderen Menschen – sich selbst aber können sie oft nicht helfen. Um heilen und helfen zu können, muß man aber ein Verwundeter sein – so sagt uns der Mythos des verwundeten Heilers. Wir sind zwar alle verwundet, doch der »verwundete Heiler« versucht stellvertretend für den seine Dienste in Anspruch nehmenden Kranken, das verlorene Gleichgewicht wiederherzustellen.

Jede Gesellschaft, jede Familie und jedes Individuum hat einen Anteil am Schatten, bedarf also der Integration, der Erlösung und der Heilung.

Durch Ausgrenzung unserer Emotionalität, unseres Unbewußten, versperren wir uns aber den kollektiven und individuellen Weg der Heilung. Die im wirtschaftlichen Streß gefangenen Ärzte haben keine Zeit mehr zur Bewußtwerdung. Dies als das Versagen von Einzelpersonen zu interpretieren wäre zu einfach, da wir an den pragmatischen Realitäten unserer Zeit und unserer Gesellschaft nicht vorbeireden können. Der Weg der Heilung beginnt für einen Schamanen an einem anderen Ort als für einen in unserer Kultur ausgebildeten Mediziner. Der Schamane versteht sich noch als der Vermittler von Heilsenergien und hat, bevor er Heiler wird, eine lange und leidvolle

Zeit zu durchlaufen, in der er durch Riten eine Initiation nach der anderen absolvieren muß, um mit dem Schmerz und der Verwundung konfrontiert zu werden. Erst das Aushalten der Wunde gibt ihm die Macht und Kompetenz, andere heilen zu können, weil der eigene Schmerz demütig macht und zum Mitleiden befähigt. Andere Kulturen, andere Heiler?

Therapie zwischen Deutung und Heilung

»Jeder Mensch wirft einen Schatten; nicht nur sein Körper, sondern auch der mit diesem nicht vollständig verbundene Geist.«

Henry David Thoreau

Worte wie Krankheit, Heilung und Gesundheit sind wie die meisten der uns existentiell betreffenden und dabei gleichzeitig in der Alltagssprache verwendeten Begriffe so selbstverständliche Codes in unserer Kommunikation, daß wir uns im allgemeinen keine Gedanken darüber machen, welche begriffliche Wirklichkeit damit verbunden ist. Welches Verständnis von Krankheit und Heilung wird eigentlich transportiert? Welche kollektiven Erwartungen, Wünsche und Ängste stehen hinter unserem Gesundheitsbegriff? Und was heißt für uns heilen?

Die Ärzte der Antike waren noch in einem holistischen Weltbild eingebettet und einer ganzheitlichen Medizin verpflichtet. Ihrem Heilen lag das Motto zugrunde: »Medicus curat, natura sanat.«

Der Arzt behandelt, die Natur heilt. Heilung kam aus der Natur – und Natur war die Manifestation des Göttlichen. Eine solche Sicht ist uns in der aufgeklärten Neuzeit abhanden gekommen, und in unserer säkularisierten medizinischen Welt scheint das Konzept der göttlichen Ganzheitlichkeit und heilenden Natur nicht mit einem rational-wissenschaftlichen Zivilisationsbegriff vereinbar zu sein. Wir postulieren die Einseitigkeit und die Trennung und schließen unseren eigenen Pakt mit Mephisto, der uns möglichst lange die Sicht auf Krankheit und Tod ersparen soll. Ganzheitlichkeit aber heißt Ehrfurcht vor dem ganzen Leben, bedeutet, das ganze Sein anzuerkennen und auch das zu integrieren, was dunkel und schattenhaft in unserer Existenz erscheint. All das klingt sehr banal – und doch versagen wir tagtäglich dabei und verlieren unsere Seelenteile auf dem Weg der Projektion. Ganzheitlichkeit bedeutet auch, daß man den Körper nicht heilen kann, ohne gleichzeitig auf die Seele einzuwirken, und daß der Arzt nicht behandeln kann, ohne sich selbst zu wandeln. Indem der Arzt oder Therapeut am Patienten einen Heilungsvorgang initiiert, geschieht auch etwas in ihm selbst und durch ihn.

Der Ruf nach einer »anderen« Medizin wird zwar immer lauter und durchdringt immer fordernder den Praxisalltag, doch was hier tatsächlich gefordert wird, bleibt oft unklar. Brauchen wir andere Heilverfahren, andere Techniken oder andere Mediziner? Sicherlich genügt es nicht, ein bißchen Alternatives mit wissenschaftlicher Medizin in alchimistischer Art und Weise zu vermischen, um eine Ganzheitsmedizin entstehen zu lassen und diese als den Stein der Weisen zu verkaufen. Es geht auch nicht um ein »Zurück zur Natur« in kleingläubiger Naivität, indem man mit Kräutertees zu heilen beginnt. Es geht um viel mehr.

Gehen wir zunächst zum Anfang zurück. Der Urzustand ist die Einheit und Ganzheit, die ungebrochene Energie, die Schöpfungskraft per se. Im Hebräischen entstammt das Wort Gesundheit derselben Sprachwurzel wie der Begriff Schöpfung, was diese Einheit ausdrücken soll. Das ungehinderte Fließen von Lebensenergie, im Sanskrit »Prana« genannt, ebenso wie das Konzept des ewigen »Tao« umschreibt Vorstellungen von einer energetischen Harmonie des Lebens. Diesen Zustand können wir nur annähernd und abstrakt erfassen, da wir in unserer Evolution aus dieser Einheit herausgeholt wurden. All unsere Versuche, zu reparieren und zu heilen, sind darauf abgestellt, die Lebensenergie wieder in Gang zu setzen beziehungsweise Blockaden zu beseitigen. Denn die Blockade ist die Störung, ist die Zersplitterung im körperlichen ebenso wie im seelisch-geistigen Bereich.

Auf diesem Gedanken bauen auch die körperzentrierten Therapien eines Wilhelm Reich oder Alexander Lowen auf, die über die Körperregulation in die Psyche eingreifen. Und ebenso versuchen Akupunktur oder Akupressur Energieblockaden im Körper aufzulösen, um dem Patienten zumindest einen Teil der zersplitterten Kraft wieder zuzuführen. Denn Gesundheit heißt das Erfahren von Einheit, und sei es auch nur bruchstückhaft. In diesem Sinne können wir auch mit Friedrich Weinreb sagen, daß es nicht die Technik ist, die heilt, sondern eine Kraft, die wie ein Fluidum von manchem Arzt ausgeht.

Der wahre Heiler ist also ein Vermittler von Energien. Er mag sich zwar einer bestimmten Technik bedienen, aber er heilt nicht, sondern die Natur heilt durch seine Behandlung hindurch. Er kann lediglich mit der Natur zusammenarbeiten, das heißt, er muß die Gesetze der Natur kennen und sich auf sie einstimmen. Er kanalisiert vorhandene Energien, wird selbst Teil der Energie nach dem holistischen Prinzip, so wie der Surfer mit der Welle eins wird und nicht mehr getrennt von ihr existiert. Der wahre Heiler »macht« nicht, er vermittelt und begleitet, er stellt die fehlenden Verbindungsstücke wieder her und hilft somit dem Kranken, seine Heilung zu finden. Mit anderen Worten: Der Heiler führt den Patienten zurück und vermittelt ein Stück der anfänglichen Ganzheit im Sinne der »religio«. Und nur aus diesem Grunde waren im Altertum die Heiler auch Priester, gab es eben diesen Zusammenhalt von Ärzteschaft und Priestertum, während heute beispielsweise die sogenannte Krankenhausseelsorge getrennt vom heilenden Arzt unter die Obhut der kirchlichen Institutionen gestellt wurde und ein Schattendasein im Heilungsgeschäft fristet.

Das Bild des vollkommenen Heilers ist im Christentum in der Gestalt von Jesus Christus als dem Idealtypus des Heiland gegeben. Der wirkliche Heiland-Arzt, nennen wir ihn zunächst einmal so, wird sich diesem Bild im Laufe seines Berufsweges annähern, das heißt, er verbindet in einem sehr hohen Maße menschliche Qualitäten mit göttlichem Energiepotential. Trotzdem stellt sich hier die Grundfrage: Über welchen Kanal bezieht der wirkliche Heiler seine Heil-Energie?

Zur näheren Erläuterung verwenden wir ein in der Literatur der Antike sehr bekanntes Mythologem, nämlich die Geschichte von dem unbesiegbaren Riesen Antaios. Er war der Sohn von Poseidon und Gaia und galt als unverwundbar.

Herkules aber gelang es, den Riesen zu entmachten, indem er, auf den Rat von Pallas Athene hörend, Antaios vom Boden hochhob und damit die Verbindung zur Mutter Erde trennte. Denn Antaios war nur so lange unbesiegbar, wie er mit der Erde, der weiblichen Kraft und der Energie der irdischen Scholle verbunden war. Der Kontakt mit der Erde, also der mütterlichen und weiblichen Qualität machte ihn zu einem ganzheitlichen Wesen und verlieh ihm dadurch die Kraft der Einheit.

Übertragen wir dieses Bild in unsere Wirklichkeit, heißt das für unseren Heiler, daß die Trennung vom Weiblichen, vom Mütterlichen an sich zwar einerseits die Ur-Wunde des Mannes in unserer Kultur, also auch des Arztes ausmacht, daß aber andererseits die Wiederverbindung, die Rückkoppelung an das weibliche und nährende Prinzip, also die Heilung der Wunde, Heilkompetenz schafft. Die Kraft des Heilers liegt in seiner Wunde!

Die immerwährende menschliche Sehnsucht nach einer Entwicklung führt junge Menschen – zunächst über den Weg der Kompensation und des Nicht-Bewußtseins – in den heilenden Beruf. In welcher Weise diese Kräfte des Heilens aber dann verfügbar werden, läuft bei Männern und Frauen unterschiedlich ab. Das heißt: Die heilende Potenz kommt bei Frauen anders in Gang als bei Männern, da der Weg der Individuation oder Ganzheitlichkeit ein unterschiedlicher ist, wenn auch das Ziel ein und dasselbe bleibt. Dies erklärt, warum gute Ärztinnen eine positiv integrierte Maskulinität (und nicht einen fehlgeleiteten oder übersteigerten Animus) haben und warum gute Ärzte über eine feminine Potenz verfügen. Was heilt, ist das Göttliche. Und das Göttliche ist männlich und weiblich und vermittelt sich uns durch die Natur und ihre Gesetze. Der Heiler kennt die Regelmäßigkeit der Natur, aber aus seiner eigenen Verwundung heraus auch die Unregelmäßigkeiten, die gebrochenen Gesetze und die Störungen. Und aus diesem Wissen bezieht er seine Kompetenz und sein Wissen. All das kann er dem Kranken nutzbar machen und vermitteln. Mehr kann er nicht.

Im Äskulapstab ist uns mit der Schlange ein universelles Bild und Symbol für Heilung gegeben. Denn Heilung als Individuation und Ganzwerdung ist Rückbesinnung und Erinnerung. An der Erinnerung an unsere Wunde und unser Krank-Sein werden wir genesen. Dieser so philosophisch-abstrakt anmutende Gedanke hat seinen konkreten therapeutischen Niederschlag unter anderem in der Lehre der Homöopathie gefunden. Das Prinzip »Similia similibus curantur« gilt für die körperliche wie auch die psychische Ebene. »Gleiches wird durch Gleiches geheilt« kann auch übersetzt werden mit »Gleiches erkennt Gleiches« oder mit »Du mußt dich erinnern«. Beim Prozeß des Erinnerns hat der Arzt die Rolle des begleitenden Deuters.

Das angepaßte und daher naturwissenschaftlich orientierte Kind unseres Jahrhunderts reagiert beim Hören oder Lesen des Ausdruckes »Deuter« unwillkürlich mit dem Gedankengang: Deuten ist unwissenschaftlich, ist ungenau, ist etwas, das der Vergangenheit angehört. Vergessen wird zweierlei: daß die Deutung im Alltag und in fast jeder Arzt-Patient-Interaktion vorkommt und daß die Deutung notwendig ist. Der Arzt gebraucht sie als diagnostisch-therapeutische Handlungsanweisung, die ihn in eine bestimmte Richtung lenkt. Der Patient braucht sie, weil er eine Erklärung für sein Leid begehrt. Außerdem muß betont werden, daß im Deuten ebenso enthalten ist: »Hinweisen auf«.

In der dialogischen Arzt-Patient-Beziehung gibt es zur Erkrankung verschiedene Verstehensweisen, verschiedene Erklärungsmodelle, wie es zum Symptom, zur Beschwerde gekommen ist. Bedauerlicherweise wird die Deutung des Patienten selten zu Gehör kommen, während sie in der sogenannten primitiven und schamanistischen Medizin Ausgangspunkt des Heilens ist (»wie die Geister beleidigt wurden« etc.; auch noch Peter Altenberg: »Wenn uns der Körper schon hinweist, wo die Kränkung liegt«).

Aber es gibt erfreulicherweise zunehmend viele Ärzte, die dieser Einschätzung des Patienten zu seinem Krankwerden nachgehen: »Wie ist es Ihrer Meinung nach zu dieser Beschwerde gekommen?« Der so (ernstgenommene) befragte Patient deckt seine eigene Krankwerdungseinschätzung auf. Der nicht selten gehörte Satz »Sagen's nix, ich bin hier der Arzt, ich stelle hier die Diagnose«, bleibt ungesagt, die Konkurrenz zwischen Patient und Arzt im Hinblick darauf, »wer wohl die richtige Erklärung hat« macht einer Zusammenarbeit Platz.

Bei allem fachlichen Vorsprung im akademischen und naturwissenschaftlichen Wissen ist es von höchster Zweckmäßigkeit für den Behandlungsverlauf, daß Arzt und Patient eine deckungsgleiche Erklärung zum Krankwerden haben. Diese Erklärung kann auch in den Worten und in der Sprache des Patienten vermittelt werden. Hier wird der Arzt zum freundlichen Helfer, er deutet hin auf den vielleicht noch korrigierbaren Fehler, zeigt hin auf das, was jetzt noch diagnostisch oder therapeutisch folgen wird. Er ist im Deutungsprozeß Erklärer, bringt Klarheit und somit Ruhe in den Aufruhr des Patienten hinein. Aus der medizinischen Psychologie ist bekannt, wie ein gestörter Deutungsprozeß verläuft: Der Arzt verwendet eine die Angst extrem verstärkende Spezialsprache. So hinterließ beispielsweise ein Suizidant die Zeilen: »Scheide nach der schrecklichen Diagnose aus dem Leben«. Die Diagnose? »Corpulmo o. B.«, das der Arzt seiner Sprechstundenhilfe in Anwesenheit des Patienten diktierte, auf deutsch: Herz und Lunge ohne Befund, regelrecht in Ordnung. In einem gestörten Deutungsgespräch wird die Angst nicht geringer, der Patient zieht noch alarmierter und ungetröstet von dannen. Dabei gehört nur eine kleine Portion guten Willens dazu, gemeinsam mit dem Patienten eine mögliche Krankheitsursache zu finden! Wieviel kooperativer kann ein Patient sein, der eine Diagnose versteht, weil ihm eine annehmbare Deutung geboten wurde! Wieviel belastbarer und psychisch stabiler wird er, auch bei einer Deutung, die auf chronischen Schmerz, ja Tod hinweist! Ausgelöst durch Erfahrungen, die in der Kindheit als nicht zu bewältigen erlebt wurden, haben Ärzte immer noch Angst, daß eine klare Deutung die Verzweiflung des Patienten, ja seinen Suizid zur Folge haben könnte. Nichts von alledem passiert z.B. in Krebskliniken, die, dem Prinzip der klaren und unmißverständlichen Deutung gehorchend, ein-deutige Diagnosen mitteilen!

Die Deutung, die Interpretation, die Zuschreibung von Krankheitsursachen (als neue psychologische Forschungsspezialität: Attributionsforschung, oder wie erklärt sich der einzelne eine Ursachen-Folge-Sequenz?) haben also große Bedeutung.

Auch der Körper weist den, der aufmerksam hinschaut, der zuhört, mit dem Symptom auf den Hintergrund einer Krankheit hin. Die Krankheit dient als diagnostischer Weg: Woher die Erkrankung?, und als therapeutischer Weg: Was ist warum zu tun, um Heilung zu bewirken? Der Arzt könnte gegenüber dem Patienten ein Mitbetroffener werden, das heißt, er könnte im Symptom des Patienten seine eigene Verwundung widergespiegelt sehen oder seinen eigenen Schattenbereich erblicken. In besonderer Weise wäre er dann offen für den *Symbolgehalt* von Krankheiten seiner Patienten. Der verstehende Arzt wäre somit ein kundiger Leser der Sprache von Krankheitssymptomen, die in jedem Krankheitsverlauf – und nicht nur in der psychosomatischen Medizin! – zu finden ist, selbst dann, wenn sie sich nicht immer adäquat interpretieren läßt.

Ein so arbeitender Arzt steht in der Tradition der »Heiler«, er ist Deuter, Interpret des Symptoms und Übersetzer der Körper- und Organsprache in die dem Patienten jetzt verständliche Sprache. Das soll nicht heißen, daß der Arzt immer alles verstehen und erklären kann. So ist auch der Anspruch des Patienten, alle Krankheitssymptome gedeutet zu bekommen, nicht immer angebracht. Ein gelegentliches »Das kann ich nicht erklären« von seiten des Arztes wäre schmerzhaft ehrlich, aber auch ein Eingeständnis seiner Grenzen.

Während in der sogenannten Primitivmedizin die Frage: »Was hat mich krank gemacht?« der Ausgangspunkt des Therapierens ist, findet Medizin heute – zum Schaden des Heilungsprozesses – häufig auf der Grundlage von Krankwerdungsmodellen statt, die Arzt und Patient unterschiedlich sehen. Dies hat unter Umständen negative Folgen, beeinflußt doch die Therapie, die ja auf einer Krankwerdungserklärung fußt, das Verstehen des Patienten zum Krankwerdungsprozeß. Es hat zum Beispiel bei der Behandlung psychosomatischer Erkrankungen eine große Bedeutung, ob der Patient – der Arzt übrigens auch – die seelische Komponente in der Entstehung der Beschwerde berücksichtigt. Beispielsweise wird ein psychosomatisch am Magen erkrankter Patient, bei dem lange und ausschließlich seine Magenschmerzen behandelt wurden, es irgendwann natürlich »nur am Magen« haben. Und sogar »Umdeutungsversuche« eines zweiten Mediziners, der auf eine eventuelle nervliche Mitverursachung hinweist, mit einem »Herr Doktor, ich hab's nicht am Kopf, sondern am Magen« zurückweisen.

Der Psychiater steht dieser oben beschriebenen Kunst der Deutung in der westlichen Medizin verständlicherweise am nächsten. Und von dieser Fachdisziplin für *Nerven- und Gemütserkrankungen* aus erforschten Ärzte das Unbewußte und entwickelten die Fachrichtung der Psychosomatik. Hier also, an der Schnittstelle zwischen Körper und Seele, zwischen Nervenbahnen und Träumen, zwischen Eingeweiden und Verhalten steht der moderne Deuter. Den »Psycho-Makel«, der der Andersartigkeit seiner Patienten anhaftet, trägt er allerdings auch mit. Mißtrauisch von Kollegen anderer Fachrichtungen beäugt, ist er ein Mediziner »im Abseits« und ein stigmatisierter Mensch. Trotz seiner Approbation schneidet er nicht, berührt er nicht, sondern wählt als Mittel der Diagnose und Therapie »nur« das Wort. Er penetriert nicht mittels Sonden, um das Innere wahrzunehmen, sondern er versucht hinzuhören und mitzufühlen. Dieses Mitfühlen ist Erinnerung an die eigene Wunde, ist der Schlüssel, mit dem er verschlossene Türen öffnen kann.

Wo erinnerndes Mitfühlen ausbleibt, wird die gemeinsame Reise von Psychiater/Psychotherapeut und leidendem Patienten in dessen Vergangenheit nicht angetreten. Der vor der Aufforderung »Erkenne dich selbst« zurückschreckende Mediziner weicht dem begegnenden Gespräch aus und versteckt sich hinter meist vermeidbarer Psychopharmaka-Medikation.

Beispiel: Der Psychiater

Ein wissenschaftlich erfolgreicher Facharzt für Psychiatrie und Neurologie. Von Lebenslauf und Ausbildung her hat er so ziemlich alles erfüllt, was von einem modernen Psychiater verlangt werden kann. So ist der rhetorisch gewandte und theoretisch versierte Nervenfacharzt gern gesehener Gast auf Kongressen, Vorträgen und Fortbildungsveranstaltungen. Auch eine tiefenpsychologische Lehranalyse soll er absolviert haben. Trotzdem konnte er seine Kontaktängste nicht überwinden. Unvermittelt denkt man an die »Wunde der Ungeliebten«...[81]

In einem sehr strikten und emotionell kargen Elternhaus wuchs der äußerst sensible Knabe als mittleres Kind zwischen zwei Schwestern auf. Als »braver« Junge holte er sich Zuneigung von den Eltern, indem er Leistungen erbrachte. Er sagte Gedichte zum Vatertag auf, er spielte für die Eltern Klavier, und er war der beste Schüler der Klasse. Er hatte keine Freunde. Aber er wußte schon sehr früh, was er einmal werden wollte: Psychiater! Er ging diesen Weg konsequent und erfolgreich. Er wurde ein exzellenter Diagnostiker in seinem Fach. Seine Patienten sprachen aber nicht gerne mit ihm. Sie bemerkten seine Kontaktängste, die ihnen unangenehm waren. In der Wahl medikamentöser Therapie hatte er einen sicheren Griff, die Patienten konnten sich jedoch für ihn nicht erwärmen. Dieselben Tabletten, von einem anderen Arzt verordnet, wirkten offensichtlich besser. Der erfolgreiche Psychiater liebte seine Patienten nicht. Er hatte seine eigene Wunde vergessen, er konnte keinen Kontakt zum Patienten und dessen Leiden herstellen. Er konnte nur Medikamente einsetzen, nicht aber sich selbst. Er dachte, es würde genügen, nach neuester biochemisch-neurologischer Wissenschaft zu therapieren. Er vergaß dabei eines: die Droge Arzt. Konsequenterweise ging er in die Administration und in die Pharmaforschung. Eine ungenutzt bleibende Verwundung ist aber letztlich eine große Verschwendung von menschlich-medizinischem Potential.

Die Wunde des Psychiaters hat eine weitere potentielle Schattenseite. Der »Nervenarzt« wird von einem Kollektiv, das die Autorität zur Selbstbeurteilung verloren hat, zum Richter über *Normalität* und *Irrsinn* bestellt. Und hier geschah und geschieht es noch immer, daß der Arzt seinen Auftrag, Partner des Patienten zu sein, verrät. Zugunsten einer gerade nach einer bestimmten Normierung strebenden Gesellschaft gibt er die Allianz mit dem Patienten auf. Wie es zum Beispiel in der nationalsozialistischen Vergangenheit passiert ist, können so soziale Probleme entmoralisiert und entpolitisiert werden. Mit Hilfe des fügsamen Psychiaters werden sie umgemünzt in medizinische und therapiebedürftige Probleme. Wieweit erlaubt die Psychiatrie überhaupt Individualisierungsprozesse? Wo sind ihre Grenzen?

Der alternde Gott
und der ewige Jüngling

»Aber Reife ist doch alles, oder nicht?
Nein, ist sie nicht!
Mein armer Saul, es gibt keine Hilfe für dich, du steuerst direkt darauf zu. Was ist mit all den wundervollen Leuten, die wir kennen, die um die Fünfzig oder Sechzig sind? Wirklich, es gibt ein paar...wunderbare, reife, weise Menschen. Echte Menschen, die Heiterkeit ausstrahlen, wie man sagt. Und wie sind sie so geworden?
Du schaffst es einfach nicht, weise, reif usw. zu werden, wenn du nicht etwa dreißig Jahre lang ein rasender Kannibale gewesen bist.«

       Doris Lessing

Die Welt, in der wir leben, scheint in vieler Hinsicht in Polaritäten aufgebaut zu sein. Ob diese Gestaltung in Gegensätzlichkeiten ein menschliches Urbedürfnis, eine evolutionäre Stufe oder ein Konstrukt des Geistes ist, sei dahingestellt.

 In diesem Kapitel geht es um ein Gegensatzpaar, das zwei Entwicklungsstadien im menschlichen Leben bezeichnet, die aber nicht nur in ihrem chronologischen Ablauf zu begreifen sind: die Adoleszenz und das Alter. Die Verkörperungen dazu sind der Knabe (puer) und der alte Mann (senex). Mit dem Begriff des »Senex« wird im allgemeinen das Bild des alten Mannes verbunden. In der Mythologie (und folglich auch in der Sprache der Astrologie) steht Saturn/Kronos für das Bild des Alten. Gemeint ist damit auch eine bestimmte Qualität in der menschlichen Psyche sowie ein zeitloser Zustand von Reife, Weitsicht und Ausgeglichenheit. Dem gegenüber steht der jugendliche Anteil des »Puer«, wie er in der griechischen Mythologie vom Götterboten Hermes – bei den Römern durch Merkur – verkörpert wird: der quirlige, kreative, stillhaltende Ideenvermittler.

Diese Urbilder entstammen nicht nur dem griechisch-römischen Kulturkreis, sondern haben Entsprechungen in den Mythen verschiedenster Zeiten und Kulturen und damit weltweite Verbreitung gefunden. Es handelt sich also um Strukturelemente des kollektiven Unbewußten. Wir beziehen uns auf diese Archetypen, um mit ihrer Hilfe mögliche Wege des Mediziners zu beschreiben.

Als »Puer aeternus« findet sich der Kindarchetypus bereits bei Ovid (»Metamorphosen«). Später werden auch Dionysos und Eros mit der Kind-Gottheit identifiziert.

Wenn der Aspekt des »Puer« in der Psyche abgespalten wird und die Steuerung des ganzen Menschen übernimmt, wird er zu einer neurotischen Persönlichkeitskomponente. Immer dann, wenn wir uns mit einem Archetypus identifizieren, geraten wir in die Einseitigkeit. Dabei erinnern uns gerade die archetypischen Urbilder daran, daß das Ziel die Ganzwerdung und Integration unserer unzähligen Seelenaspekte wäre.

Die Interpretation des Kindmotives reicht vom Bild des Selbst und des Heilbringers[82] über zahlreiche Personifizierungen in der Literatur, wie zum Beispiel Peter Pan oder die Möwe Jonathan, bis zur Adoleszentenpsychologie, die mit dem Puer aeternus einen Typus von Mann beschreibt, der nicht erwachsen werden will. Diese psychologische Darstellung findet sich bei Dan Killey[83] oder v. Franz[84].

Als archetypisches Bild betrifft der Puer aeternus jeden Mann und jede Frau, da er für den spirituellen Instinkt oder die spirituelle Sehnsucht steht.[85]

Wenn aber der Puer-Aspekt in der Persönlichkeit dominiert, so können daraus zahlreiche Probleme erwachsen. Solche Menschen neigen einerseits zu Höhenflügen, sind überaus kreativ und geistig flexibel, haben aber andererseits Schwierigkeiten, sich mit der Welt der Materie und ihren Begrenzungen einzulassen. Es fällt ihnen schwer, die Geduld aufzubringen, um etwas Begonnenes zu Ende zu führen. Sie heben zwar gerne ab, doch sie können sich nicht niederlassen. Sie bleiben weder bei ihren Karrieren noch in ihren Beziehungen.

Aus dieser kurzen Charakteristik wird schon ersichtlich, daß diesem beweglich-abgehoben-knäblichen Puer-Aspekt der erdverbundene, ackernde Senex-Aspekt gegenübersteht. Obwohl diese psychischen Anlagen wie auch die psychologischen Typen selten in »Reinkultur« vorkommen, können sie doch über eine Person die Herrschaft übernehmen. In dieser Einseitigkeit werden die so Beherrschten zu Karikaturen der in ihnen angelegten potentiell nützlichen Qualitäten. Im Positiven verkörpern Puer und Senex unsere menschliche Erfahrung des Neuen im Gegensatz zum Alten und die Zukunft im Gegensatz zur Vergangenheit. »Ohne die irdische Dimension des Vaters, die in der Gestalt des Senex verkörpert ist, kann der Puer nicht wirklich kreativ sein, sondern verkümmert zum Muttersöhnchen…«[86]

Beide Anteile sind im Idealfall miteinander verbunden und bewußt und wollen gelebt werden. Da wir aber von einer Welt der totalen Bewußtheit und Ganzheit noch weit entfernt sind, wenden wir uns den Polaritäten von Puer und Senex in der Medizin zu.

Was zieht unsere Ärzte herab auf die Erde und damit in das saturnische Reich des Senex, was hebt sie hinauf in die Ikarusgleichen Höhen des Puer und Merkur?

Praktische Ärzte sind in der Selbstdarstellung und bei der Artikulation ihrer Wünsche und Lasten beispielsweise sehr eindeutig. Was die Berufswahl betrifft, werden folgende Beweggründe für die Praxisgründung genannt: Unabhängigkeit von einem Vorgesetzten und die spezielle Nähe zu den Patienten. Ein Praktiker oder Hausarzt kann eine besondere Art der Beziehung zu »seinen« Patienten, die er meist regelmäßig über

Jahre betreut, herstellen. Die Patienten wiederum schenken Vertrauen – und dieses Vertrauen kann im besten Fall den Arzt wiederum stärken und nähren.

Aber auch Fachärzte und Kliniker haben die sie erhebenden und sie nährenden Erfahrungen, die entweder aus dem Wissen um ein spezielles medizinisches Können entstehen oder aus den persönlichen Erfolgserlebnissen auf wissenschaftlichem und forschendem Gebiet. Dankbarkeit von Patienten, Achtung und Anerkennung, gesellschaftlicher Status und mitunter ein hohes Einkommen geben den Ärzten einen hohen Rang in unserer Gesellschaft. Leicht ist es hier nicht, der Versuchung pueriler Höhen zu widerstehen.

Der Kontakt zum Boden ist verloren, und der Arzt verliert sich in seichte Geselligkeit und bedeutungslose Beziehungen. Die Mühen der täglichen Routine, der beruflichen Fort- und Weiterbildung werden gescheut.

Ärzte, die vom Archetyp des Puer aeternus dominiert werden, tun sich schwer, die bei der Behandlung von Patienten notwendigen Entscheidungen zu treffen oder überhaupt Verantwortung zu übernehmen. Dafür brauchen sie den Anteil des Senex, zu dem sie aber keinen Zugang haben. Die Peter Pans in unserer Medizin sind leider weit verbreitet.

Vieles in unserer universitären Wissenschaft in der Medizin läßt sich durch diese »Senex-Puer-Problematik« charakterisieren. Eine überlange, künstlich verlängerte Pubertätszeit, in der es immer einen oft auch herabsetzend-kritisierenden Medizinervater gibt, hemmt viele junge Mediziner in ihrer ärztlichen Identitätsfindung. Leider sind viele Professoren und Dozenten der Hochschulmedizin keine Förderer guter Ärzte. Sie regeln Kongreßbeteiligung, Projektdurchführung, Autorenschaft und Habilitationsverfahren des Nachwuchses auf autoritäre bis hin zu »kastrierender« Weise. Es ist nicht verwunderlich, daß an diesen Universitätskliniken keine entscheidungsfreudigen Ärzte mit charismatischem Einsatz ausgebildet werden!

Dazu kommen allerdings auch gesellschaftliche Strukturen, die den Schritt in die Verantwortlichkeit und Reife nicht gerade erleichtern. Überhaupt hat es den Anschein, als wären wir – trotz technischen Fortschritts und Informationsüberflutung – eine Gesellschaft, die in psychologischer Hinsicht gleichzeitig infantilisiert und vergreist. Die Zeit des selbständigen Erwachsenwerdens wird immer kürzer: Zwischen dem späten Ende einer nesthockerischen verlängerten Ausbildung und den zum vorgezogenen Ruhestand führenden Burnouts gibt es vielleicht 20 Jahre tatsächlicher Berufsausübung. Diese Verkürzung des verantwortlichen Erwachsenenalters mag auch der Grund sein, warum die Psychologie des Puerilen, der Adoleszenz, des »Puer aeternus« heute immer mehr Eingang in Diskussion, Öffentlichkeit und Literatur findet.

Doch wo der Puer herrscht, ist auch sein Gegenpart Senex nicht weit! In ihrer Abgespaltenheit sind aber beide Archetypen eher schädlich für die Entwicklung des Individuums und somit auch der Gesellschaft. Negative Ausprägungen des Senex oder Saturn sehen wir in Strenge, Härte oder einem einseitigen Moralkodex. Verkörpert werden diese Seiten vom lustlosen Workaholic, der den spielerischen Umgang mit der Materie verloren hat. Hier finden wir den Mediziner ohne Kreativität, der seine Therapie-Richtlinien nicht verläßt und selten neue Wege beschreitet.

Teil V

Charisma und Praxis

Die Wunde und ärztliches Charisma

»Dies ist die einzig wahre Freude im Leben, daß dein Wesen für ein Ziel benutzt wird, das du selbst als ein hohes anerkennst ... anstatt dich zu beklagen, daß die Welt sich nicht dir widmen will, um dich glücklich zu machen.«

George Bernard Shaw

Was meinen wir, wenn wir im Zusammenhang mit psychischen Verwundungen von einem charismatischen Arzt sprechen? Im ursprünglichen Sinn war Charisma jene nicht erwerbbare, sondern geschenkte Gabe, die »Gnadengabe«, die nach dem Apostel Paulus zu einem Dienst in der christlichen Gemeinde (1, Korinther 12) befähigt. Doch die Rolle des praktizierenden Charismatikers, der auch Seher und Prophet ist, ist bereits in vorchristlicher Zeit bekannt:

»Die knappste Kennzeichnung des Typs bietet der Derveni-Papyrus, wenn er von dem spricht, ›der das Heilige zu seiner Handwerkskunst macht‹: Handwerker des Heiligen. In der Tat, der charismatische ›Handwerker‹ hat, wie andere Handwerker, seine besondere ›Kunst‹ (*techne*), die er von einem Meister übernommen hat, einem realen oder geistigen ›Vater‹; zugleich erscheint die Übernahme aber auch als Weihe, *telete*. Bekannte Beispiele liefert das Corpus Hippocraticum mit dem berühmten *Eid* und dem *Nomos*. Das Familienmodell garantiert die Eigenart und die Kontinuität der Tradition. Gleich anderen Handwerkern aber arbeitet auch der Charismatiker selbständig, für eigenen Gewinn und auf eigenes Risiko.«[87]

Interessant bleibt, daß diese auszeichnende Begabung nicht nur zur Predigt, Lehre und Prophetie, sondern von Anfang an auch zur Krankenpflege befähigt. Charismatiker an Universitätskliniken sind leider eher die berühmte Ausnahme denn die Regel. Und so bleibt es in der medizinischen Didaktik beim Wunsch nach dem charismatischen Dozenten der Heilkunde, der bei den Studenten die Begeisterung weckt und den göttlichen Funken anfacht. Ebenso selten ist der charismatische Diagnostiker, der bereits im Vorfeld sehen kann, welchen Verlauf der somatische oder psychische Zustand seines Patienten nimmt.

Charisma im Arzt erhebt ihn über seine Kollegen durch die damit verbundene und als nicht alltäglich geltende Eigenart seiner Persönlichkeit. Diese Eigenart wird als übermenschlich, gottgesandt und vorbildlich gewertet. Das Vorhandensein oder Fehlen von ärztlichem Charisma trennt demnach die medizinische Handwerklichkeit in zwei Kategorien. Ist Charisma gegeben, so haben wir es mit »sehenden« Ärzten zu tun. Diese Ärzte können sowohl voraus- als auch zurücksehen. Bei der Diagnose können sie also auch »zurückschauen« in die Lebensvergangenheit des Patienten, weil sie ihre eigenen Verwundungen der Vergangenheit mit zu reflektieren vermögen. Sie gehen allein und mit dem Patienten zusammen zurück zur Verwundungs- und Erkrankungsursache. In ihren prognostischen Handlungen aber sind sie sensibel genug, Zukünftiges zu erspüren und zu »sehen«. Ärzte ohne Charisma, die »nur« das Handwerk ausüben, sind Tuende, sie erbringen medizinische Handlungen nach den gelernten Gesetzen. Fehlende charismatische Eigenart läßt sie oft zu Handlangern des gesundheitspolitischen Systems und der pharmazeutischen Industrie werden.

Um ein charismatischer Heiler zu sein, genügt es nicht, wie der erwähnte Asklepios Sohn eines Heilgottes oder eines Ordinarius für Medizin zu sein. Es genügt auch nicht, eine »techne«, also das medizinische Handwerk, erlernt zu haben. Unsere mythologischen Heiler, von denen in diesem Buch wiederholt die Rede war, konnten heilen, weil sie verwundet waren. In diesem

Zusammenhang stehen die antiken Heilgötter in einer Linie mit den schamanischen Heilern. Marie-Louise von Franz schreibt dazu:

»Man muß verwundet sein, um ein Heiler zu werden. Das ist das lokale Bild eines universellen mythologischen Motivs, das in Mircea Eliades Buch über die Initiation der Medizinmänner und Schamanen beschrieben wird. Niemand wird das eine oder andere, ohne zuerst verwundet zu werden: Entweder wird er durch den Initiator aufgeschnitten und bekommt bestimmte magische Steine in seinen Körper eingelegt, oder ein Speer wird an seinen Hals geworfen oder etwas Ähnliches. Gewöhnlich sind die Erlebnisse ekstatisch – Sterne oder geisterartige Dämonen schlagen sie oder schneiden sie auf. Aber immer müssen sie durchbohrt oder aufgeschnitten werden, bevor sie Heiler werden, denn dadurch erlangen sie die Fähigkeit, andere zu heilen.«[88]

In unserer westlichen und sogenannten aufgeklärten Gesellschaft haben wir den Glauben an Geister und Initiationsriten abgeschafft. Doch wie steht es um das Bewußtsein der Verwundung in unserer Zivilisation? Haben wir bei unserem Sauberkeitsstreben die Psycho-Hygiene miteinbezogen? Die seit Jahren zitierte Krise im Gesundheitswesen deutet eher darauf hin, daß wir uns von einem im Menschen angelegten Ursprungswissen entfernt und uns somit unsere eigenen Zivilisationsdämonen geschaffen haben. Wir haben es nicht nur mit einer kollektiven Verdrängung des Todes in unserer Gesellschaft zu tun, wir scheinen überhaupt eine ausgeprägte Arroganz gegenüber menschlichen Leiden und Problemen entwickelt zu haben. Die Verdrängung von Alterungs- und Sterbeprozessen in der menschlichen Natur führt nicht nur in eine materiell orientierte Überkompensation, sondern läßt unsere Zivilisation auf geistig-seelischer Ebene verarmen. Kindlich anmutende Träume und aggressive Paradiesansprüche werden uns nicht reifer werden lassen, denn der Weg zurück führt nur über die Bejahung und

Integration unserer Wunden, Grenzen und schmerzlichen Bedingtheiten. Marie-Louise von Franz verweist in diesem Zusammenhang übrigens auf die bewußte Suche nach dem eigenen Heilmittel, die den Heiler auszeichnet. Sie schreibt:

»Ginge es hier nur darum, den ganzen Prozeß des Leidens und des Verwundet- und Geheiltwerdens kennenzulernen, dann könnte praktisch jeder ein Heiler, ein Schamane werden, denn wir haben alle gelitten. Worauf es jedoch dabei psychologisch ankommt ist, daß die betreffende Person, nachdem sie verwundet wurde, auch das Leiden überwindet. So sehen die Eingeborenen der Polarregionen den Unterschied zwischen einem gewöhnlichen Menschen, der leidet, und dem Heiler darin, daß der Heiler einen Weg findet, das Leiden zu überwinden und ohne äußere Hilfe aus seiner Schwierigkeit herauszukommen. Er kann sein eigenes Leiden überwinden, er findet einen schöpferischen Weg heraus, und das bedeutet, daß er sein eigenes, einzigartiges Heilmittel findet.«[89]

Wir können von Franz insofern zustimmen, als es Auftrag und Berufung jedes Heilers – ob Arzt oder Therapeut – ist, sein eigenes Heilmittel zu finden. Aus der psychotherapeutischen Praxis wissen wir zum Beispiel auch um die psychologische Entsprechung von Therapeut und Patient, was bedeutet, daß ein Psychotherapeut dann am effizientesten in seiner Hilfestellung wirken kann, wenn er jenes Problem, an dem er mit seinem Klienten arbeitet, selbst gelitten und bewältigt hat. Und trotzdem liegt es in der menschlichen Natur, in Heilungsangelegenheiten immer wieder auch zu versagen. Denken wir beispielsweise auch an die Gestalt des Centauren Chiron, der zwar anderen, aber sich selbst nicht helfen konnte.

Jeder Mensch hat aber auch seinen eigenen »inneren Heiler«, muß also sein eigenes Heilmittel finden. Wir haben alle an unserer eigenen Wunde zu tragen und unser eigenes individuelles Heilmittel zu finden. Doch auf dem meist so beschwerlichen Weg der Heilung brauchen wir oft auch den Heiler, Arzt,

Therapeuten oder Schamanen im Außen. Wir brauchen seine Handwerklichkeit, sein Können, seine besondere Begabung und sein Wissen. Wir brauchen denjenigen, der sich mit Leib und Seele dem Arzten und Heilen verpflichtet hat, der mit mehr Leidenschaft und Charisma seinen Weg vorangeht. Von Franz erzählt eine Geschichte, die bei Mircea Eliade nachzulesen ist. Es geht um einen Schamanen, der sich zuerst selbst heilt, um dann ein Heiler zu werden. Sie meint dazu:

»Dies veranschaulicht gut, wie ein Mensch sein eigenes Heilmittel finden muß, nachdem er durch ein neurotisches Leiden verwundet und in die Heilertätigkeit gezwungen wurde ... Der heilende Held ist deshalb derjenige, der einen schöpferischen Ausweg findet, einen Weg, der noch nicht bekannt ist und keinem Muster folgt. Normale kranke Leute folgen einem gewöhnlichen Muster, aber der Schamane kann nicht durch die üblichen Heilmethoden kuriert werden, er muß den besonderen Weg finden – den einzigen, der zu ihm paßt. Die kreative Persönlichkeit, die dazu fähig ist, wird dann ein Heiler und wird als solcher von den Kollegen erkannt.«[90]

Dieser kreative Heiler als selbstbewußte Persönlichkeit wäre der charismatische Arzt – vielleicht ein kollektiver Traum, denn in der Realität treffen wir Heiler und Therapeuten mit Charisma leider nicht allzu häufig an. In unserem streßbetonten und von vielen Zwängen umgebenen Medizingeschehen sind ärztliches Charisma und Kreativität eher die Ausnahme als die Regel. Wenn man die Biographien berühmter charismatischer Heiler liest, fällt einem die Haltung der Bescheidenheit auf, die nur wirklicher menschlicher Größe entspringen kann. Die Demut, die wahre Heiler und Therapeuten auszeichnet, kommt aus der Erinnerung an die Wunde.

Doch Worte wie »Demut« und »Dienen« bewegen uns nicht mehr, scheinen sie doch anachronistische Begriffe mit pastoralem Beigeschmack geworden zu sein. Kaum jemandem wird im Zusammenhang mit dem Berufsbild des Arztes das Stichwort

»dienen« in den Sinn kommen. Warum? Anläßlich einer Diskussion im österreichischen Fernsehen zum Thema der Krise im Krankenhausbereich sagte der damalige Wissenschaftsminister Dr. Busek, daß »in unserer Gesellschaft die Bereitschaft zum Dienst geringer geworden ist«. Gilt dies nun auch für die Ärzte als Kollektiv? Ist auch hier, trotz der ursprünglichen, die Sensibilität erzeugenden Verwundung keine Bereitschaft zum Dienen mehr vorhanden?

Die Qualität des Dienens scheint zugunsten der technischen und wissenschaftlichen Entwicklung in der Medizin zurückgedrängt worden zu sein. Die totale Hingabe im ärztlichen Tun wird von jenen Ärzten gefordert, die auf Karriere und die Annehmlichkeiten des Fortschritts völlig verzichten und sich statt dessen zum Dienst in Kriegsgebieten oder in der Dritten Welt melden. Sie müssen ihr Handwerk beherrschen, denn technische und pharmazeutische Mittel sind kaum oder gar nicht vorhanden. Über eine solche Gegenwelt zu unserer hochspezialisierten Spitzenmedizin wurde 1992 in der Zeitschrift GEO berichtet, die einen Artikel über einen Arzt im Einsatz in Somalia brachte.[91] Da es mehr Kriegsopfer als Möglichkeiten zur Hilfe gibt, entscheidet er, wen er sterben läßt. Er operiert oft auf dem Fußboden mit den minimalsten Hygienevorrichtungen. Er wurde Arzt aus der Ahnung heraus, »daß es tiefere Narben gab als die um seine Nase«. Seine Vorbilder: Albert Schweitzer und Ernesto Che Guevara.

Eigentümlich mutet die Bandbreite medizinischer Tätigkeiten an: Zwischen primitivsten ärztlichen Versorgungsmaßnahmen und medizinischer Technologie scheint es alle Schattierungen zu geben.

Als Gesellschaft sind wir darauf angewiesen, daß uns der medizinische Helfer mit einem schöpferischen Impuls aus der Sackgasse hilft. Uns zunächst re-sensibilisiert für das Leid, das wir kontinuierlich verdrängen: die an Hunger und Durst Sterbenden, besonders Kinder, die sich als Präpubertäre postulierenden Drogensüchtigen, verwirrte Alte, die durch Angehörige fernab von zu Hause an einer Autobahnraststätte zurückgelassen werden (»granny-dumping«), ganz abgesehen von den Altersghettos jeder größeren Stadt. Wir sind der Auffassung, daß Demut und Dienen als Forderung an die gesamte Gesellschaft gestellt werden können, ja müssen, denn, um beispielsweise beim Problem der Versorgung der Alten zu bleiben, ist hier eine Antwort der Medizin allein nicht zu erwarten. Wir entwickeln uns, ob wir es wollen oder nicht, hin zu einer Dienstleistungsgesellschaft, in der Aufgaben wie die der Pflege des Alternden mehr und mehr einer vom Kollektiv getragenen Antwort harren. Und das Kollektiv, die Gesellschaft, muß von eben den »sensiblen Dienenden« wieder fühlend gemacht werden, damit eine Motivation zur Übernahme von Verantwortung entsteht.

Von der ärztlichen Verwundung her bedeutet Demut Erinnerung und Dienen, aber auch eine Art Vorwegnahme dessen, was den Menschen erwartet. Der Verwundete erinnert sich an seine eigene Schwäche, Ohnmacht und Hilflosigkeit, er nimmt sie aber auch für seine Zukunft vorweg. Der Anspruch von Demut und Dienen, der hier zunächst an den Arzt gestellt wird, ist freilich der Beginn einer notwendigen gesellschaftlichen Bewegung! Das heißt, das beispielhafte Handeln der Mediziner sollte ein Memento, ein Aufruf an das Kollektiv sein.

Neue Ärzte braucht das Land

> »*Ein gutes Buch ist eine willfährige Sache. Es soll uns zur Diskussion anregen, uns herausfordern, uns betroffen machen. Es ist eine Kampfarena für Ideen und sollte Spuren eines Kampfes oder zumindest einiger Vorgefechte zeigen. Es sollte bewirken, daß die Köpfe heiß werden. Es ist nicht das Ein und Alles eines ausgeglichenen und produktiven Lebens, sondern sollte notwendige Gedanken und Handlungen in Bewegung setzen.*«
>
> Norman Cousins

Nach der Diagnose der Wunde müssen nun auch Fragen nach der Behandlung, der Wundversorgung, der Heilungschancen, ja vielleicht sogar der Wundvermeidung folgen. Wollen wir nicht in der Vision einer möglichen Therapie steckenbleiben, müssen wir sagen können: Wie wird's gemacht? Oder: Was soll geändert werden, damit diese neuen Ärzte sich für und mit der Gesellschaft des alten und des neuen Leides annehmen können?

Der Anfang muß wohl im Studium gemacht werden, als Beantwortung der Frage, wie aus Menschen Ärzte werden. Alle in den letzten Jahren in Zusammenhang mit dem Medizinstudium gemachten Vorschläge betreffen die Auslese des zukünftigen Mediziners, den rechtzeitigen Kontakt mit den Patienten (!), sowie eine Repsychologisierung und Rehumanisierung des Arztens.

Auslese zu Beginn des Medizinstudiums

Wer wird aus welchem Grund Arzt? Wie weiß ich als gerade beginnender Student, ob ich dazu tauge? Die Antwort ist nur aus dem eigenen Erleben heraus zu geben, durch ein supervidiertes Probe-Semester des Dienstes am Kranken, zum Beispiel als Hilfe im Stationsbetrieb eines Krankenhauses, beim Mittun der täglichen Routine und beim Schauen, worum und wie es einem dabei geht.

Bei der Supervision, der Begleitung dieser ersten Schritte in der Medizin, taucht gleich ein erstes Problem auf:

Überall dort, wo Medizinstudenten sich zu Ausbildungsdefiziten artikulieren, wird die Klage über mangelnden Kontakt zu den Lehrenden hörbar. Die Verbesserung didaktischer Techniken (PC und Dialog Student – Maschine) hinterläßt den Studenten dennoch in einem dialogischen Vakuum. Das pro-ferre des Professors, das Vor-Tragen wird dann zur unzweckmäßigen Veranstaltung, wenn das Vorgebrachte undialogisch – frontal (ein Vortragender, unzählige und anonyme Rezipienten) serviert und im gleichen unpersönlichen Stil bei der Prüfung abgefragt wird. Hingegen muß das Vorgebrachte der kritischen Frage des Studenten standhalten, der Lehrer muß Rede und Antwort stehen können.

Ohne dieses Erlebnis eines lehrenden »Vaters« oder einer lehrenden »Mutter« (leider ist der Frauenanteil bei Ordinariaten verschwindend gering!), die den Fragen der Studenten und Studentinnen mit natürlicher Autorität standhalten, mit Aufmerksamkeit und Wärme begegnen, werden diese nicht zu Ärzten und Ärztinnen reifen. Ohne Auseinandersetzung mit faßbaren, konkreten Müttern und Vätern wird Mitscherlichs Mahnung einer »vaterlosen Gesellschaft« auch in der Medizin weiterhin zum Tragen kommen und vor allem emotionale Ausbildungsdefizite hinterlassen.

Der rechtzeitige Kontakt mit Patienten

Der Vorwurf einer Überlastung in den theoretischen Fächern ist bereits unüberhörbar: Wo bleibt der Patient? Und: Wie praxisrelevant ist das Wissen? Abgesehen von der Überfrachtung mit Fächern im Vorklinikum muß grundsätzlich gefragt werden, ob sich das für den Arzt notwendige Verständnis lebendigen Funktionierens durch das Studium am toten Gewebe erlernen läßt, zumindest aber, ob dieser Einstieg sinnvoll ist.

Anfang der 80er Jahre begann man in Amerika Anatomie als Pflichtgegenstand im Medizinstudium abzuschaffen. Und damit fiel auch einer der ältesten Einweihungsrituale der Medizin weg: der Sezierkurs. Vielfach fanden hier am »Sezier-Material« als anonymisierte und anonym zu bleibende Körper erste, verarmende Lektionen statt: der Verlust von Respekt, von Pietät und der eigenen Betroffenheit... Das Sezieren wurde eben als Härte-Test (unter dem Leistungsdruck: »Blut-sehen-können«) und Härtungsprozeß (»Eigene Gefühle tun hier nichts zur Sache«) gesehen, der menschliche Körper als teilbar, objekthaft, passiv, verwaltbar, nicht interagierend und seelenlos erlebt.

Der werdende Arzt studiert das Lebendige lange Zeit von der Warte des toten Materials aus: Sein Wissen ist, auch im Studium der Lehrbücher, unlebendig und aus zweiter Hand. Er kann sich von der Richtigkeit der Theorie nie überzeugen, plappert nach und erbricht bei der Prüfung die mühsam und freudlos eingenommene Bücher-Nahrung. Dabei weist diese Nahrung selten darauf hin, wie wandelbar medizinische Dogmen sind!

Während dieser Durststrecke des vorklinischen Abschnittes mit dem Überhang an theoretischen Fächern könnte aber die medizinische Psychologie durch Selbsterfahrungsgruppen die Medizinstudenten zur Resensibilisierung für die eigene Verwundung ermutigen. Außerdem sollte im klinischen Abschnitt eine Intensivierung des »bed-side-teachings« angestrebt werden. So könnten angehende Ärzte ihre eigenen Emotionen im Kontakt mit dem Patienten erfahren.

Zur Zeit wird in den westeuropäischen Staaten wie auch in den USA eine Diskussion über »neue Paradigmen« in der Medizin geführt, in der Schlagworte wie Schulmedizin, Alternativ- und Ganzheitsmedizin, aber auch Komplementärmedizin eine neue Sichtweise und neue Zugänge zur Thematik des Heilens aufzeigen. Diese Begriffe drücken gleichzeitig aber auch die Verwirrung und Unsicherheit aus, die mit der Suche nach neuen Wegen einhergehen. Man spricht von der Reorganisation des Gesundheitswesens und der Neuorganisation des medizinischen Leistungssytems, einbezogen in diese Situation werden die Sozialträger, Versicherungsanstalten, die Krankenhausträger und das Pflegepersonal. An der Schlüsselstelle des medizinischen Aufgebots steht aber nach wie vor der Arzt. Er ist heutzutage zwar in ein Netz ineinander verflochtener Kompetenzaufteilungen eingebunden und zahlreichen Sachzwängen unterworfen, die die Tätigkeit des Heilens oftmals überlagern, trotzdem aber ist er das Herz der Medizin.

Diese Tatsache sollten wir im Rahmen der gesellschaftlichen und politischen Diskussion zum Gesundheitswesen nicht außer acht lassen. Im Zentrum des medizinischen Gewerbes steht der Arzt mit seiner Persönlichkeit, seiner Ausbildung, seinen Schwächen und Fähigkeiten, mit seinen Bedürfnissen und auch mit seinen Defiziten. Und Individuen haben ebenso wie auch Institutionen und Organisationen einen gewissen konservativen Widerstand gegenüber Veränderungen und Neustrukturierungen. In dieser Umbruchphase wirken nicht nur zahlreiche Faktoren auf das Berufsbild des Arztes ein, sondern es scheint, als müsse die Identität der Helferberufe neu bestimmt werden. Kliniken sind zum Teil Stätten medizinischen Managements geworden, Arztpraxen sind überfüllt, und die »Götter in Weiß« tragen die alten Masken. Wie lange funktioniert das alte Spiel noch? Die Probleme der Medizin zur Jahrtausendwende sind bereits in Sichtweite.

Aus der Problemanalyse und Problemvorschau ergibt sich eine klare Bedarfsanalyse. Diese hätte zu bestimmen, in welcher Weise prophylaktische Maßnahmen den Arzt und die Medizin aus ihrer Verwundung und Krankheit herausführen. Die Bedarfsanalyse hätte das Bild des »neuen Arztes« zu zeichnen. Was in jeder betriebsorganisatorischen Entwicklung eine Selbstverständlichkeit ist, bleibt in der Medizin ungenutzt.

Wo sind nun diese problematischen Schnittstellen? Wo sind die krankmachenden Koppelungen, die sich derzeit nicht trennen lassen?

Problemkreis 1:
Koppelung Medizin – Wirtschaft

Innerhalb der Verbindung medizinischer Aspekte mit wirtschaftlichen Belangen wären vor allem die Pharmaindustrie und die Medizintechnik zu nennen. Die Entwicklung der High-Tech-Medizin in all ihren apparativen Aspekten, aber auch die Erweiterung der Pharmakologie scheinen die gegenseitige Abhängigkeit in der Koppelung von Medizin und Wirtschaft zu einer unlösbaren Einheit zu schmieden. Zu sehr verlangt die Gesellschaft nach immer brillanteren Erfolgen in der Medizin, und zu sehr leben Wirtschaftszweige von der technischen Ermöglichung dieser modernen Wunder. Patienten wollen den Erfolg der Medizin aus verständlichen Gründen um jeden Preis, und Ärzte brauchen ihn, da sie unter großen Leistungszwängen stehen. Die Wirtschaft schließlich braucht das Geld des Erfolges, um weiter an technischen und pharmazeutischen Entwicklungen teilhaben zu können. Was die Medikamente betrifft, ist deren Entwicklung und ihr Einsatz in der ärztlichen Praxis nicht wegzudenken. So scheinen die Schattenseiten der Tablettenmedizin unvermeidliche Nebenkosten für nicht verzichtbare Vorteile zu sein.

Wo ist nun aber die Problematik dieser Schnittstelle? Sie liegt sicher nicht in den unleugbaren Fortschritten, sicher nicht darin, daß immer mehr möglich wird, sondern darin, daß einigen wenigen Wunder zur Gewohnheit werden und den anderen vielen in den Entwicklungsländern die medizinische Basisversorgung fehlt. Ihr Schreien bleibt – trotz der Existenz einer Weltgesundheitsorganisation WHO – unbeantwortet.

Vielen Ärzten ist bewußt, daß eine so enge Abhängigkeit zwischen Medizin und Wirtschaft schwer zu entkoppeln ist. Die Pharmaindustrie »pflegt« ihre Kunden, die Ärzte. Und die weniger sensiblen Ärzte geben der Wirtschaft zu verstehen, daß sie nicht ohne die Ärzteschaft (= Verschreiber der Produkte) existieren könne. Der wahre Verbraucher pharmazeutischer Produkte ist der Patient, doch er bleibt oft auf der Strecke.

Einer der Wege zur Entkoppelung von Medizin und Wirtschaft wird darin liegen, daß Ärzte politisch sensibilisiert werden und ihre Stimme hören lassen. Dies ist aber eine Frage der Ethik.

Problemkreis 2: Entkoppelung High-Tech-Medizin und Basis

In Diskussionen zwischen Krankenhausspezialisten und Ärzten an der Basis hat es den Anschein, als ob der Dialog zwischen den Medizinern der verschiedenen Sparten unmöglich geworden sei. Zu sehr unterschieden sich die medizinischen Felder, sagen die einen. Zu desinteressiert seien sie am Arbeitsbereich des anderswo Tätigen, sagen die anderen. Aus einer Brüderschaft von Heilenden sind verschiedene Handwerklichkeiten entstanden, und im Haus der Kranken gibt es keine gemeinsame Sprache mehr: Turmbau zu Babel ... Die Forderung der Basis-Versorger ist jedoch gerechtfertigt: »Spezialisten, gebt uns, falls Ihr sie habt, klare Handlungsanweisungen für eventuell neue diagnostische und therapeutische Strategien in der Praxis«.

Problemkreis 3:
Entkoppelung Medizin und Politik

Das Management mancher gesundheitlicher Probleme hat sich schon längst aus der rein medizinischen Domäne herausentwickelt. Die entstandenen Fragen sind zu gravierend, bedürfen zu sehr gemeinsamer Anstrengungen, als daß die Medizin sie alleine klären könnte:
1. Wie ist Gesundheit/Krankheit finanzierbar?
2. Wer kümmert sich um die pflegebedürftigen Alten, um die des Hungers sterbenden Kinder, um eine gerechtere Verteilung medizinischer Ressourcen?

Brauchen wir wirklich »neue Ärzte«? Vom Standpunkt des kollabierenden Sozialsystems her ist die Frage sicher zu bejahen. Wie wir alle wissen, können wir es uns nicht länger leisten, in den Industriestaaten auf Kosten der Allgemeinheit eine hochentwickelte Medizin zu konsumieren, die in ihren medizintechnischen und pharmazeutischen Angeboten immer großzügiger wird. Hier ist aber auch die gesellschaftspolitische Sensibilität der Ärzte gefragt, wie der kaufmännische Direktor eines Wiener Privatspitals Prof. Dr. Josef Dezsy in einem Interview sagte:

»So schön und erhebend die Erfolge der heutigen Medizin sind, so groß ist die Verlegenheit unserer Gesellschaft geworden, ob sie sich diese Erfolge auch finanziell leisten kann. Viele Ärzte und Spitäler sind es heute gewöhnt, mit ihren zur Höchstform entwickelten Künsten, Heilmitteln und Techniken tief in die öffentlichen Kassen zu greifen. Das Problem dabei ist, ob der Arzt und das Krankenhaus in jedem Fall die Sinnhaftigkeit der Geldentnahme aus den öffentlichen Kassen nicht nur medizinfachlich, sondern auch gesundheitsökonomisch wirklich voll verantworten können.«[92]

Es dürfte den Ärzten nicht nur an wirtschaftlichem Basiswissen und Bewußtsein mangeln, was verständlich sein mag, wenn man bedenkt, daß seit dem Zweiten Weltkrieg der Fortschritt in der Medizin gegenüber der Notwendigkeit eines globalen medizinethischen Verständnisses im Vordergrund stand. Die Kostenexplosion im Gesundheitssystem ist nun ein Signal dafür, daß die Medizin ihre Balance zwischen »Humanität und Wirtschaftlichkeit«[93] nicht gefunden hat. An dieser Entwicklung sind zwar nicht nur die Ärzte beteiligt, aber sie befinden sich hier an einer Schlüsselstelle und werden in der nahen Zukunft vor neue gesellschaftspolitische und ethische Aufgaben in ihrer ärztlichen Tätigkeit gestellt sein. So fordert auch der Experte Dezsy:

»Die Ärzte könnten mit ihren heutigen medizinischen Möglichkeiten schon auf niedrigerer, billigerer Ebene viel mehr für ihre Patienten tun, wenn sie nur wollten. Bevor sie Fälle an teure Spezialkliniken weiterreichen, sollten sie überlegen, ob sie in ihrer eigenen Praxis, durch Hausbesuche, durch Empfehlung an Gemeinschaftspraxen oder Tageskliniken für ihre Patienten nicht größere Gesundheitserfolge bzw. bei Unheilbarkeit höhere Lebensqualität erzielen könnten.«[94]

Eine Psychotherapie gilt dann als erfolgreich, wenn sie den Patienten im Laufe der Therapie dazu bringen konnte, nicht nur die Verantwortung für sich selbst zu übernehmen, sondern innerhalb der Gemeinschaft oder Gesellschaft auch seine Teilnahme und sein Verantwortungsgefühl einzubringen. Müßten wir dann nicht gerade von Ärzten, die selber Therapeuten im weitesten Sinn sind, zu Recht fordern, sich für gesellschaftspolitische und über die medizinischen Fragestellungen hinausgehende Belange zu interessieren und zu engagieren?

Daß die Forderung nach der Entwicklung eines Kostenbewußtseins bei Ärzten gerechtfertigt ist, zeigt folgendes Beispiel. Nach dem Tod einer alleinstehenden älteren Dame trägt der Neffe der Verstorbenen die im Nachtkästchen gesammelten Medikamente in die Apotheke des Ortes. Der Apotheker nimmt die ungeöffneten(!), also nicht verwendeten Arzneischachteln entgegen und rechnet den Apothekenverkaufspreis der gesammelten Pharmaka aus, der bei über DM 5000 liegt. Wußte der zuständige Hausarzt von der Sammelleidenschaft seiner Patientin? Was stimmt hier nicht in der ärztlichen Kommunikation? Auch wenn man den dementen Zustand der Patientin berücksichtigen mag, steht diese Geschichte als Exempel für den verantwortungslosen Umgang mit teuren pharmazeutischen Produkten, deren Hochpreisigkeit aber der Bevölkerung im allgemeinen vorenthalten bleibt. Zwar werden in den westeuropäischen Ländern die Fragen der Kostenexplosion im Gesundheitswesen zunehmend thematisiert, doch hat der einzelne Patient oder die einzelne Patientin noch immer wenig Wissen über den tatsächlichen Preis verschiedener medizinischer Produkte oder Leistungen. Lassen sich Ärzte von ihren Patienten zu Verschreibern von Produkten verwenden? Ärzte sind nicht gewohnt, über ein Preis-Leistungs-Verhältnis mit ihren Patienten zu sprechen, und gehen leider oft selbst zu leichtfertig mit kostenintensiven Behandlungsformen um, die aus den Sozialfonds bezahlt werden müssen.

Ausländische Ärzte hingegen scheinen den Wert pharmazeutischer Produkte, die in ihren Heimatländern wie etwa dem Iran Mangelware sind, höher anzusetzen. Da sie meistens aus einem Land kommen, das Sozialleistungen in unserem Ausmaß nicht kennt, scheinen sie noch die entsprechende Achtung für medizinische und pharmazeutische Entwicklungen zu haben. Sie haben ein anderes Wertbewußtsein als ihre Kollegen, die mit den Leistungen des Sozialsystems eine Liaison eingegangen sind.

Demut, Verständnis und Solidarität lassen sich nicht per Verordnung oder Ausbildung erschaffen. Trotzdem sind folgende Schritte unumgänglich notwendig, will man die medizinische Leistung auf ein anderes Niveau bringen:

1. *Adäquatere psychologische Ausbildung von Medizinern*
Selbstreflexion und Kommunikationsfähigkeiten sind erlernbar.

2. *Bessere postgraduale Ausbildung von Ärzten*
Nicht nur das fachliche Wissen ist nach Abschluß der Ausbildung zu erweitern, sondern auch Kenntnisse über den Umgang mit dem Patienten.

3. *Verbreitete Kenntnisse über alternative Therapiemöglichkeiten*
Sowohl Medizinstudenten als auch Ärzte sollten über ein breiteres Wissen bezüglich Alternativen in der Medizin verfügen, auch wenn sie diese selbst nicht ausüben, um Patienten gegebenenfalls an entsprechende Therapeuten verweisen zu können. Es geht dabei um mehr Toleranz in der Medizin.

Arzt und Patient:
Die heilende Beziehung

»*Die Medizin ist nicht nur eine Wissenschaft, sondern auch die Kunst, eine Interaktion zwischen unserer eigenen Individualität und der Individualität des Patienten herzustellen.*«

Albert Schweitzer

Medizinische Tätigkeit ist, so sie sich nicht ausschließlich in Forschung und Wissenschaft abspielt, immer beziehungsorientiert. Sie sollte vom Patienten ausgehen und zum Patienten zurückkehren, sie sollte selbst dort, wo sie sich nicht in einem Gesprächskontext befindet, also etwa bei operativen Eingriffen, immer dialogisch sein. Was wir aber leider öfter beobachten, ist eine monopolistische Medizin, sind Ärzte, die Monologe führen, da sie im Zuhören und Hinhören nicht geschult sind. Eine Medizin, die das Gespräch mit dem ihr anvertrauten Patienten aber nicht mehr sucht, degradiert kranke Menschen zu Objekten. Nur so ist es überhaupt möglich, daß Krankengeschichten verwechselt werden und wiederholt an Patienten fälschliche und nicht indizierte Operationen durchgeführt werden. Skurril mag der Vorfall erscheinen, der an einer bekannten Großklinik stattfand: Einem Patienten, der zu einem kleineren operativen Eingriff an der Penisvorhaut vorgesehen war, wurden versehentlich beide Hoden abgenommen. Er hatte das Pech, die Krankengeschichte eines anderen Patienten auf seinem Bauch liegen zu haben.

Diese für den Patienten tragische Geschichte ist das nach außen auftretende Symptom einer unmenschlichen Medizin. Hätte der zuständige Operateur rechtzeitig »seinen« Patienten kennengelernt, so wäre ihm wohl aufgefallen, daß er den falschen Mann operiert. Aber Beziehung und Interaktion sind in den operativen Fächern nicht gefragt. Der Alltag im Umfeld der Chirurgie ist nüchtern, steril, hochtechnisiert. Ärzte und Operationspersonal stehen unter großem Streß, arbeiten unter unmenschlichem Zeitdruck. Chirurgen, die von einem Operationstermin zum anderen jagen, können nicht mehr wissen, wen sie unter dem Messer haben. Optimierungsvorgänge bieten zwar in den industrialisierten Ländern einer relativ breiten Bevölkerungsschicht hochwertige medizinische Leistungen an, aber die Entseelung der Medizin, die mit solchen Erfolgen verbunden ist, jagt vielen Menschen kalte Schauer ein. Ärzte als Technokraten – das scheint der Preis für medizinischen Fortschritt zu sein. Patienten sind aber nicht mehr gewillt, diesen Preis zu zahlen. Sie fordern in zunehmendem Maße Rückerstattung und Entschädigung für Vertrauensbrüche. Schließlich suchen kranke Menschen immer auch Begegnung. Sie brauchen Ärzte, die verstehen können, daß die Heilung immer auch in der Interaktion liegt. Das verschriebene Pharmakon, das Messer des Chirurgen oder die Injektionsnadel sind nur technische und materielle Attribute, die ihre Wirkung erst in einen ärztlichen Kontext eingebettet entfalten, in dessen Mitte wiederum die Begegnung zwischen Arzt und Patient steht. Das erklärt übrigens auch die oft gemachte Beobachtung, daß ein Patient den Therapievorschlag eines Arztes ablehnt, ihn aber von einem anderen Arzt, dem er vertraut, annehmen kann.

Neben der medizinischen wäre also auch die psychosoziale Kompetenz des Arztes zu fordern. Wie jedoch erwirbt man sich diese? Ist sie nur ein Defizit der Medizin/des Mediziners? In einer Medienwelt der »schönen neuen Kommunikation« sind wir alle in Gefahr, an zunehmender Kommunikationslosigkeit zu leiden und in unserer Sprachlichkeit zu verarmen. In der Medizin aber, in deren Mittelpunkt der leidende und kranke Mensch steht, wirkt sich die Beziehungs- und Sprachlosigkeit mitunter fatal aus. Sprache kann heilen, aber sie kann auch das Gegenteil bewirken. Wenn Ärzte bei ihren Patienten durch unsachgemäße Wortwahl, mangelnde sprachliche Sensibilität und Gedankenlosigkeit im aufklärenden Gespräch Angst oder Panik auslösen, ihnen vielleicht berechtigte Hoffnungen nehmen oder die Verschlimmerung eines Zustandsbildes voraussagen, so beginnt sich eine Negativspirale im Patienten zu bewegen, die sicherlich keinen positiven Einfluß auf seine Befindlichkeit hat.

Daß Kommunikation sowohl im Krankenhaus als auch in der täglichen Praxis medizinischer Interaktionen ein großes Problem darstellt, wurde von Sprachwissenschaftlern untersucht und analysiert. Die Erkenntnis, daß es wichtig sei, die richtigen Worte im Umgang mit leidenden Menschen zu finden, ist sicherlich nicht neu. Die Mediziner haben aber bisher keine Konsequenzen daraus gezogen und den Kommunikationsbereich der Psychotherapie und Seelsorge überlassen. Erst in letzter Zeit gibt es vereinzelte Versuche, das Problem »Sprache und ärztliche Tätigkeit« zu thematisieren und entsprechende Kommunikationsseminare für Ärzte anzubieten. Sicherlich genügt es dabei nicht, medizinische Fachsprache in ein für Laien verständliches Vokabular zu übersetzen, Medizin also transparent zu machen, sondern es geht um den gesamten Bereich der Kommunikationspsychologie, die sich Ärzte anzueignen haben. Die Sehnsucht nach den wohltuenden Worten des guten, alten Hausarztes taucht hier als kollektives und berechtigtes Bedürfnis auf.

Wie aber kommt es zu der Beziehungslosigkeit in der Medizin? Wieso begegnet man bei Ärzten eher dem psychosozialen Defizit als der Kompetenz?

Wenn wir von der Grundhypothese dieses Buches und den behandelten mythologischen Bildern ausgehen, müßten wir folgern, daß die eigene Verwundbarkeit den Arzt besonders sensibel für Verletzbarkeiten macht, daß sie seine empathischen Fähigkeiten fördert. Doch leider ist oft das Gegenteil der Fall.

Viele Ärzte scheinen sich dem Leid und dem Leidenden gegenüber zu verschließen. Zu schlimm wäre die Konfrontation mit der wunden Stelle im eigenen Leben. Dies ist vielleicht auch der Grund, warum zahlreiche Hinweise in der medizinpsychologischen Literatur nicht wirklich greifen: Theorie ist immer leichter als Praxis!

Deswegen wäre es unserer Meinung nach notwendig, die Wege, die zu Kommunikationsfähigkeit und zur Auseinandersetzung mit sich selbst und dem Gegenüber führen, in die medizinische Ausbildung zu verlegen. Nach dem Studium könnte etwas so Selbstverständliches wie psychosoziale Kompetenz mittels verpflichtender Fortbildung weiter trainiert werden. Viel zu wenig Verwendung findet leider das Modell des genialen Lehrers Balint, der die bereits praktizierenden Mediziner in seinen Gruppen unter Leitung eines tiefenpsychologisch kundigen Supervisors zu ihrem »schwierigen« oder gar »lästigen« Patient sprechen ließ.

Vorschläge zu einer Gesundung der Medizin und der Mediziner

»Ich möchte lieber ein Träumer unter den Bescheidensten mit realisierbaren Visionen sein, als Herr unter denjenigen ohne Träume und Sehnsüchte.«

Khalil Gibran

Jahrelange Beobachtung der medizinischen »Szene« haben uns in der Meinung bestärkt, daß Ärzte ihre eigene Krankheit sowie ihre psychische Verletzbarkeit abwehren. Das wurde uns in so manchen Gesprächen mit Medizinern auch bestätigt. Diese Offenheit ist aber nur in seltenen Augenblicken möglich, denn vielerorts stießen wir auch auf Unverständnis und Aggression. Publikationen, die dazu aufrufen, eine Veränderung in der ärztlichen Welt herbeizuführen, werden meistens ungelesen weggelegt. Arzt, konfrontiere dich nicht!

Kommentarlos ad acta gelegt wurde auch eine in Österreich durchgeführte Studie, die die Lebensqualität, Sinn-Entwicklung und Belastung von Hausärzten untersuchte. Die Ergebnisse dieser Untersuchungen sind wahrscheinlich für den Berufsstand der Ärzte in Europa repräsentativ und sollten alarmieren. Die Autoren kommen zu dem Schluß, daß sich die Lebensqualität der Hausärzte in den letzten Jahren »rapide verschlechtert« hat und ein Viertel der befragten Ärzte das Gefühl hat, »eigentlich falsch zu leben«.[95]

Wie aber können Ärzte, die an Sinn-Leere leiden, anderen Menschen Beistand, Rat und Heilung anbieten? Hinterlassen Publikationen wie die eben zitierte überhaupt irgendeinen Nachhall in der Öffentlichkeit? Immerhin wissen wir aber auch durch einen völlig unerwartet hohen Rücklauf einer Fragebogenaktion[96], daß nicht nur die Unzufriedenheit in der Ärzteschaft wächst, sondern mit ihr auch die Erkenntnis, daß eine Änderung notwendig ist. Das Bewußtsein und die Sensibilisierung für die eigenen Schwächen, Verwundungen, Krankheiten treten sehr langsam zutage. So manchem Arzt wird aber auch klar, daß die Änderung nicht über individuelles Jammern und auch nicht nur über Änderungsvorschläge in regionalen und nationalen Ärztekammern erfolgen wird. Es bedarf heute einer grundlegenden Neugestaltung der Kommunikation zwischen Arzt und Öffentlichkeit.

Aus der zunehmenden Unzufriedenheit mit dem medizinischen Alltag läßt sich die Tatsache erklären, daß viele junge Ärzte entweder bequemere Nischen, etwa als Schulärzte, Betriebsärzte oder im administrativen Bereich in Institutionen, suchen oder überhaupt den Weg des Mediziners verlassen und in angrenzende Bereiche wie Organisationsberatungen oder paramedizinische Tätigkeiten wechseln.

Wie wir gezeigt haben, entwickelt sich das Mitleid des zukünftigen Mediziners aus dem eigenen, aber meist nicht mehr bewußt empfundenen Leid. Das heißt, daß in der Arzt-Patient-Beziehung, die eigentlich eine Patient-Patient-Konstellation ist, das Mitfühlen des Mediziners einem Wissen und einem Sich-Erinnern entspringt und nicht nur der Vorstellung oder Phantasie. Es ist das »Wissen um das Leid des anderen«, ist das eigene Durchgemacht-Haben dieses Leides und stellt die idealste, perfekteste und wünschenswerteste Form einer Arzt-Patient-Empathie dar. Gedanken wie »Der Arzt weiß, was ich jetzt durchmache« können das Vertrauen des Patienten in die Person des Helfers stärken, denn der Therapeut behandelt nicht »nach dem Buch«, sondern wie der mythologische Heiler oder der Schamane aus eigener Erfahrung. Dieses Mit-Leiden darf aber den klaren Verstand des Arztes, sein Wissen um die eigene Vorverwundung nicht trüben. Ohne diese Klarheit würde ihn die eigene unbewußte Angst dirigieren. Zu einer Gesundung des Mediziners sollte also ein minimales Bewußtsein seiner eigenen Geschichte gehören.

Der Mensch ist ein »zoon politikon«, das politische Tier, das Wesen, das über Interaktionen, Kommunikation und deren Spiegelung zu einer dem Tier nicht möglichen Bewußtheit gelangt. Diese Entwicklung ist von Beginn an in intensiver Weise von den Bezugspersonen des Kindes abhängig. Die einzelnen Schritte dieses Prozesses sind immer ein Lernen am Modell der Umwelt. Zu dieser gehören Mutter, Vater, andere Kinder, andere Erwachsene, die eigene Familie, der Kindergarten, die Schule, die Gruppe – einschließlich der Gruppe, die man sich als »peer group« aussucht. In dieser Entwicklung enthalten ist auch, wie könnte es anders sein, das Werden zum politischen Wesen.

Was nun die Politisierung des Mediziners betrifft, so ist diese sehr geprägt von der Eigenart seiner Verwundung und der Art und Weise des Umgangs mit seiner Wunde. Bleibt dieser Umgang unbewußt, so wird der Arzt mit Gruppenprozessen, mit kleineren und größeren Gemeinschaften und dem Handeln innerhalb der Gruppe wenig zu tun haben wollen. Er wird eher ein Einzelkämpfer und Individualist sein.

Ein Typus, der in der Medizin bekannt ist, diese auch immer wieder um wichtige neue Erkenntnisse bereichert hat, die aber nie Ergebnisse von Teamarbeit sind, ist der Forscher, der zudem oft auch Vorreiter für unpopuläre Handlungsweisen ist. Er mag den »bunten Vogel« innerhalb der Gilde der Mediziner darstellen. Als Individualist ist er ein Typ, dem Team- und Mannschaftsdenken wesensfremd sind und dem das Fühlen und Tun aus einer Gruppe heraus fernliegt. Dieser spezielle Medizinertypus ist in seinem Handeln konzentriert auf sein Forschungsgebiet, und zwar nur und ausschließlich auf dieses. Interaktionen finden nicht statt, größere Zusammenhänge werden oft ausgeblendet. Wer meint, daß aus dieser Ausschließlichkeit nur

Vorteile für die Medizin erwachsen, geht fehl. Zwar brauchen wir für den Fortschritt in der Medizin die Fokussierung auf bestimmte, klar umrissene Problembereiche, doch ist ein globales Problembewußtsein in der Medizin ebeno unverzichtbar.

Längst sind wir aus leidvoller Entwicklung und Erfahrung gezwungen worden, unsere Erde als endliches Fahrzeug zu begreifen, als »Raumschiff Erde«, wie Buckminster Fuller es nennt, mit ihren begrenzten Ressourcen und Möglichkeiten. Die Mittel der Medizin sind ebenso begrenzt, und der Mediziner ist, von seiner politischen Funktion her, ein Verteiler dieser Mittel.

Angesichts der generellen Ungerechtigkeit in der Verteilung der Güter, also auch der medizinischen Versorgung, ist das WHO-Projekt »Medizin 2000. Gesundheit für alle« indes derzeit kaum mehr als eine schöne Utopie. Längst schon ist Epidemiologen die Verteilung von Hungernden, unversorgten Alten und Jugendlichen, das Entstehen von Epidemien erschreckend deutlich vor Augen geführt. Ebenso offensichtlich ist leider auch die Ohnmacht der Gemeinschaft, diese Probleme wirklich in den Griff zu bekommen.

Von oberster Dringlichkeit wäre hier eine Politisierung der Mediziner, die dazu führt, daß der Arzt ökologisch denkt, fühlt und handelt. Der verantwortungsvolle Arzt des Jahres 2000 müßte sich zunehmend bewußt machen, daß er auch Verteiler von endlichen medizinischen Gütern und Dienstleistungen in einer sehr klein gewordenen Welt ist. Das heißt, an die Stelle des gottähnlichen guten Onkels muß der politisch denkende Arzt als Partner im Gesundheitssystem treten. Hier ist allerdings ein Medizinertyp gefragt, der neben seiner persönlichen Individualität auch über sogenannte »Crew-Fähigkeiten« in dem Raumschiff Erde verfügt. Diese Teamfertigkeiten werden ihn dazu veranlassen, nicht nur persönliche, kurzzeitige Erfolge in der Medizin vor Augen zu haben, sondern auch global zu denken und zu handeln.

Wie aber läßt sich ein solches Hintanlassen von Utopien nach dem Motto »Alles ist machbar und alles ist auch finanzierbar« durchführen? Soll dies vielleicht während des Medizinstudiums stattfinden oder während der Ausbildung oder gar erst nach deren Abschluß? Die Grundfrage in diesem Zusammenhang lautet: Sind solche übergreifenden, jedoch notwendigen Bewußtseinsänderungen überhaupt institutionalisierbar?

Wenn wir von der Beobachtung und Hypothese ausgehen, daß der durchschnittliche Mediziner von der Gesellschaft geradezu für einzelkämpferische Spezialisierungsheldentaten belohnt wird, wie lassen sich dann maximaler Einsatz im Einzelfall und globale Gerechtigkeit vereinbaren? Wie und auf welcher Basis läßt sich ein Problembewußtsein für medizinische Prioritäten entwickeln? Und kann man den Arzt mit seiner individuellen Verwundung wirklich getrennt vom kollektivgesellschaftlichen Geschehen der sozialen Verwundung betrachten? An vielen Orten wird eine Spitzenmedizin mit großem High-Tech-Einsatz geboten, aber zu welchem Preis?

Unsere Medizin vollbringt in der Tat immer mehr »Wunder«. Wunder werden zur Routine und immer häufiger von einer begierigen Öffentlichkeit erwartet und gefordert. Schon längst stellt keiner mehr die Frage, wie diese Extremleistungen verteilt und finanziert werden. Und auf ihrem Höhenflug verliert die Medizin – d.h. der Mediziner – immer häufiger jegliches Gefühl für ethische und menschliche Grenzen. Der Luxus-Medizin in den industrialisierten Nationen steht eine minimalistisch betriebene Versorgungsmedizin in den Entwicklungsländern gegenüber. Nun können wir die Welt, die wir vorfinden, in ihren Grundfesten nicht von heute auf morgen verändern. Diese Welt wird im ausgehenden zwanzigsten Jahrhundert jedoch rapide kleiner, und wir können uns in diesem holographischen Ganzen nicht mehr nur unverbunden wahrnehmen. Hätten da nicht auch die Medizin und die durch ihre Verwundung zu Mitfühlenden gewordenen Ärzte die Aufgabe der wiederholten Mahnung?

Wir meinen, daß das entsprechende Problembewußtsein nicht in einem überfüllten Hörsaal entstehen kann. Vielleicht ist die Repolitisierung der Ärzte überhaupt nicht über das Studium zu leisten, egal wie viele Reformen dieses auch durchmachen mag. Vielleicht ist aber diese Sensibilität für die Probleme unserer Welt in der Tat durch ein Wiederöffnen der alten Wunde möglich.

Vorschläge zu einer Re-Sensibilisierung des Arztes

Wir schlagen als eine didaktische Möglichkeit zur Schaffung eines veränderten Bewußtseins in der Medizin für angehende Mediziner ein Auslandssemester in einem Entwicklungsland vor. Während dieses Semesters müßte der zukünftige Arzt die medizinische Versorgungsrealität des jeweiligen Landes und die Arbeit der dort tätigen Kollegen kennenlernen. Im helfenden Lernen würde durch das unmittelbare Erleben eine unauslöschliche Lektion in der Faktizität des Leidens stattfinden. Dieser Aufenthalt könnte daran erinnern, daß es neben der Theorie der Vorlesungssäle und neben den brillanten medizinischen Spitzenleistungen auch eine mangelhafte Alltagsversorgung gibt, die unseren westlichen ärztlichen Hochmut verhöhnt, wenn diese mangelhafte Versorgung dazu noch die Kraft läßt.

Als zweite Möglichkeit der Re-Sensibilisierung: Ein Plädoyer für die Untersuchung des Untersuchers

Der Augenblick, in dem in offensichtlichster Weise der Mediziner seine eigene Verwundung vergißt, verdrängt, verschiebt, ist der der Diagnose. Ganz besonders dann, wenn es hier um Peinlichkeit, Entblößung, Schmerz und Angst sowie Penetration geht. In keinem anderen Moment ist der Patient so häufig Objekt einer distanzierten, kühlen, »wissenschaftlichen« Beobachtung, fühlt er sich so sehr ausgesetzt, hilflos, alleine. Freilich hat der Mediziner im Somatischen und Psychischen seine »Fragen« zu stellen, was häufig mittels des ganzen hochentwickelten und sich immer weiter entwickelnden Instrumentariums geschieht.

Freilich muß der Arzt oft in die Leiblichkeit eindringen, und die dabei entstehende Peinlichkeit ist die offensichtliche sexuelle Analogie. Natürlich sind die Untersuchungen nicht selten unangenehm, bisweilen auch schmerzhaft. Das muß nicht so sein. Peinlich ist seitens des Patienten das »Alleine-gelassen-Werden«, das »Nicht-dabei-Sein« des untersuchenden Arztes. Das ist ja auch nachvollziehbar: Nur in den wenigsten Fällen hat der untersuchende Mediziner diese Untersuchungen auch bei sich selber vornehmen lassen.

Die Erinnerung an seine eigene Verletzung endet beim »Sich-Einfühlen« in den Diagnose-Gang, der gerade abläuft: Er (der Arzt) kann (und will) »es« sich nicht vorstellen. Dabei geht es jetzt nicht darum, all die Untersuchungsmethoden, die ich als Arzt in meiner Tätigkeit einsetze, zum besseren »Einfühlen« in das Erleben des Patienten auch selber erlebt zu haben. Vielmehr geht es um die Erinnerung oder die Fähigkeit des Sich-hineinversetzen-Könnens in die Situation des Untersucht-Werdens.

Wir schlagen vor, daß jede(r) zukünftige Mediziner(in) zehn Tage, als Medizinstudent(in) unerkannt bleibend, eine komplette Untersuchung an sich durchführen läßt. In diesen zehn Tagen kann der Prozeß der Reflexion, das Wiederfühlendwerden für die Frage »Wo ist mein Patient-Anteil« einsetzen.

Hinsichtlich des Problems mangelnder oder nicht zielführender Auslese bei Medizinern müßte eine Auslese der zukünftigen Mediziner einem problemspezifischen Anforderungsprofil folgen. Das findet bedauerlicherweise und zum Schaden der deshalb unvollkommen gelösten Aufgaben nicht statt. So werden Mediziner in Deutschland primär nach einem gewissen Notendurchschnitt zugelassen, der wenig oder gar nichts über ihre zukünftigen Fähigkeiten aussagt; keinerlei weitere Beschränkung engt die Möglichkeit ein, Medizin als Studienfach zu wählen. So strömen die »Verwundeten« ungefiltert in den Berufsstand und perpetuieren durch ihre Unbewußtheit jene Mängel, die unsere Medizin teuer und unwirksam machen.

Wir sind davon überzeugt, daß diese »Fraktionierung« von Lehr- und Lerninhalten, diese Abstrahierung vom leidenden Menschen, die Entfremdung, Parzellierung, Entfernung und Spezialisierung, der spezifisch ärztlichen Verwundung in ihren negativen Aspekten entgegenkommt. Ein Lernender, der seinen Entfremdungsprozeß verdrängt und vergessen hat, dem es nicht mehr um Kontakt, sondern um Distanz geht, nicht um Mitfühlen, sondern um Schmerzvermeidung, ein Lernender, dem es nicht um Teilen und Besiegen der Angst in Gemeinschaft mit einem Patienten geht, sondern um ängstliche Kontrolle seiner unbewußt bleibenden Gefühle, wird dann auch als Lehrender, als Dozent und Professor seinen Studenten gegenüber ein »nicht ausreichender Vater« sein.

Die Sehnsucht nach Erlösung

»Wenn wir hier in eine wirklich ernsthafte Diskussion über Religion einsteigen, werden die meisten unserer Leser das Buch in den nächsten Papierkorb werfen, oder nicht?«

Robin Skynner/John Cleese

Zum Thema des Arztes als verwundeter Heiler gehört zwingend die Bezugnahme auf unser christlich-abendländisches Erbe. Nicht nur Asklepius und Hippokrates sind in der Vorstellung, die wir von einem wahren Arzt haben, lebendig, auch Jesus Christus, »der Heiland«, prägt – wie bereits erwähnt – wesentlich unser Bild des Heilers. Jesus war Arzt, Psychotherapeut und Psychosomatiker in einer Person und gibt uns dadurch ein Modell des Heilers vor, das in späterer Zeit in viele Einzelteile zerfallen ist.

»Jesus, der Psychotherapeut, bezeichnet sich im übrigen selbst als ›Arzt‹ ... Dieser Arzt ist kein Dilettant, der etwa von Selbsterfahrung spricht, ohne genau zu wissen, was Gewaltiges das eigentlich heißt. Er ist kein Pfuscher, der Affekte sich austoben und dann alles beim alten beläßt. Er ist kein Bastler an Symptomen nach der Methode: Schnell getan, schnell abgeschoben. Nein, zielgerade geht er in jedem Fall auf das »Inwendige«, auf das Wesen, den bloßen Schein oder Anschein schnell durchblickend. Er geht auf das ›Innen‹, auf das ›Herz‹, und das meint nach neutestamentlichem Sprachgebrauch den ganzen Menschen nach Leib und Seele.«[97]

Diese Einheit von Körper und Psyche, von Materie und Geist, von Arzt und Heiler, von Irdischem und Transzendentem war bei den Priesterärzten früherer Zeiten ebenso vorhanden wie bei den Schamanen, die heilen, weil sie gelernt haben, »eine andere Ebene zu beobachten, die wir nicht sehen können«.[98] Reste eines transzendenten Bezugs in der Behandlung von Krankheiten finden sich im europäischen Mittelalter in der Klostermedizin, die sich unter anderem über die Heilsteine einer Hildegard von Bingen einige Nischen in der heutigen sogenannten esoterischen Medizin reservieren konnten. Abgesehen von den diversen Heilungs- und Therapievorschlägen der Esoterik wird der Spiritualität in der konservativen und konventionellen Medizin unserer Tage kein Platz eingeräumt. Sicherlich hat das auch mit dem sehr umstrittenen Stand der kirchlichen Institutionen zu tun sowie mit der derzeit aktuellen Neubewertung religiöser, spiritueller oder transzendenter Inhalte und Formen. Dieser Kampf überpersönlicher Werte findet zu Ende unseres Jahrtausend in alle Bereiche des gesellschaftlichen und privaten Lebens Eingang, er prägt maßgeblich auch die Diskussion, die zur Zeit um die Medizin der Gegenwart und Zukunft geführt wird.

Wenn wir in diesem Buch davon ausgehen, daß Arzt-Sein eine Berufung ist, die mit dem mythologischen Bild des universellen Heilers untrennbar verwoben ist, so gelingt es uns, intellektuell einen Bogen vom Asklepios der Antike zur biblischen Person Jesus zu spannen.

Schwieriger wird es in unserer modernen Zeit, die Linien zwischen dem niedergelassenen Arzt für Allgemeinmedizin oder dem Karrierekliniker auf der einen und dem »Heiland« auf der anderen Seite nachzuzeichnen, ohne in Platitüden oder Peinlichkeit zu fallen. »Jesus in der Medizin« oder »Jesus als Arztmodell« sind keine Themen, die sich leicht schreiben oder vermarkten lassen. Wir wollen diesen Versuch trotzdem wagen und hoffen, einige Gedanken zur Abrundung des »Mythos Arzt« vermitteln zu können.

Unter dem Titel »Die 1000 besten Ärzte« publizierte das Magazin »Focus«[99] 1993 eine Liste erfolgreicher Mediziner. Als Kriterien für die Aufnahme in den Verband der Besten wurden Empfehlungen durch Kollegen sowie intensive Kongreßtätigkeit genannt. Nachweisbarer Erfolg, Anerkennung durch Kollegen und wissenschaftliche Qualifikation sind ohne Zweifel wesentliche Faktoren für das Gelingen einer medizinischen Karriere und finden ihren Ausdruck sicher auch im komplexer werdenden diagnostischen und therapeutischen Instrumentarium, was letztendlich den Patienten zugute kommt. Unbehagen breitet sich aber aus, wenn die oben genannten Richtlinien genügen, um Mitglieder eines Berufsstandes, denen doch Menschen und auch Menschenleben anvertraut werden, zu bewerten. Wo bleiben Einfühlungsvermögen oder Mitleiden? Sind Fähigkeiten wie Empathie, persönlicher Einsatz, Kommunikation mit dem Patienten oder Reflexionsvermögen – ja, auch in der Medizin ist es erforderlich – keine Qualifikationsnachweise? Ist charismatisches Wirken nicht mehr gefragt? Wenn es uns nicht mehr gelingt, etwas von der Symbolik eines Asklepius oder dem Geiste Jesu in die Medizin des 21. Jahrhunderts herüberzuretten, dann haben wir trotz technischer und wissenschaftlicher Erfolge Elementares verloren.

Mit dem Arzt-Christus-Thema begeben wir uns in eine Paradoxie, denn einerseits ist es schwierig, eine Verbindung zwischen einem vorgegebenen Christus-Modell und einem in unserer technischen und rationalen Welt praktizierenden Arzt herzustellen, andererseits laufen hier unausgesprochen sehr viele kollektive Projektionen mit, die wir entschlüsseln wollen.

Jesus, der Heiland, hat viel mit unseren immerwährenden Versuchen zu tun, Heilsideologien und Gesundheitswünsche »nach oben hin« zu projizieren.

Wir fragten nach dem Grund des »social standing« der Ärztegötter, das einen eher verwundert, wenn wir behaupten, daß das Gros der Ärzte bloß gute Handwerker, also gehobene Klempner ohne Charisma sind. Wir erklären dieses Phänomen mit den kollektiven Projektionen, die aus Ärzten Götter und

TV-Serienhelden machen[100], wobei Wunschwelt und reale Welt sich ineinanderschieben oder verschieben. Daraus resultiert aber auch das Mißverhältnis in der Machtverteilung, denn der Patient erhöht den medizinischen Handwerker zu einer Heilsfigur – und hier kommt das Thema des Heilands eben doch zum Ausdruck –, zu einem Gott, und gibt ihm damit sehr viel Macht. Hier drückt sich eine kollektive Haltung nach dem Motto »Der Papa wird's schon richten« aus, die einer erwachsenen Gesellschaft eigentlich nicht mehr entsprechen sollte. Diese Unzufriedenheit mit dem Ärzte-Götter-Bild wird unserer Meinung nach wiederum auf die Ärzte projiziert, die dann »zuviel verdienen«. Sehr viel Zorn, der eigentlich in falsche Bahnen gelenkt wird, hat mit dem kollektiven Spüren dieser grundlegenden Unstimmigkeit in der Arzt-Patient-Beziehung zu tun. Nur so werden auch die jetzt stattfindenden Entthronisierungen von Ärzten verständlich.

Ein wesentlicher Aspekt des Christentums, der mit diesen fehlgeleiteten Projektionen zu tun hat, ist die Vater-Darstellung. Es ist unser abendländisches Erbe des Patriarchats, daß wir von der Vater-Projektion grundsätzlich geprägt sind, sie sozusagen in unseren Genen mitführen. Maria, die Mutter Jesu, spielt ja in der Geschichte der Heiligen Familie eine subalterne Rolle. Hier setzen sehr viele falsche Projektionsmechanismen ein, die in kirchlichen Institutionen, politischen Parteien und Ärzteschaft einen Fundus an Vaterfiguren geschaffen haben. Von der Bedeutung des Arztes als Vater im Familienmodell, durch den auch die ärztliche Kunst weitervermittelt wird, haben wir schon gesprochen. »Techne« und »telete« werden weitergegeben: Der Charismatiker hat »es« vom Vater, auch Jesus hat seine Fähigkeit vom und durch den Vater. Auch der wahre Arzt hat seine Gabe entweder tatsächlich – innerhalb der Familie oder von seinem Ausbilder – oder geistig-symbolisch von den Ärzte-Vorfahren. Daraus entsteht auch die Ahnung, daß ärztliche Tätigkeit mehr ist als Ausbildung und eben »irgendwie von oben« kommt.

Das Vaterbild hat also einerseits mit dem leiblichen Vater zu tun, andererseits ist auch hier – wie im Zusammenhang mit Animus, Anima und der Mutterproblematik beschrieben – eine archetypische oder transpersonale Ebene anzusetzen, die sich zum Beispiel im Bild des weisen Mannes, Helden oder inneren Führers ausdrückt. C.G. Jung definierte das Vaterbild folgendermaßen:

»Der Vater bedeutet im allgemeinen den früheren Bewußtseinszustand, in welchem man noch Kind ist, d.h. abhängig von einer bestimmten, vorgefundenen Lebensform, einem Habitus, der Gesetzescharakter hat. Es ist ein hingenommener, unreflektierter Zustand, ein bloßes Wissen um ein Gegebenes ohne intellektuelles oder moralisches Urteil. Dies gilt individuell wie kollektiv.«[101]

Wir können also behaupten, daß wir als Kollektiv die erwachsene Haltung noch nicht erreicht haben. Denn noch immer machen wir Vertreter des Staates, des Gesetzes oder eben der Medizin zu »Vätern«, anstatt uns zu lösen und intellektuell zwischen dem Bild und der Realität zu unterscheiden. Dieser Vorgang ist für das Individuum und die Gesellschaft immens schwierig, denn sonst hätten wir schon andere gesellschaftspolitische Strukturen entwickelt und würden längst auch im Gesundheitsbereich andere Wege beschreiten. Jung weist auf die Bedeutung der Veränderung der Vaterimago hin:

»Verschiebt sich der Akzent auf den Sohn, so ändert sich das Bild. Auf individuellem Niveau tritt die Änderung in der Regel dann ein, wenn der Sohn sich anschickt, an die Stelle des Vaters zu treten ... Die legitime Lösung besteht in einer bewußten Unterscheidung vom Vater und dem von ihm repräsentierten Habitus. Dazu ist ein gewisses Maß an Erkenntnis der eigenen Individualität erforderlich...«[102]

Ein solcher Entwicklungsweg ist also auch in der biblischen Darstellung der Vater-Sohn-Geschichte angedeutet. Der »Heiland als Idee« entspricht einem Konzept der Ablösung von infantilen oder nicht mehr passenden Vaterbildern. In der Umsetzung würde das von uns verlangen, aus Ärzten nicht mehr gute Väter zu machen, die uns mit Gesundheitsgütern zu versorgen haben, nicht Götter aus ihnen zu machen, die dann noch via Fernsehschirm in unsere Wohnzimmer transportiert werden, sondern das Göttliche im Arzt, das etwas ganz anderes ist, wahrzunehmen. So wie der Priester zwar in einer Nachfolge Jesu steht und durch besondere Weihen oder Initiationen in einem besonderen Maße heilende und vergebende Fähigkeiten besitzt, aber doch auch nur Repräsentant einer göttlichen Ordnung ist, die alle Menschen im Inneren selbst besitzen (wenn auch oft unbewußt oder unentdeckt), so steht auch der Arzt durch die Einweihung im Zusammenhang mit seiner medizinischen Ausbildung in der »Nachfolge« des Heilands, was ihn einerseits von Nicht-Heilern oder Patienten unterscheidet, was ihn andererseits aber auch nur zum Vertreter des inneren Heilers in der äußeren Welt macht. Seine heilenden Potentiale sind sozusagen Leihgaben.

Aus der Vaterimago im Heiland könnten wir also wesentliche Aspekte des Charismas und der heilenden Wirkung und Tätigkeit ableiten. Das würde die transzendente Ebene des Heilens ins Spiel bringen, die auch in der alchimistischen Tradition gilt, in der ein Paracelsus – heute Vorbild für ganzheitliches Heilen – lebte und heilte. Paracelsus war Wissenschafter, Arzt und Philosoph, er war mehr als ein medizinischer Handwerker, aber er gehörte – obwohl Individualist und Außenseiter – noch einem Weltbild an, in dem man Spiritualität und Transzendenz nicht aus der Lebens- und Erlebenserfahrung herauszuhalten versuchte.

Nach alchimistischem Verständnis hat Heilung mit Erlösung und Transformation zu tun. Die Ursubstanz der »prima materia« enthält den Stein, den geheimnisvollen Lapis, der aus ihr herausgeschält werden muß. Der Lapis wurde auch mit dem Gold der Alchimie, mit dem Stein des Weisen, dem göttlichen

Funken im Menschen oder auch mit Christus in Verbindung gebracht. Bei C.G. Jung hat der Stein als Symbol eine Beziehung zum Individuationsprozeß. Obwohl das Geheimnis des Steines nie aufgeschlüsselt wurde, scheint die Suche danach eine Metapher für menschliches Streben zu sein. Wenn der Stein aber ein Symbol für unser wahres Wesen ist, das durch Transformation heraustritt und unsere Persönlichkeit zum Vorschein bringt, scheint jener Arzt, dessen innerstes Sein durch die Transformation seiner Wunde durch alle Masken durchscheint, der von uns gewünschte Charismatiker zu sein. Diese Transformation gelingt eher selten, denn der Burnout-Mediziner unserer Zeit lebt oft nur von einer Vater-Persona (»Herr Professor«), die er sich übergestülpt hat.

Den Charismatiker könnte man auch als jenen Menschen definieren, der den Stein oder das Gold in seinem Inneren gefunden hat. Ähnliches wird Liz Greene mit ihren Ausführungen meinen:

»Diese innere Autorität auf psychologischer Ebene besitzt also etwas, das dem Individuum einen tiefgreifenden Einfluß auf die Umgebung verleiht, nicht weil er oder sie sich Mühe gibt, Macht zu erlangen, oder einen Zustand spiritueller Vollkommenheit erreicht hat, sondern weil irgendwie dieser Kern seines Selbst als Auslöser auf die Psyche anderer Menschen wirkt. Dann sagen wir, eine Person hat ›Mana‹, eine Qualität innerer Echtheit und Ganzheit, die andere sehr stark beeinflußt.«[103]

Vielen der sich auf Golfplätzen tummelnden oder in der Sinnlosigkeit ihres privaten oder beruflichen Lebens versinkenden Ärzte ist die Suche nach dem »Gold« trotz hohen Einkommens oder Karriere nicht gelungen. Und der Patient, der von diesem »Popanz-Arzt« enttäuscht wird, flüchtet sich zum Esoterik-Heiler.

Die menschliche Sehnsucht nach einer diese Welt transzendierenden Dimension und nach dem »Stein des Weisen« ist letztlich die Sehnsucht nach ewigem Leben und nach Erlösung. Sie hängt zusammen mit dem Wunsch nach Befreiung von Krankheit, Tod und Verfall. Doch auch diese Sehnsucht nach Erfüllung ewiger Gesundheit und unvergänglicher Schönheit wird auf den Arzt projiziert, der das Tor zum ewigen Leben öffnen soll.

Der mythologische Heiler, Christus oder der heilende Buddha sind lebendige und ausdrucksstarke Bilder: Gestalten, die *in* uns wirken und *nicht im Außen.*

»Ich denke, dieser Lapis und die allgemeine Sehnsucht, ihn zu finden, steht hinter vielen unserer mächtigen Projektionen auf religiöse und politische Gestalten. Ihr könnt nicht nur die positive Seite dieser Projektionen des Lapis auf Gestalten wie Christus und den Buddha erkennen, sondern auch die negative Seite, wenn eine Nation das, was im Grunde genommen eine innere und individuelle Verantwortung ist, auf einen charismatischen Führer wie Hitler oder Khomeini projiziert.«[104]

Der Gedanke der individuellen Verantwortung, die nur angenommen, aber nicht projiziert werden kann, leitet über zum letzten Kapitel dieses Buches, das sich mit der Forderung nach dem »erwachsenen« Patienten und seiner Verantwortlichkeit innerhalb des Gesundheitssystems auseinandersetzt.

Der heilende Arzt
und der »erwachsene Patient«

»Hör zu, Anna, wenn wir nicht überzeugt davon sind, daß die Sachen, die wir auf unsere Tagesordnung setzen, für uns wahr werden, dann gibt es keine Hoffnung für uns. Durch das, was wir auf unsere Tagesordnung setzen, werden wir gerettet werden.«
                               Doris Lessing

Bei der Diskussion der Vergöttlichung der Ärzte einerseits und deren Verwundung andererseits darf eines nicht außer acht gelassen werden: Arzt, Patient und Gesellschaft bilden eine einander ständig beeinflussende Einheit. Kein Gott ohne Anbeter! Der Arzt ist stets auch ein Teil jener Gesellschaft, aus der und in der er lebt und tätig ist. Es ist daher wegen dieser Rückkopplung sinnlos zu sagen: Die Patienten sind eben unmündig und erzeugen einen »göttlichen« und autoritären Helfer oder, vice versa, die Ärzte halten ihre Patienten in der Unmündigkeit. Trotzdem ist auffällig, daß bei Medizinern ein nur gering verbreitetes Bewußtsein hinsichtlich der politischen und gesellschaftlichen Aufgabe ihres Tuns besteht. Es gibt kaum eine öffentliche Reflexion über die Rolle des Arztes als Partner und Lehrer bezüglich einer neuen Mündigkeit ihrer Patienten.

Warum? Die in diesem Buch vielfach angesprochenen Projektionsmechanismen – »Götter in Weiß« – verhindern eine ehrliche und realistische partnerschaftliche Beziehung zwischen Patient und Arzt. Ein Teil der Ärzteschaft hat sich dann aber auch einen medizinischen Elfenbeinturm gebaut, aus dem heraus er – scheinbar geschützt – fragmentarisch diagnostiziert und therapiert. Wenn man davon ausgeht, daß sich Ärzte als heilende Protagonisten in der Gesellschaft auch für das Wohl der Gesellschaft insgesamt einsetzen sollten, mutet es seltsam an, warum sie nicht mehr Interesse für die großen Probleme des Gesundheitswesens in den Industrieländern zeigen. Es wird aber auch keine Gruppe allein die Lösung für die anstehende Problematik hervorzaubern können. Weder Politiker noch Vertreter der Ärztekammern werden das sinkende Schiff des Sozialstaates zur Kurskorrektur bewegen können, wenn in der Öffentlichkeit nicht stetig mehr Verantwortungsbewußtsein verankert wird. Der »mündige Patient« wird zwar in aller Munde geführt, ihm wird jedoch nur eine Scheinexistenz zugesprochen. Was ist ein »mündiger« Patient oder ein »erwachsener« Patient? Wer hat Interesse an der Mündigkeit der Patienten? Gibt es ein gesellschaftsimmanentes Interesse an Selbstverantwortung?

Der derzeitige Zulauf zur sogenannten Alternativmedizin und das Aufsuchen von nichtmedizinischen Heilern spiegeln das tiefe Bedürfnis von enttäuschten Patienten nach einem an Rousseau erinnernden »Zurück zur Natur« wider. Die apparative und fortgeschrittene chirurgische Medizin scheint auch Unbehagen hervorzurufen. Es gibt offensichtlich ein tiefes, von der modernen Medizin nicht abgedecktes Bedürfnis nach einer besonderen Art von Heilung.

Auffällig ist die allgemeine Verwirrung, Unsicherheit und Emotionalisierung, wenn es um Begriffe wie Ganzheitsmedizin, Alternativmedizin, Homöopathie, Heilpraktikertum oder feministische Medizin geht. Sogar Menschen mit hohem Bildungsgrad scheinen überfordert zu sein, eine Antwort auf die Frage, wohin sie sich wenden sollen, zu finden.

Die Medizin war in ihren Anfängen eine ganzheitliche Kunst des Arztens, die viele andere Bereiche in sich aufgenommen hatte. Zur Zeit des Paracelsus waren Astrologie, Alchimie und Philosophie selbstverständliche Teilaspekte einer sich auf den Menschen als Körper-Geist-Seele-Einheit beziehenden Heilkunst. Mit ihrer Verwissenschaftlichung und Ausgliederung aus einem komplexeren Ganzen gab die Medizin viele Bereiche ab. Damit wurde vieles in den Untergrund gedrängt, das sich am Ende dieses Jahrhunderts als medizinische Gegenwelt etabliert hat. Gemeint sind hier die nicht offziell anerkannten Berufsfelder des Heilens. Scharlatanerie hat zwar nichts mit offizieller Etablierung zu tun, da sie überall Einzug halten kann, aber es ist letztlich doch eine Tatsache, daß dem Unfug aufgrund mangelnder Institutionalisierung in den sogenannten esoterischen oder alternativen Heilrichtungen auch Tür und Tor geöffnet ist. Hier gibt es einerseits jene geschäftstüchtigen »Heiler«, die bewußt die Auslassungssünden der traditionellen Medizin für ihr Geschäft ausnützen. Andererseits gibt es einfach auch viel Naivität und Blauäugigkeit und illusionäre Täuschung, und zwar sowohl bei demjenigen, der alternative Heilung anbietet, als auch bei dem Menschen, der sie konsumiert. Es geht hier um die Schar all jener, die als »Heiler« im weitesten Sinn auftreten: vom Handaufleger bis zum Polarity Masseur. Diese Heilertypen sind keine kalkulierenden Geschäftsleute, sondern wollen, getrieben von einem Helfersyndrom der besonderen Art, tatsächlich Heilung anbieten, auch wenn es ihnen an einer herkömmlichen Ausbildung fehlt. Da wir alle grundsätzlich heilende Potentiale in uns tragen, muß diese Haltung zwar nicht grundsätzlich verdammt werden, kann aber gefährlich werden, wenn sich der Hilfeanbietende überschätzt. Bei Heilern dieser Art, die ausschließlich eine Medizin der anderen Art befürworten, ist die analytisch-rationale Funktion ihres Persönlichkeitssystems nicht ausgeprägt. Diese ihre »mindere Funktion« (vgl. C.G. Jungs Typologie) trifft auf eine entsprechende Konstellation beim Hilfesuchenden.

Professionalität als Arzt oder Therapeut wird in unserer Kultur durch reglementierte Ausbildung erworben. Das Studium der Medizin oder eine Psychotherapieausbildung kann als moderne Form der Initiation angesehen werden. Die Heilbefugnis wird in anderen Kulturkreisen, wie zum Beispiel im Schamanismus, auf andere Art und Weise vollzogen. Die persönliche Fähigkeit zu heilen wird durch Konfrontation mit der eigenen Wunde und mittels einer handwerklichen Ausbildung erst wirklich ausgeprägt. Sie wird sozusagen als Talent in ein bestimmtes durch Zeit und Kultur definiertes System integriert.

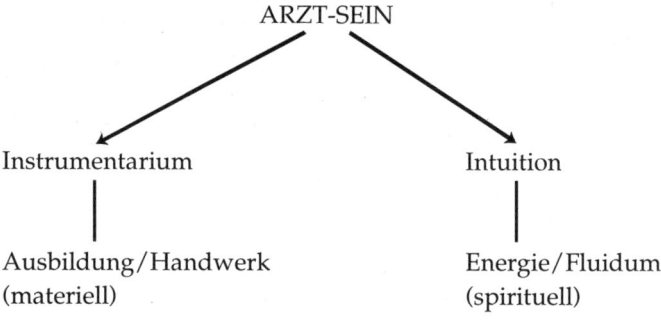

Ärztliche Tätigkeit, wie wir sie definieren wollen, bedient sich zum einen der jeweils adäquaten Instrumentarien oder professionellen Know-hows, zum anderen der Intuition. Instrumente des Heilens werden in der Ausbildung erworben, die intuitive Komponente ist sowohl Gnade als auch Ergebnis eines persönlichen Reifeprozesses.

Was den Arzt unserer Epoche heute definieren sollte, wäre die Kombination von medizinischem Know-how einerseits und psychischer Entwicklung andererseits. Solche Ärzte könnten die Abwanderungen einer Hilfe suchenden Öffentlichkeit in die Bereiche des Aberglaubens abfangen. Sogenannte Wunderheilungen, das heißt Heilungen ohne wissenschaftliche Erklärung, mag es zwar geben – es gibt ja auch in der Medizin die »Spontanheilungen« –, doch mag das Bedürfnis nach solchen Wundern größer sein als die tatsächliche Anzahl nicht erklärbarer Heilungen.

Daß Heilung grundsätzlich und spontan geschehen kann, ist nicht nur christliches Glaubensgut, sondern findet sich in verschiedenen Mythologien oder auch im Denken des Alchimisten. Mit anderen Worten: Wir können grundsätzlich daran glauben, daß in einem Moment der Gnade (Rationalisten mögen es Zufall nennen) im körperlichen oder seelischen Bereich Heilung stattfindet – entweder verbunden mit einem technischen Eingriff von außen oder auch ohne Manipulation. Wir wissen aber nicht, wann sich dieses Gnadenmoment einstellt oder wie es wirkt. Daneben gibt es wahrscheinlich auch verschiedene Heilphänomene, die wir derzeit noch als Wunder einstufen, für die es aber in Zukunft wissenschaftliche Erklärungen geben wird, wenn sich das Instrumentarium unserer Erkenntnis durch Forschung und auch durch die Konvergenz von Naturwissenschaft und Metaphysik verfeinert haben wird. Hier muß übrigens auch betont werden, daß falsche Diagnosen und Behandlungsmethoden sowohl in der konventionellen Medizin als auch in den alternativen Richtungen vorkommen, daß es aber in der sogenannten Schulmedizin aufgrund des naturwissenschaftlichen Zugangs leichter ist, Fehler zu objektivieren.

Das Bedürfnis nach Transzendenz ist offenbar im Menschen angelegt und wird in unserer Zeit im Bereich der Esoterik auch zunehmend gesellschaftsfähig. Andererseits sind wir aber in eine materielle Welt mit ihren materiellen Gesetzen und Grenzen hineingestellt. Es wäre schön, alle Krankheiten schon durch das Handauflegen allein beseitigen zu können, aber dies ist nicht der Fall – oder noch nicht der Fall. Es scheint, als bräuchten wir für unsere Evolution genau jene Art von Forschung und Wissenschaft, wie wir sie derzeit haben. »Wir müssen mit dieser Welt auskommen«, heißt es bei Castaneda.

Das ist auch die einzige Antwort auf die Frage, warum sich die kleine Patientin Olivia im Sommer des Jahres 1995 dann doch einer Chemotherapie und nachfolgenden Operation ihres Tumors unterziehen mußte. Anderen Krebspatienten mag der alternative Heilungsweg Hilfe und Erfolg gebracht haben. Es gibt eben verschiedene Ebenen des Heilens, die dem einzelnen Menschen und seiner jeweiligen Entwicklung, genetischen Anlage und psychischen Disposition entsprechen. Wer einmal auf einer Kinderkrebsstation gearbeitet hat, wird von der Frage »Warum geschieht Heilung nicht auf weniger schmerzvolle Art und Weise?« nicht mehr loskommen. Knochenmarkspunktionen, Strahlentherapien und Chemotherapien sind zwar gigantische Siege unserer Medizin, aber sie verursachen immense Schmerzen und verursachen tiefe Verwundungen. Manche Verletzung kann vielleicht spontan oder »sanft« heilen, aber wir können nie davon ausgehen. Oft brauchen wir in einer unvollkommenen Welt auch die Krücken in Form von grausam anmutenden operativen Eingriffen. Messer, Nadeln und bittere Pillen sind auch – aber nicht ausschließlich – das Instrumentarium des Mediziners.

Inzwischen gibt es zahlreiche an Esoterik angelehnte Heilmethoden, die von Psychotherapiemethoden über anthroposophische Richtungen bis hin zu allem, was Lebens- und Gesundheitshilfe umfaßt, reichen. Sie haben wohl ihre Berechtigung, weil sie ein menschliches Urbedürfnis nach Ausrichtung und Heilmachen befriedigen, eine immerwährende Nostalgie nach dem Weg, der »gesund macht«. Voraussetzung ist allerdings, daß sie dem einzelnen Menschen wirklich Hilfe anbieten, seine inneren Ressourcen und Potentiale zu entdecken. Da es aber für viele dieser Methoden keine institutionalisierbare Ausbildung gibt und sie sich naturwissenschaftlicher Überprüfbarkeit entziehen, begeben sie sich oft auf die »trial-and-error«-Ebene, womit die Gefahrenzone für den Konsultierenden erheblich größer als in der Schulmedizin wird. Auch einem Spitzenchirurgen kann zwar ein Fehler bei einer Operation unterlaufen, aufgrund seiner Ausbildung und seiner klinischen Laufbahn (»gelerntes Handwerk«) ist der Bereich menschlichen Versagens aber doch stärker eingegrenzt.

Die Frage ist auch: Welcher Patiententypus ist besonders prädisponiert, bei Alternativen Zuflucht zu suchen? Einerseits sind es sensible und jüngere Menschen, die spüren, daß in den konventionellen medizinischen und therapeutischen Bereichen Wesentliches verlorengegangen ist. Oft fallen sie durch das Netz herkömmlicher Diagnose, bekommen von ihrem Arzt keine entsprechende Antwort auf ihre Fragen und wenden sich ab. Hier sind, wie bereits angesprochen, die Unterlassungssünden der Mediziner als eine Ursache anzusehen. Zum zweiten sind es aber auch Patienten oder Klienten, die sich immer wieder scheuen, die Verantwortung für den eigenen Heilungsprozeß aktiv zu übernehmen. Es sind jene Pilger, die einen Arzt nach dem anderen aufsuchen, um dann von einem Alternativheiler zum nächsten zu wandern. Ihre Wanderwege führen sie mitunter zu den seltsamsten Methoden oder Zauberern, sie wollen ein Gesundheitspaket, gewürzt mit ein bißchen Magie.

Doch den eigenen Weg zur Gesundung zu suchen ist ein langer Prozeß. Man muß sich dabei Fragen stellen, die früher in den Asklepiaden von den Priesterheilern gestellt wurden. Was fehlt mir wirklich? Was brauche ich, um zu genesen? Was enthalte ich mir vor? Was kann ich mir selbst geben? Was tut mir gut? Je weniger Antworten auf diese Fragen im eigenen Innern gefunden werden, desto anfälliger wird man für Guruheiler, die übereifrig Anleitungen und Rezepte verkaufen.

Das Problem unserer Zeit ist aber auch, daß wir keine Kultur der Innenwelt mehr haben. Nicht die Ärzte allein haben ihre Sensibilität für die eigene Wunde größtenteils verloren (was ich aber nicht in mir spüre und wahrnehme, kann ich auch nicht dem anderen zugestehen – und kann ich auch nicht heilen lassen). Ihr Werdegang paßt genau in eine Gesellschaft und Kultur, die trotz wirtschaftlicher und wissenschaftlicher Erfolge keine Methoden entwickelt hat, zu sich selbst und zu anderen Menschen angstfrei in Beziehung zu treten. »Entfremdung« wurde zu einem Schlagwort, meint aber genau dieses Phänomen des Sich-Entfremdens von den eigenen Bedürfnissen und Wünschen, den eigenen Fragen und den eigenen Antworten. Hier sind die Ursachen der unbefriedigenden Situation in der Medizin anzusetzen: Ärzte, die unfähig sind, sich selbst wahrzunehmen und mit ihren Patienten zu kommunizieren, Patienten, die mit der Anspruchshaltung dreijähriger Kinder an ein kollabierendes Gesundheitssystem herangehen, um alles in Anspruch zu nehmen und möglichst wenig dafür zu zahlen. Die kranke Medizin entspricht hier nur einer kranken Gesellschaft. Da wir Autoren die gegenwärtige Situation aber nicht weiter »krankjammern« wollen, ist es uns ein Anliegen, einige zur Gesundung anstiftende Fragen auf hoffentlich fruchtbaren Boden fallen zu lassen. Zu einer Umkehr bedarf es nur einiger struktureller Änderungen und eines bißchen guten Willens von allen Seiten.

Für den Patienten bedeutet dies: Abschied zu nehmen vom Reklamationsstandpunkt im Sozialstaat. Das Erwachsen- oder Mündigwerden des Patienten muß sich vor allem in einem wirklichen Kostenbewußtsein zeigen. Wir alle müssen uns verabschieden von einem Standpunkt des »Alles ist zu leisten und kostet nichts«. Das Gesundheitssystem ist nicht das Schlaraffenland, für das es so lange gehalten wurde. Das Problembewußtsein muß sich im Willen zur Mitbeteiligung an dem System ausdrücken, die Einstellung »Der andere zahlt« muß fallengelassen werden. Der andere im System bin immer auch ich.

Ein weiterer Punkt in diesem Forderungskatalog betrifft die Bewußtseinsänderung im Hinblick auf Mitverantwortung. Hier müssen wir auf institutionellem Wege versuchen, folgende Fragen zu lösen: Wie kann Wissen in bezug auf die eigene psychosomatische Gesundheit vermittelt werden? Hier sind Schulen, Kindergarten, Elternorganisationen aufgerufen, sich der Information durch Mediziner nicht zu verschließen. Und hier sind auch die Mediziner aufgefordert, das Gespräch mit der Öffentlichkeit, mit den Patienten und der Welt draußen, außerhalb der eigenen Praxisräume zu suchen, so wie es die Priesterärzte der Asklepiaden noch taten.

Ziel wäre die professionelle medizinische Information der Öffentlichkeit, die zum Abschied vom unmündigen Patienten führen müßte. Doch Entwicklung ist nie linear, sondern eingebettet in ein Netz von interaktiven Vorgängen. Daher sollten wir unsere Erwartungen an den »mündigen Patienten« nicht allzu hoch ansetzen. Anzunehmen ist vielmehr, daß der Patient nicht ohne Widerstand der Aufforderung zur Mündigkeit nachkommen wird. Patienten sind seit langer Zeit gewohnt, ihre Gesundheit betreffende Entscheidungen den Ärzten zu überantworten. Das mag nur zum Teil mit einem Mangel an Information zu tun haben. Es ist auch als gesellschaftliches Phänomen anzusehen, da wir gelernt haben, daß es für jeden Bereich Fachleute gibt. So ist es naheliegend, den eigenen Körper (wie das eigene Auto – ein oft zitierter Vergleich!!) dem Spezialisten anzuvertrauen. Dies befreit von quälenden Entscheidungsprozessen. Selbstverständlich ist der Patient auf das Fachwissen des Mediziners angewiesen, doch genügt es nicht, willfährig mit seinem Körper alles geschehen zu lassen.

Mehr Information heißt aber auch mehr Verantwortung für den Patienten. Entscheiden will aber eigentlich niemand, weder das Personal auf der Intensivstation noch die Angehörigen. Bereiche der Gentechnik – oder auch nur der einfache Eingriff der Fruchtwasserpunktion – haben den Bereich der Medizin erweitert und damit auch die Entscheidungsräume. Doch wer wird diese immer größer werdenden Räume der Verantwortung und freien Entscheidung besetzen? Mehr Verantwortung bedeutet außerdem, mehr Möglichkeiten zu haben, die falschen Entscheidungen zu treffen. Wer gibt hier den Ball weiter? Diese Probleme werden in der Informationsgesellschaft der Zukunft auf uns zukommen, weder Ärzte noch Patienten sind aber darauf vorbereitet. Patienten werden immer informierter sein und dadurch immer mehr zu entscheiden haben. Dies wird das

Leben der Ärzte nicht leichter machen. Schon jetzt verweigern aufgeklärte und mutige Patienten zum Entsetzen der Mediziner und der Pharmafirmen hin und wieder die Antibiotikatherapie. Wer will also überhaupt den »mündigen Patienten«? Um die Probleme auch nur ansatzweise in den Griff zu bekommen, genügt nicht eine informierte Öffentlichkeit, vielmehr ist insgesamt auch eine erwachsenere Gesellschaft notwendig. Gesucht wird eine Öffentlichkeit, die Teile ihrer Projektionsmechanismen wieder zurücknimmt: Nicht der Staat, die Politiker, das Gesundheitssystem können Gesundheit schaffen; in deren Möglichkeit liegt einzig, Strukturen bereitzustellen, die es dem einzelnen ermöglichen, zu gesunden. Der »mündige« Patient müßte den so schwierigen Satz formulieren: Ich bin verantwortlich!

Abschluß:
Gedanken zum Nachlesen

»*Wenn Du ein Schiff bauen willst, so trommle nicht Männer zusammen, um Holz zu beschaffen, Werkzeuge vorzubereiten, Aufgaben zu vergeben und die Arbeit einzuteilen, sondern lehre die Männer die Sehnsucht nach dem weiten, endlosen Meer.*«

Antoine de Saint-Exupéry

Die Wunde des Arztes und der Ärztin sei – so die Überlieferung nach der Mythologie und so auch unsere Ausgangshypothese – die Quelle für die Fähigkeit zu heilen. Daß sie als Ressource nicht genützt wird, ist nicht nur den in medizinischen Berufen Tätigen anzulasten, sondern hängt eng mit der Zeit und der Gesellschaft, in der wir leben, zusammen.

Der Psychotherapeut Martin Miller wies in einem Fernsehinterview[105] darauf hin, daß trotz des theoretischen Wissens, das wir aus der Arbeit von Psychologen und Psychoanalytikern gewonnen haben, die Lieblosigkeit in unserer Kultur sehr verbreitet ist. So mag zwar Kohut mit seinem Narzißmuskonzept die Bedeutung der emotionalen Verletzung in unserer Gesellschaft hervorgehoben und als Konzept in die Psychotherapie eingeführt haben, aber die Thematisierung solcher Bereiche ist nach wie vor ein schwieriges Unterfangen. Die von Kohut geforderte »Empathie« löste schließlich selbst bei Psychotherapeuten Hilflosigkeit aus: Sich mit der Verletzlichkeit des Patienten zu konfrontieren heißt für den Therapeuten, seine eigene Verletzlichkeit wahrzunehmen. Wie Martin Miller zu Recht meint, wird die Verletzlichkeit heute immer noch belächelt und mit Füßen getreten. In dieser gesellschaftlichen Lieblosigkeit kann auch die Idee der »primären Mütterlichkeit«, wie sie Winnicott als Handwerkszeug in die Psychotherapie einführt, nicht auf fruchtbaren Boden fallen. Diese primäre Mütterlichkeit, die in jedem Menschen vorhanden ist, kann auch mit emotionaler Zufuhr, Geborgenheit und Empathie umschrieben werden. Sie vermag den Kranken wie ein Netz heilender Qualitäten aufzufangen. Es ist jene emotionale Breite, die die Frau als Heilerin am ehesten zur Verfügung stellen könnte, die aber auch von jedem Arzt und Therapeuten gefordert wird, selbst wenn unsere Gesellschaft noch wenig Verständnis für solche Anschauungen zeigt.

Wichtig erscheint uns, am Ende unserer Untersuchung noch einmal die Prozeßhaftigkeit hervorzuheben, die aller Heilung innewohnt. Wie mittlerweile bekannt, sind weder Gesundheit noch Krankheit absolut zu setzende Befindlichkeiten, sondern wir alle bewegen uns in dem Bereich dazwischen und sind mehr oder weniger gesund oder krank. Während wir uns zwischen diesen beiden Polen bewegen, sind wir alle zugleich auch Arzt und Patient. An die Stelle der hierarchischen Aufspaltung in Ärzte-Götter und passive Patienten sollte eine Art »Solidarität der Verletzten« treten. Wir alle haben einen leidenden und kränklichen Teil in uns – auch wenn wir in der Welt Ärzte sind. Und wir haben als Patienten auch einen inneren Arzt zur Verfügung, der für den Gesamtorganismus aber nur dann heilend zur Verfügung stehen kann, wenn ihm Beachtung geschenkt und Raum gegeben wird. Die Kommunikation mit dem inneren Arzt wird Patienten helfen, mündig zu werden. Dem Arzt hingegen wird die authentische Kommunikation mit dem Patienten und die Akzeptanz seiner eigenen Verwundung helfen, ein Heiler im alten mythologischen Sinne zu sein:

»Intensives Befaßtsein mit dem Heilen bedeutet eine Herausforderung für das eigene Leben. Die Initiationsreise des verwundeten Heilers, die persönliches Wachstum und Transformation impliziert, stellt ganz klar eine Parallele zur ›Heilungsreise‹ des Kranken dar. Heiler und Heilung Suchender können auf dem Weg zu Selbst-Bewußtsein und Persönlichkeitsentfaltung zueinander finden; jeder kann zutiefst durch die Präsenz und Erfahrung des anderen beeinflußt werden.«[106]

Wir sind uns dessen bewußt, daß nicht alle hier angestellten Überlegungen ihren Weg in die Umsetzung finden werden. Unsere Untersuchung ist auch Ausdruck einer Vision: Der »verwundete Heiler/Arzt« im mythischen wie auch im christlichen Sinn ist auch am Ende dieses Jahrtausends eine Utopie, die wir ins 21. Jahrhundert mitnehmen.

Einiges ist aber doch möglich: Mehr Bemühen um Dialogfähigkeit in der Arzt-Patient-Beziehung, weniger Eitelkeit innerhalb der medizinischen Profession und mehr Wille zur Verantwortung von seiten des Patienten. Der Arzt und der Patient werden sich in Zukunft die Macht – aber auch die Ohnmacht – teilen müssen.

Glossar

In der Folge versuchen wir eine kurze, allgemeinverständliche Erklärung einiger der in diesem Buch verwendeten Fachbezeichnungen zu geben. Dieser Versuch soll zu einer Synthese der so anschaulichen, bild- und geschichtentragenden mythologischen Vorstellungen mit den medizinisch-psychologischen Begriffen führen.

Anima/Animus: Jeder Mann, so C.G. Jung, trägt das Bild der Frau von jeher in sich. Dieses Frauenbild der »Anima« ist im Grunde genommen Sammlung und Niederschlag aller Eindrücke von »Frau«, die »Mann« im Laufe seines Lebens erfahren hat. Dieses »Bild« ist ein handlungsbestimmendes System, das bei der Lösung aller Lebensprobleme – automatisch wirksam – eingesetzt wird. Dasselbe gilt – spiegelbildlich – für die Frau in bezug auf ihr »verinnerlichtes Mannbild«…Anima und Animus sind Archetypen des Seelenlebens.

Archetypus: Archetypenlehre geht auf C.G. Jung zurück. Archetyp ist ein abstrakter und hypothetischer Teil der Psyche, eine unanschauliche Grundstruktur psychischen Erlebens.
Der Archetyp ist also ein Konzept, das vom Menschen nicht wahrgenommen wird – erfaßt wird nur das »archetypische Bild« (z.B. der Mutter, der Anima, des Heilers).

Individuation: Wachstums- und Entwicklungsprozeß, der zur einzigartigen Individualität führt – das »Zum-eigenen-Selbst-Werden«. Dieser Prozeß beinhaltet die Bewußtwerdung und Verinnerlichung unbewußter, abgesprengter und dadurch nicht wirksamer oder negativ wirksamer Teile unseres Selbst. Zu dieser Selbstverwirklichung oder Ganzwerdung gehört nach C.G. Jung auch der richtige Umgang mit den vier Funktionen Denken, Fühlen, Empfinden und Intuition.

Neurose: »Zustand des Uneinigseins mit sich selbst«, demnach ein Ausdruck der gestörten Individuation. Sie ist ein »Stoppzeichen vor einem falschen Weg und ein Mahnruf zum persönlichen Heilungsprozeß« (Erinnerungen Träume, Gedanken von C.G. Jung, herausgegeben von A. Jaffé, Walter Verlag 1971). Die psychische Störung in einer Neurose und die Neurose als solche können als ein verfehlter Anpassungsakt aufgefaßt werden. Wie bei Freud also stellt die Neurose »den Versuch einer Selbst-Heilung« dar (Psychoanalysis and Neurosis, London 1916).

Persona: Ursprünglich die Maske, die im antiken Theater von Schauspielern getragen wurde und die ein sofort verständliches »Etikett« für die Rolle bot. In Anlehnung dazu wird der Ausdruck Persona von C.G. Jung als die Art und Weise verwendet, wie wir mit der Welt verkehren, jene Art, die fast für jeden Beruf eine charakteristische ist. Gefährlich ist nur, wenn man mit der »Persona« identisch wird (z.B. Tenor mit seiner Stimme, Professor mit seinem Lehrbuch etc.), da – etwas vereinfacht – die »Persona« nicht das darstellt, was einer eigentlich ist, sondern was, was er und die anderen meinen, daß er sei.

Persönliche und kollektive Unbewußte, das: Hier findet sich alles, was ich nicht weiß, sei es das Äußere, sinnlich Erfahrbare (Umwelt), seien es die unmittelbar erfahrbaren, inneren Tatbestände (das Unbewußte). »Alles, was ich weiß, an das ich aber momentan nicht denke; alles, was nur einmal bewußt war, jetzt aber vergessen ist; alles, was von meinen Sinnen wahrgenommen, aber von meinem Bewußtsein nicht beachtet wird; alles, was ich absichts- und aufmerksamkeitslos, d.h. unbewußt fühle, denke, erinnere, will und tue; alles Zukünftige, das sich in mir vorbereitet und später erst zum Bewußtsein kommen wird, all das ist Inhalt des Unbewußten.« (Von den Wurzeln des Bewußtseins, 1954, S. 536/Ges. Werke VIII, 1967, S. 214) Dazu noch »kommen auch alle mehr oder weniger absichtlichen Verdrängungen, peinlichen Vorstellungen und Eindrücke«, um das persönliche Unbewußte zu bilden. Davon zu unterscheiden ist das durch die »nicht individuell erworbenen (z.B. vererbten) Eigenschaften, psychische Motive und Vorstellungen« gebildete kollektive Unbewußte. Hier finden sich allgemeine transindividuelle und transkulturelle Vorstellungen, die Motive zu Mythen und Märchen geben.

Schatten: Eine sich im Unbewußten durch Zusammenschluß unlebbarer Dispositionen bildende, relativ autonome Teilpersönlichkeit. In der Summe »aller persönlichen und kollektiven psychischen Dispositionen, die infolge ihrer Unvereinbarkeit mit der bewußt gewählten Lebensform nicht gelebt werden können« (Erinnerungen, Träume, Gedanken von C.G. Jung, A. Jaffé, Walter Verlag, 1971 finden), sich aber nicht nur personifizierte Inferioritäten und Minderwertigkeiten, sondern auch (freilich nicht anerkannte) »normale Instinkte, zweckmäßige Reaktionen, wirklichkeitsgetreue Wahrnehmungen, schöpferische Impulse u.a.«. (C.G. Jung, Gesamtwerke, Bd. 9/II Aion: Beiträge zur Symbolik des Selbst, S. 379 f.) Die Bewußtmachung des Schattens ist wesentlich auf dem Weg zur Individuation.

Verwundeter Heiler: Das Motiv des verwundeten Heilers entstammt der Mythologie. Der Lehrer der Heilkunst, Chiron, litt an einer unheilbaren Wunde. Dieses symbolische Bild steht für einen Archetypus, der in jedem Menschen, ob Arzt oder Patient, wirkt. Ein Arzt, der sich dessen nicht bewußt ist, klammert einen wesentlichen Teil aus seiner Psyche aus.

DRAMATIS PERSONAE: die Personen und ihre Darsteller, gleichzeitig Ärzte-Typen:

Saturn: Der Scholle auf dem Acker nahe, versinkt er knöcheltief in der Krume. Die nervende und schwere Routine prägt sein freilich erdnahes/realistisches und realitätsnahes Dasein. Ohne Saturn keine kontinuierliche Leistung: Jemand muß eben pflügen. Daher wird er auf unsere (Buch-)Bretter gerufen, um den treuen und handwerklich verläßlichen medizinischen Routinier zu spielen. Der unreflektierte Saturn mündet bald in die Alterserstarrung des Senex.
Der helle Gegenspieler zum dunklen Saturn ist:

Apoll: Schön, strahlend und vielseitig begabt, gilt er als Ahnherr der Künste und Weissagungen (Orakel zu Delphi) und als Schirmherr der Medizin. Verwunder mittels seiner Pfeile, ist er auch ein vielfach Verwundeter und hat durch jene Erlebnisnähe zur Selbst(Reflexion)-und Fremd(Empathie!)-Wahrnehmung erst die Heilung ermöglicht.
In unserem Buch spielt er die Rolle des »Hellen«, »Weisen«, »Wissenden«, des »strahlenden« und »erfolgreichen« Arztes. Dennoch ist auch er ein Vorverwundeter und durch die Wunde ein Heiler.
Quecksilbriger Mitspieler ist:

Merkur/Hermes: Gott des Handelns, schlitzohriger Schutzgott der Diebe und Kaufleute und Bote der Götter. Voller Ideen, aber ohne

Sitzfleisch. Befruchtend, aber nicht kindergroßziehend, kann eine Musterfarm entwerfen, nicht aber sie bestellen. Personifizierung des Puerilen, Knäblichen, Kreativen. Ein Peter Pan, der nicht gerne alt werden will.

Hephaistos: Lahm und entstellt, von der Mutter verstoßen, verbleibt er neun Jahre in seiner Grotte und lernt dort seine (Schmiede!-)Kunst. Wegen der Ähnlichkeit mit den nicht ganz flinken (neun Jahre = 18 Semester) Medizinstudenten, wegen seiner Vorverwundung und durch die Art, wie er sie kompensiert: auf die Bühne!

Außerdem spielen mit:

Chiron: wie Hephaistos (Versinnbildlichung zwischen Instinkt und Geistigem)auch ein von der Mutter Verstoßener und daher (aber nicht nur daher) ebenfalls ein Verwundeter, der aus dieser Wunde Wissen und Heilkraft schöpft. Tiermensch, ist dieser Kentaur halb Mensch, halb Pferd. Da ihn Apoll rettet, revanchiert er sich damit, daß er Apoll die Kunst des Heilens (die Techne, Medizin als lehr- und lernbare Fertigkeit!) beibringt.

Ein weiterer Medizinzögling Chirons ist:

Asklepios/Äskulap: Sohn Apolls, lernt der Ahnherr der Mediziner die Heilkunde dennoch nicht von seinem Vater! Göttliches und Irdisches, Priesterliches und Ärztliches in sich vereinigend, heilt er nicht nur Kranke, sondern erweckt sogar Tote zum Leben. Auf Asklepios gehen die »Priesterschaft der Heiler« und die Heiltempel, oft in der Nähe von (Heil-)Quellen stehend, Modell für gelungenere Krankenhäuser, zurück.

Literatur

Achterberg, Jeanne: *Die Frau als Heilerin. Die schöpferische Rolle der heilkundigen Frau in Geschichte und Gegenwart*, Bern, München, Wien 1990

Adler, Alexandra: *Individualpsychologie*, Frankfurt am Main 1990

Adler, Alfred: *Über den nervösen Charakter: Grundzüge einer vergleichenden Individual-Psychologie und Psychotherapie*, Frankfurt 1972

Arzneimittel: Was ist Heilung? Hg. von d. Verein für ein erweitertes Heilwesen e. V., Stuttgart 1988

Balint, Michael: *Der Arzt, sein Patient und die Krankheit*, Klett-Cotta, Stuttgart 1966

Barz, Ellynor: *Götter und Planeten. Grundlagen archetypischer Astrologie*, Zürich 1988

Barz, Helmut u.a.: *Heilung und Wandlung. C.G. Jung und die Medizin*, München 1991

Bämayr A.; Feuerlein W.: *Über den Selbstmord von 119 Ärzten, Ärztinnen, Zahnärzten und Zahnärztinnen in Oberbayern von 1963 bis 1978*, Crisis, Nr. 5, Seiten 91–107, 1984

Biermann, Hans: *Die Gesundheitsfalle. Der medizinisch-industrielle Komplex*, Hamburg 1992

Birnbaum, Raoul: *Der heilende Buddha. Heilung und Selbstheilung. Eine Einführung in das altbewährte, psychosomatische Heilsystem des Buddhismus*, Bern, München, Wien 1982

Bly, Robert: *Eisenhans. Ein Buch über Männer*, München 1991

Bolen, Jean Shinoda: *Göttinnen in jeder Frau. Psychologie einer neuen Weiblichkeit*, Basel 1989

Bolen, Jean Shinoda: *Götter in jedem Mann. Besser verstehen, wie Männer leben und lieben*, Basel 1991

Bollinger, H. u.a.: *Medizinerwelten – Die Deformation des Arztes als berufliche Qualifikation*, München 1981

Bruder-Bezzel, Almuth: *Die Geschichte der Individualpsychologie*, Frankfurt 1991

Burkert, Walter: *Antike Mysterien*, München 1990

Camenzind, Elisabeth; von den Steinen, Ulfa: *Frauen definieren sich selbst. Auf der Suche nach weiblicher Identität*, Zürich 1991

Campbell, Joseph: *Lebendiger Mythos*, München 1991

Carlson, Richard; Shield, Benjamin, Hg.: *Was ist heilen?* München 1992

Clair, J; Szeemann, H., Hg.: *Junggesellenmaschinen*, Ausstellungskatalog, Alfieri, Venezia & Civitanova Marche, Juli 1975

Clow, Barbara: *Chiron. Die Verbindung zwischen inneren und äußeren Planeten*, München 1989

Coquide, Patrick: *La Medecine Scandale*, Saint-Amand-Montrond 1993

De Roeck, Bruno-Paul: *Dein eigener Freund werden*, Gelnhausen 1983

Dethlefsen, Thorwald: *Schicksal als Chance*, München 1992

Dethlefsen, Thorwald; Dahlke, Rüdiger: *Krankheit als Weg. Deutung und Bedeutung der Krankheitsbilder*, München 1983

Dinkler, Erich: *Christus und Asklepios*, Heidelberg 1980

Dossey, Larry: *Wahre Gesundheit finden. Krankheit und Schmerz aus ganzheitlicher Sicht*, München 1991

Drewermann, Eugen: *Tiefenpsychologie und Exegese*, Band 1, Olten 1992

Drewermann, Eugen: *Wort des Heils. Wort der Heilung*, Band 1, München 1993

Edinger, Edward F.: *Der Weg der Seele. Der psychotherapeutische Prozeß im Spiegel der Alchemie*, München 1990

Enzmann, Dirk; Kleiber, Dieter: *Helfer-Leiden: Streß und Burnout in psychosozialen Berufen*, Heidelberg 1989

Fox, Matthew: *The Reinvention of Work*, New York 1994

von Franz, Marie-Louise: *Der ewige Jüngling. Der Puer aeternus und der kreative Genius im Erwachsenen*, München 1987

von Franz, Marie-Louise: *Spiegelungen der Seele: Projektion und innere Sammlung in der Psychologie C.G. Jungs*, München 1988

von Franz, Marie-Louise; Hillman, James: *Zur Typologie C.G. Jungs*, Fellbach-Oeffingen 1980

Fritsche, Herbert: *Die Erhöhung der Schlange*, Göttingen 1991

Gebelein, Helmut: *Alchemie*, München 1991

Geue, Bernhard: *Wie ich mir das Leben zur Hölle mache und andere erfolgreiche Strategien, sich selbst zu schaden*, Zürich 1992

Got, Claude: *La Sante*, 1992

Grant, Michael; Hazel, John: *Lexikon der antiken Mythen und Gestalten*, München 1976

Greene, Liz: *Schicksal und Astrologie*, München 1985
Greene, Liz; Sasportas, Howard: *Entfaltung der Persönlichkeit durch psychologische Astrologie*, München 1988
Greene, Liz; Sasportas, Howard: *Dimensionen des Unbewußten in der psychologischen Astrologie*, München 1989
Groddeck, Georg: *Das Buch vom ES. Psychoanalytische Briefe an eine Freundin*, Frankfurt am Main 1979
Grossinger, Richard: *Wege des Heilens. Vom Schamanismus der Steinzeit zur heutigen alternativen Medizin*, München 1982
Gruen, Arno: *Der Wahnsinn der Normalität*, München 1987
Gruen, Arno: *Falsche Götter*, Düsseldorf, Wien, New York 1991
Hackethal, Julius: *Der Meineid des Hippokrates. Von der Verschwörung der Ärzte zur Selbstbestimmung des Patienten*, Bergisch Gladbach 1992
Hark, Helmut, Hg.: *Lexikon Jungscher Grundbegriffe*, Olten 1988
Haltenhof, Horst; Bühler, Karl-Ernst; Leupold-Theander, Elke: *Die Bedeutung der Balintgruppenarbeit: Ein Literaturüberblick und eine empirische Studie in Unterfranken*, Psychotherapie, Psychosomatik und medizinische Psychologie, Nr. 43, Seiten 200–206, Georg-Thieme-Verlag, Stuttgart 1993
Herschbach, Peter: *Psychische Belastungen von Ärzten und Krankenpflegekräften*, Weinheim 1990
Hillman, James: *Puer Papers*, Dallas 1979
Hillmann, James; Ventura, Michael: *Hundert Jahre Psychotherapie und der Welt geht's immer schlechter*, Düsseldorf 1993
Holler, Gerd, Hg.: *Getreu dem Eid des Hippokrates. Österreichs große Ärzte*, München 1990
Hunger, Herbert: *Lexikon der griechischen und römischen Mythologie*, Reinbek bei Hamburg 1976
Jaffé, Aniela: *Aus Leben und Werkstatt von C.G. Jung*, Zürich, Stuttgart 1968
Jaffé, Aniela, Hg.: *Erinnerungen, Träume, Gedanken von C.G. Jung*, Olten 1988
Jork, Klaus et al., Hg.: *Was macht den Menschen krank? 18 kritische Analysen*, Basel 1991
Jung, Carl Gustav: *Studienausgabe*, bei Walter Verlag, Olten & Freiburg im Breisgau 1972
Jung, Carl Gustav: *Über die Psychologie des Unbewußten*, Zürich, Stuttgart 1964

Jung, Carl Gustav: *Vom Abenteuer Wachsen und Erwachsenwerden.* Ausgewählt von Franz Alt, Olten 1991

Jung, Carl Gustav: *Der Mensch und seine Symbole,* Olten 1991

Jung, Carl Gustav; Kerenyi, C.: *Essays on a Science of Mythologie,* New York 1963

Jung, Emma: *Animus und Anima,* hg. von Lilly Jung-Merker und Elisabeth Rüf, Fellbach-Oeffingen 1990

Jung, Mathias: *Kranke Medizin – ein Blick hinter die Mauer des Schweigens,* Wien, New York 1989

Jütte, Robert: *Ärzte, Heiler und Patienten. Medizinischer Alltag in der frühen Neuzeit,* München 1991

Kakuska, Rainer, Hg.: *Andere Wirklichkeiten,* München 1984

Karazman, Rudolf; Geißler, Heinrich; Karazman-Morawetz, Inge: *Lebensqualität und Belastungen von Hausärztinnen und Hausärzten in Tirol.* Studie, Wien, Juli 1994

Karazman, Rudolf; Geißler, Heinrich; Karazman-Morawetz, Inge: *Lebensqualität, Sinn-Entwicklung, Belastung bei niederösterreichischen Hausärztinnen und Hausärzten,* Studie, Wien, Januar 1994

Karazman, Rudolf; Geißler, Heinrich; Kloimüller, Irene; Morawetz-Karazmann, Inge: *Lebensqualität und Belastungen von Hausärztinnen und Hausärzten in Wien.* Untersuchung im Auftrag des öst. Hausärzteverbandes, Landesgruppe Wien, Mai 1995

Keen, Sam: *Die Lust an der Liebe. Leidenschaft als Lebensform,* Weinheim und Basel 1985

Keen, Sam: *Feuer im Bauch. Über das Mann-Sein,* Bergisch Gladbach 1992

Kerenyi, Karl: *Der göttliche Arzt,* Basel 1948

Kerenyi, Karl: *Die Mythologie der Griechen,* Band I, München 1966

Kerenyi, Karl: *Die Mythologie der Griechen,* Band II, München 1966

Killey, Dan: *Das Peter Pan-Syndrom,* o. J

Kohut, Heinz: »Formungen und Umformungen des Narzißmus«, in: *PSYCHE*/1960

Kohut, Heinz: »Überlegungen zum Narzißmus und zur narzißtischen Wut«, in: *PSYCHE*/1972

Kohut, Heinz: *Narzißmus,* Frankfurt am Main o. J.

Langegger, Florian: *Doktor, Tod und Teufel,* Frankfurt am Main, 1983

Lebrun, Maguy: *Medecins du ciel, medecins de la terre,* Paris 1991

Lohmann, Hans: *Krankheit oder Entfremdung? Psychische Probleme in der Überflußgesellschaft,* Stuttgart 1978

Lyons, Albert S.; Petrucelli, R. Joseph: *Die Geschichte der Medizin im Spiegel der Kunst*, Köln 1980

Mann, Rudolf: *Der ganzheitliche Mensch. Lebenssinn und Erfüllung im Beruf*, Düsseldorf, Wien, New York 1991

Mark-Stemberger, Barbara: *Voraussetzungen, Möglichkeiten und Grenzen der Supervision und Beratung an Klinkikstationen – ein Werkstattbericht*, Psychologie in der Medizin, Nr. 3, 5. Jahrgang, 1994

Matthews, Caitlin und John: *Der westliche Weg*, Band 2, Reinbek bei Hamburg, 1989

Medizin der Zukunft, hg. von der Wiener Arbeitsgemeinschaft für Volksgesundheit (2 Bd.), Wien 1988/1989

Mendelsohn, Robert S.: *Männermacht Medizin. Wie Ärzte die Frauen beherrschen*, Holthausen 1989

Meyer, Hermann: *Psychosomatik und Astrologie*, München 1992

Mitscherlich, Alexander: *Auf dem Weg zur vaterlosen Gesellschaft*, München 1968

Needleman, Jacob: *Vom Sinn des Kosmos. Moderne Wissenschaften und alte Wahrheiten*, Frankfurt am Main und Leipzig 1993

Nesse, Randolph M.; Williams, George C.: *Evolution and Healing*, London 1994

Oppitz, Michael: *Wie heilt der Heiler – schamanische Praxis im Himalaya*, Psychotherapie, Psychosomatik und medizinische Psychologie, Nr. 43, Seiten 387–395, Stuttgart 1993

Orban, Peter: *Verborgene Wirklichkeit. Eine Einführung in das esoterische Denken*, München 1990

Orban, Peter: *Die Reise des Helden*, Frankfurt am Main 1991

Orgler, Hertha: *Alfred Adler*, München 1974

Pearson, Carol S.: *Der Held in uns*, München 1990

Peck, M. Scott: *Eine neue Ethik für die Welt. Grundwerte für eine menschlichere Gesellschaft*, München 1995

Popper, Karl R.: *Auf der Suche nach einer besseren Welt*, München 1987

Pörksen, Gundhild, Hg.: *Paracelsus: Der andere Arzt. Das Buch Paragranum*, Frankfurt am Main 1990

von Raffay, Anita: *Abschied vom Helden. Das Ende einer Faszination*, Olten 1989

Ranke-Graves, Robert von: *Griechische Mythologie. Quellen und Deutung*, Reinbek bei Hamburg 1990

Rath, Ingo W.: *Der Mythos-Diskurs und sein Verlust. Eine Vor-Geschichte der abendländischen Vernunft*, Salzburg 1989

Reimer, Ch.; Kurthen, B.: *Zur Beziehungsproblematik zwischen Ärzten und Krebspatienten*, Psychotherapie und medizinische Psychosomatik, Nr. 35, Seiten 86–94, Stuttgart 1985

Reinhart, Melanie: *Chiron and the Healing Journey*, Harmondsworth 1989

Ringel, Erwin; Roßmanith, Sigrun: *Die Arzt-Patient-Beziehung*, Wien, München, Bern 1989

Robertson, J.J.: *Annotated Bibliography on physician impairement*. American Medical Association, Chicago Oct 1988

Rosen, Sidney, Hg.: *Die Lehrgeschichten von Milton H. Erickson*, Hamburg 1990

Rosenbaum, Edward E.: *Der Doktor. Ein Arzt wird Patient*, Zürich 1992

Ruf, Oskar: *Die esoterische Bedeutung der Märchen*, München 1992

Schellenbaum, Peter: *Gottesbilder*, München 1989

Schellenbaum, Peter: *Die Wunde der Ungeliebten*, München 1990

Schellenbaum, Peter: *Nimm deine Couch und geh! Heilung mit Spontanritualen*, München 1992

Schmida, Susanne: *Es sind die Götter. Darstellung der menschlichen Urtypen und ihrer Schicksale*, München 1990

Schmidbauer, Wolfgang: *Die hilflosen Helfer – Über die seelische Problematik der helfenden Berufe*, Hamburg 1977

Schmidbauer, Wolfgang: *Helfen als Beruf. Die Ware Nächstenliebe*, Reinbek bei Hamburg 1992

Schönberger, Alwin: *Patient Arzt. Der kranke Stand*, Wien 1995

Schüller, Heidi: *Die Gesundmacher*, Berlin 1993

Schüller, Heidi: *Die Alterslüge. Für einen neuen Generationenvertrag*, Berlin 1995

Segal, Lynn: *Das 18. Kamel oder die Welt als Erfindung. Zum Konstruktivismus Heinz von Försters*, München 1988

Siegel, Bernie: *Prognose Hoffnung*, Düsseldorf 1988

Skynner, Robin; Cleese, John: *Life, oder: Wie man sich bettet...*, Paderborn 1995

Söllner, Wolfgang; Wesiack, Wolfgang: *Die psychosoziale Situation des Behandlungsteams auf der Intensivstation*, Institut für medizinische Psychologie, Innsbruck

Söllner, Wolfgang; Maurer, Gabriele; Mark-Stemberger, Barbara; Wesiack, Wolfgang: *Besonderheiten und Probleme der Balint-Arbeit mit*

Medizinstudenten, Psychotherapie, Psychosomatik und medizinische Psychologie, Nr. 42, Seiten 302–307, Stuttgart 1992

Sonneck, Gernot: *Selbstmorde und Burnout von Ärzten*, Psychotherapie Forum, Nr. 2, Seiten 1–5, 1994

Sperber, Manès: *Alfred Adler oder Das Elend der Psychologie*, Wien, München, Zürich 1970

Swietly, Ernst A.: *Auf dem Weg ins Sozialdebakel*, Wien 1995

Teegen, Frauke: *Ganzheitliche Gesundheit*, Reinbek bei Hamburg 1987

Uexküll, Th. von: *Psychosomatische Medizin*. Hg. Adler R. et al. 4. Auflage, München, Wien 1990

Vilar, Esther: *Der betörende Glanz der Dummheit*, Düsseldorf, Wien, New York 1987

Waldvogel, Bruno; Seidl, Otmar; Ermann, Michael: *Belastungen und Beziehungsprobleme von Ärzten und Pflegekräften bei der Betreuung von AIDS-Patienten*, Psychotherapie, Psychosomatik und medizinische Psychologie, Nr. 41, Seiten 347–353, Stuttgart 1991

Watzlawick, Paul: *Wie wirklich ist die Wirklichkeit? Wahn, Täuschung, Verstehen*, München 1982

Watzlawick, Paul, Hg.: *Die erfundene Wirklichkeit*, München 1985

Weiner, H.: *Die Geschichte der psychosomatischen Medizin und das Leib-Seele Problem in der Medizin*, in: Psychother. med. Psycholog. 39/1989, S. 96–102. Aus: Uexküll, Th. von: *Psychosomatische Medizin*, a.a.O.

Weinreb, Friedrich: *Vom Sinn des Erkrankens*, Bern 1979

Weinreb, Friedrich: *Legende von den beiden Bäumen*, Bern 1981

Whitmont, Edward C.: *Die Alchemie des Heilens*, Göttingen 1993

Wieck, Wilfried: *Wenn Männer lieben lernen*, Stuttgart 1990

Wieck, Wilfried: *Männer lassen lieben. Die Sucht nach der Frau*, Frankfurt am Main 1990

Wiench, Peter, Hg.: *Die großen Ärzte. Geschichte der Medizin in Lebensbildern*, München 1982

Wilber, Ken: *Halbzeit der Evolution*, Bern, München, Wien 1984

Winnicott, D.W.: *Von der Kinderheilkunde zur Psychoanalyse*, München 1976

Winnicott, D.W.: *Playing & Reality*, London 1971

Wiseman, Andreas: *Ärzte-Ängste*, Innsbruck 1993

Wolf, Fred Alan: *Körper, Geist und neue Physik*, Bern, München, Wien 1989

Wolff, Hanna: *Jesus als Psychotherapeut: Jesu Menschenbehandlung als Modell moderner Psychotherapie*, Stuttgart 1978

Wolff, Hanna: *Jesus der Mann: Die Gestalt Jesu in tiefenpsychologischer Sicht*, Stuttgart 1979

Ziegler, Alfred J.: *Krankheitsbilder. Elemente einer archetypischen Medizin*, Frankfurt am Main 1989

Ziegler, Alfred J.: *Bilder einer Schattenmedizin*, Zürich 1987

Anmerkungen

1 Greene: Schicksal und Astrologie, S. 22f
2 Dossey: Wahre Gesundheit finden, S. 268
3 Karazmann/Geißler: Vgl. die angeführten Studien im Literaturverzeichnis
4 Sonneck: Selbstmorde und Burnout von Ärzten
5 Ausgestrahlt im Österreichischen Fernsehen am 3. 1. 1996
6 Zit. nach der Süddeutschen Zeitung vom 18. April 1996
7 Leserin im »Kurier« v. 26. 7. 1995, Rubrik: »Ihre Meinung«
8 B. Praschl: »Kurier« v. 27. 7. 1995
9 Mann: Der ganzheitliche Mensch, S. 9
10 Vgl. dazu Bollinger u.a.: Medizinerwelten
11 Langegger: Doktor, Tod und Teufel, S. 174
12 Orban: Verborgene Wirklichkeit, S. 101
13 Achterberg: Die Frau als Heilerin, S. 143
14 Ebd., S. 9
15 Vgl. Adler, Alfred: Über den nervösen Charakter
16 Achterberg: Die Frau als Heilerin, S. 11
17 »Anima«, Nr. 5/1992
18 Bolen: Göttinnen in jeder Frau, S. 404
19 Thompson, Clara: International Psychoanalysis. New York 1964. Zit. nach Greene/Sasportas: Dimensionen des Unbewußten in der psychologischen Astrologie, S. 15
20 Vilar: Der betörende Glanz der Dummheit, S. 64
21 Ebd., S. 64f.
22 Ebd., S. 65
23 Vgl. dazu auch die im Literaturverzeichnis angeführten Studien von Karazmann/Geißler
24 Jung, C.G., zit. nach Hark, Hg.: Lexikon Jungscher Grundbegriffe, S. 119
25 »American Handbook of Psychiatry«. Zit. nach Lohmann, Krankheit oder Entfremdung?, S. 64f.
26 Weinreb: Vom Sinn des Erkrankens, S. 56

27 Keen: Die Lust an der Liebe, S. 39
28 Jaffé, Hg.: Erinnerungen, Träume, Gedanken von C.G. Jung, S. 360
29 Weinreb: Legende von den beiden Bäumen, S. 23
30 Wilber: Halbzeit der Evolution, S. 354f.
31 Vgl. Rath: Der Mythos-Diskurs und sein Verlust
32 Jung: C.G.: Der Mensch und seine Symbole, S. 98
33 Barz, Helmut u.a.: Heilung und Wandlung, S. 29
34 Schmida: Es sind die Götter, S. 47
35 Ebd., S. 47f.
36 Ebd., S. 48
37 Bolen: Götter in jedem Mann, S. 242
38 Ebd.
39 Ebd., S. 250
40 Ebd.
41 Keen: Feuer im Bauch, S. 176
42 Dinkler: Christus und Asklepios, S. 33
43 Lyons/Petrucelli: Die Geschichte der Medizin im Spiegel der Kunst, S. 170
44 Clow: Chiron, S. 27
45 Vgl. Sperber: Alfred Adler, S. 11
46 Ebd.
47 Greene: Schicksal und Astrologie, S. 22
48 Jaffé, Hg.: Erinnerungen, Träume, Gedanken von C.G. Jung, S. 15
49 Orgler: Alfred Adler, S. 241
50 Karazmann/Geißler: Vgl. die angeführten Studien im Literaturverzeichnis
51 Ebd.
52 Vgl. Mitscherlich: Auf dem Weg zur vaterlosen Gesellschaft
53 Carrouges, M.: Comment identifier les machines celebataires. In: Junggesellenmaschinen, aus: Clair: Junggesellenmaschinen
54 Radrizzani, R.: Roussel, Entdecker neuer Welten. In: Junggesellenmaschinen, aus: Clair: Junggesellenmaschinen
55 Zit. nach: Weiner: Die Geschichte der psychosomatischen Medizin und das Leib-Seele Problem in der Medizin, S. 96f.
56 Vgl. Watzlawick: Wie wirklich ist die Wirklichkeit?
57 Greene: Dimensionen des Unbewußten, S. 371

58 Gruen: Falsche Götter, S. 90
59 Ebd., S. 92
60 Greene: Schicksal und Astrologie, S. 22
61 Ebd., S. 22f.
62 Jung, C.G., zit. nach Hark, Hg.: Lexikon Jungscher Grundbegriffe, S. 124
63 Ebd.
64 Artikel »Psychologie Heute«, November 1992
65 Deutsche Universitäts Zeitung, Magazin, 18/1991
66 Health programmes for disabled physicians, in: Robertson: AMA 1988
67 Sonneck verwendet in diesem Kontext auch den Begriff »conspiracy of silence«
68 Schönberger: Patient Arzt, S. 7
69 Geue: Wie ich mir das Leben zur Hölle mache und andere erfolgreiche Strategien, sich selbst zu schaden, S. 36
70 Peck: Eine neue Ethik für die Welt, S. 25
71 Jung, Emma: Animus und Anima, S. 99
72 Krolak-Itten: Das gynäkologische Trauma – Über medizinische Gewalt an Frauen, in: Camenzind/von den Steinen, S. 147
73 De Roeck: Dein eigener Freund werden, S. 121f.
74 Vgl. Mendelsohn: Männermacht Medizin
75 »Psychologie Heute«, August 1995
76 »Die Presse« v. 1. Sept. 1995
77 Mendelsohn: Männermacht Medizin, S. 218
78 Orban: Verborgene Wirklichkeit, S. 256
79 Orban: Die Reise des Helden, S. 162
80 Vgl. Siegel, Prognose Hoffnung
81 Schellenbaum: Die Wunde der Ungeliebten
82 Vgl. Jung, C.G.: Zur Psychologie des Kinderarchetypus, in: Die Archetypen und das kollektive Unbewußte. Gesamtwerke Band 9
83 Vgl. Killey: Das Peter-Pan-Syndrom
84 Vgl. von Franz: Der ewige Jüngling
85 Vgl. dazu Hillman, James: Puer Papers
86 Greene/Sasportas: Entfaltung der Persönlichkeit, S. 275f.
87 Burkert: Antike Mysterien, S. 36
88 von Franz: Der ewige Jüngling, S. 137

89 Ebd., S. 138
90 Ebd., S. 138f.
91 »GEO« Nr. 12 v. 23. 11. 1992, S. 88–104
92 Swietly: Auf dem Weg ins Sozialdebakel, S. 119
93 Ebd., S. 118
94 Ebd., S. 119
95 Karazmann/Geißler: Vgl. die angeführten Studien im Literaturverzeichnis
96 (S. Karazman et al.) Diese Fragebogenaktion ist für Wien, Burgenland, Niederösterreich und Tirol von Dr. Karazman und seinen Mitarbeitern durchgeführt worden und stellt ein deutliches Zeichen dafür dar, daß Ärzten ihre Defizite mehr und mehr bewußt werden.
97 Wolff: Jesus als Psychotherapeut, S. 10
98 Grossinger: Wege des Heilens, S. 134
99 »Focus«, 6-19/1993
100 Vgl. dazu auch Kap. I. 2
101 Jung, C.G., zit. nach Hark, Hg.: Lexikon Jungscher Grundbegriffe, S. 193
102 Ebd.
103 Greene/Sasportas: Dimensionen des Unbewußten in der psychologischen Astrologie, S. 290f.
104 Ebd., S. 290
105 Ausgestrahlt in 3 SAT am 31. 8. 1995
106 Achterberg: Die Frau als Heilerin, S. 278